堤防 ルアー釣り ガイド

目次 堤防ルアー釣りガイド

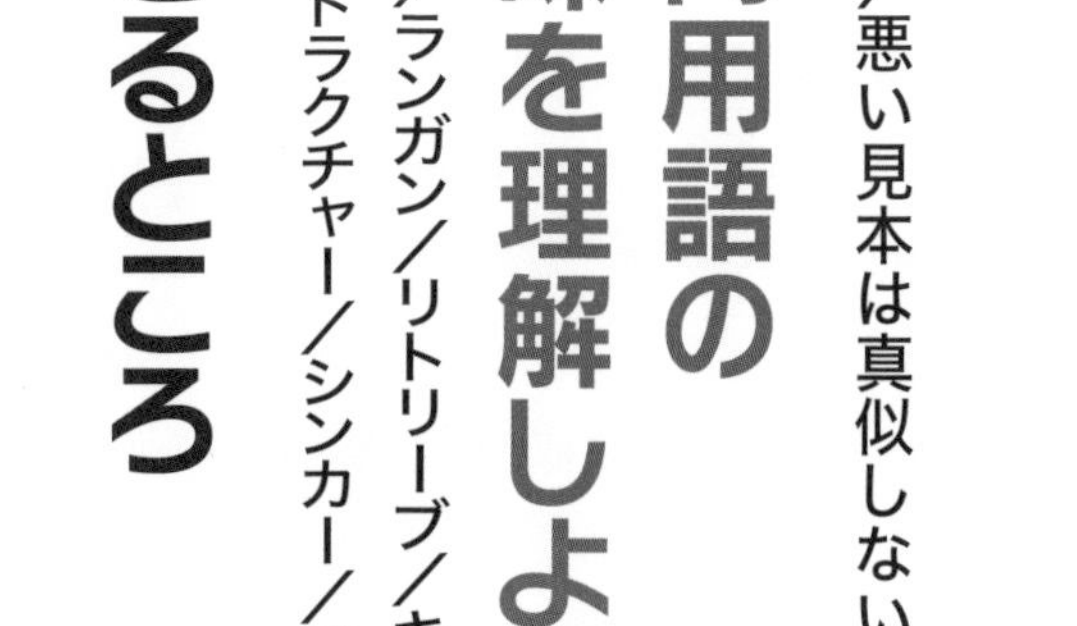

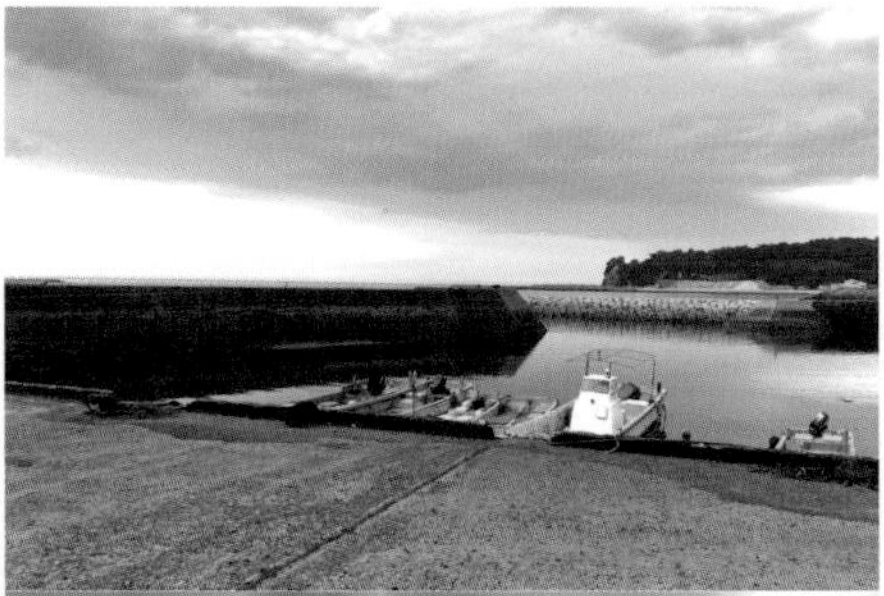

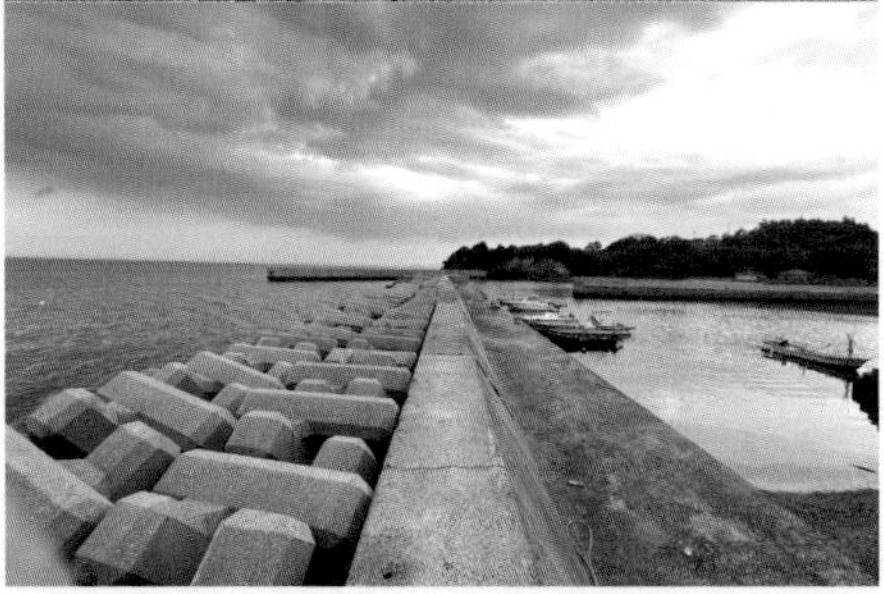

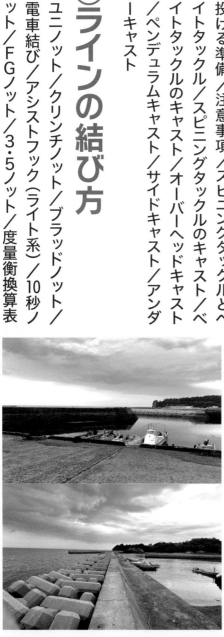

堤防は魚の宝庫

DAY

手軽に行けるのに対象魚が豊富な堤防。ルアーフィッシングのフィールドにピッタリです。

堤防は、最もアクセスしやすい釣り場であり、整備されている環境は比較的安全に釣りを楽しむことができます。海中の地形は意外と複雑で、植物や生物が好んで生息する場所であり、多くの魚がすみつき、近寄ってきます。

堤防では、夜に行動する魚も多くいます。仕事帰りなど空いた時間にできるのもルアーフィッシングの魅力です。

NIGHT

その中には群れとなるものや、びっくりするような大型魚も現れます。

堤防は釣りの基本を覚えられる場所であり、楽しさを身近に感じられるすばらしいところです。

堤防の魅力を、１２０％楽しんでください。

メタルジグで釣る

ターゲットは無限大。どんな魚でも狙えると言っても過言ではない万能ルアーがメタルジグです。強烈なフラッシング効果、飛距離、潜行性能など多くの釣れる要素を備えています。

メタルジグは金属でできたルアー。遠く、深くを狙うことができる戦闘力の高いアイテムです。

堤防では小型が主体になるカンパチですが、サイズに見合わない引きを見せます。

ルアー釣りで人気のシーバスもメタルジグで攻略できます。ベイジギングが効果的です。

ショアジギングで主役級のターゲットはブリ。ベイトが接岸しているタイミングなら1mを超す大物だって狙えます。

サーフで人気のヒラメ。メタルジグは底付近に潜むターゲットを攻略するのも得意としています。

ロックフィッシュで一番人気のキジハタ。遠投できる優位性を利用して、幅広く狙うことで大型も食ってきます。

小型のメタルジグも大活躍。ヒラヒラと舞うアクションが多くの魚を魅了します。

プラグで釣る

幅広く状況に対応できるプラグ。豊富なサイズとカラー、多彩なアクションで、あらゆる魚を魅了します。

数あるカラーとルアーを使いこなして、フィッシュイーターを誘うプラグを使った釣り。

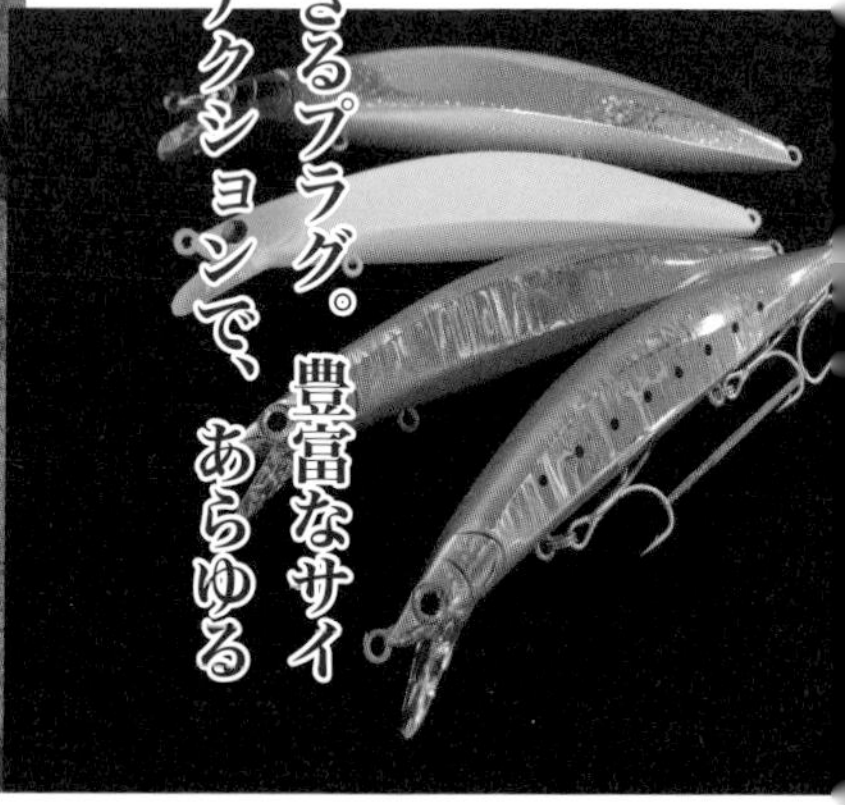

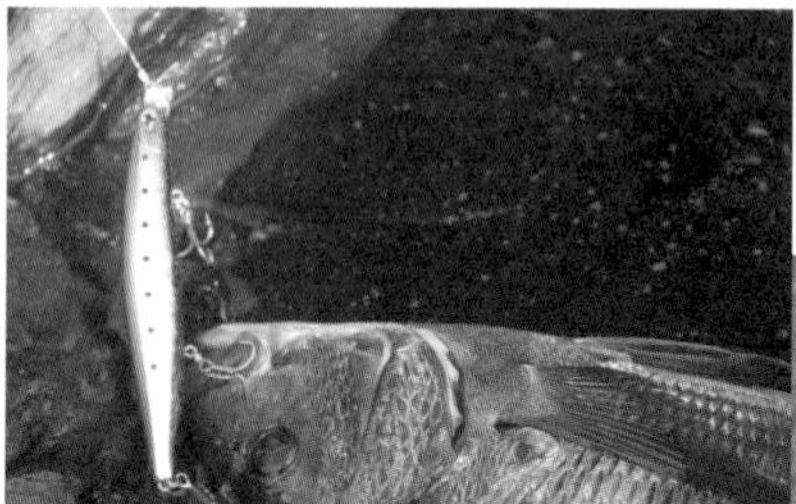

プラグはロッドアクションで変化に富んだ生命感を吹き込むことができます。

フラッシング（光の点滅）が強いタイプはアピール力バツグン。少ない光でも威力を発揮してくれます。

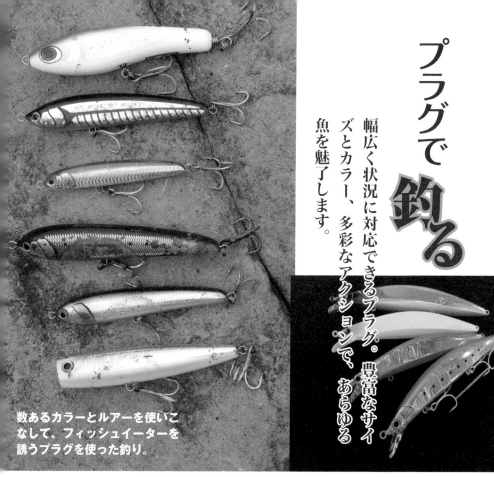

シーバスゲームではさまざまな種類のプラグを使って攻略していきます。

大きなプラグを使用する青物ゲームはとてもダイナミック。ルアーを追う姿は圧巻です。

ライトゲームでもプラグは大活躍。デイでもナイトでもアグレッシブに使えます。

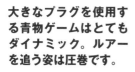

ワームで釣る

ソフトルアーならではの艶めかしいアクションで、多種多様なベイトに化けるワーム。狙う場所によってリグを使い分け、他のルアーでは真似できない攻めのバリエーションが魅力です。

甲殻類や魚類をエサとするロックフィッシュには、ワームが大活躍。カラー選択も釣果のキーワードです。

ワームがメインルアーとなるアジング。ワームやジグヘッドの形状が少し違うだけで、魚の反応も大きく変わります。

ワームはフックやシンカーをセットして仕掛け（リグ）として使用します。

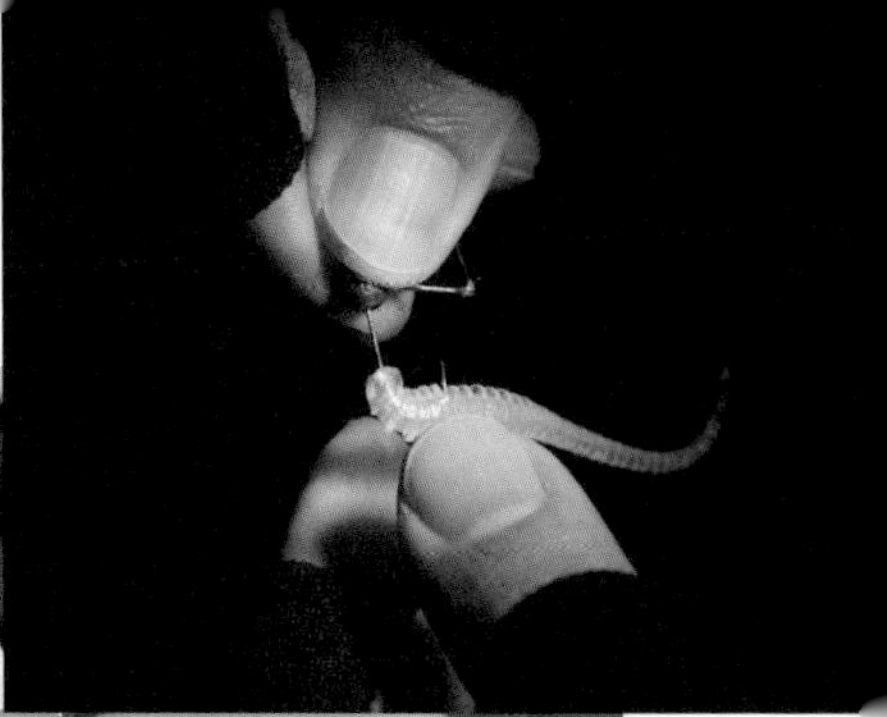

ジグヘッドにワームをセットするときは真っすぐ刺すことを心がけましょう。曲がっているとイレギュラーなアクションを起こします。

メバリングのワームはバラエティ豊か。どのジグヘッドと組み合わせるかも重要です。

ワームは本物のベイトに似せたものが豊富にあります。ムシ類から魚類まで状況に合わせてセレクトできるルアーです。

エギで釣る

日本古来の疑似餌《ぎじえ》「餌木《えぎ》」を使った釣りをエギングといいます。

想像を超える強烈なファイトと食味の良さは、多くの人を釣りへと誘っています。

カラフルなエギを使いこなして、モンスター級サイズを狙ってみよう。

エギはアオリイカだけでなく、コウイカ、モンゴウイカ、ツツイカ類などイカ類全般を狙うことができます。

まずはルアーの種類を知りましょう。さまざまな形状がありますが、すぐに覚えられます。どのルアーを使えばよいかは、狙う魚種によって変わります。

ルアーの種類

浮くルアーと沈むルアー

　大別すると、海に浮かべると浮くタイプと、沈むタイプのルアーがあります。金属でできたルアーは見た目にも沈むことが分かりますが、プラスチックやビニール製のルアーは、見た目で判断しにくいものもあります。

　浮くルアーには、浮いたままの状態で海の表層を狙うものと、引くと沈む仕組みになっている海中を狙うものがあります。

　沈むルアーは一旦沈めてから引くことになるため、通常は引くほど浮いてくる（斜め上向きに進む）ことになります。

　浮く・沈むタイプがある理由は、魚の遊泳層にあります。いつも表層付近を泳いでいる魚や、海底付近で隠れている魚など、魚種により違うため、それらに対応するために、狙いたいレンジ（層）に合わせやすいルアーがあります。

　海のルアーの場合、陸からの釣りでは中層や下層を狙うことが多くなります。このため、金属製のルアーやアイテムが多用されています。

プラグ系

　プラグとは木やプラスチックで作られたもので、主に魚の形をしたルアーの総称です。ミノー、ペンシル、ポッパーなどが代表です。

　木やプラスチック製（空気を内包する）のルアーは基本的に浮くため、ルアーにオモリを内蔵させて浮力を調整して作られています。このため、フローティング（浮く）とシンキング（沈む）ルアーに分かれます。またある程度沈むと沈まなくなるサスペンドと呼ばれるルアーもあります。

ジグ系

　主に金属でできたルアーのことです。ジグヘッド、メタルジグなどがその代表です。

　ジグヘッドはオモリとフックが一体となったもので、ワームと呼ばれるルアーをセットして使います。

　金属でできたルアーは海水よりも比重が大きいため、主に中層よりも下層を狙う場合に使われます。

ワーム

軟らかいビニール素材のルアーです。ミミズのようなものから、甲殻類まで多くの形状があります。フックにセットして、オモリを取り付けて使います。ほとんどが沈むタイプですが、浮くタイプもあります。

海で使うルアー

海水には塩分が含まれており真水よりも比重があるため、ルアーは淡水よりも海水の方が浮きやすくなります。そのためルアーは、淡水用と海水用に分けられています。金属製のルアーは気にする必要はありませんが、プラグ系のシンキングタイプは沈み方が変わるため、狙えるレンジも違ってきます。基本は海水用を使いましょう。

フローティングタイプ

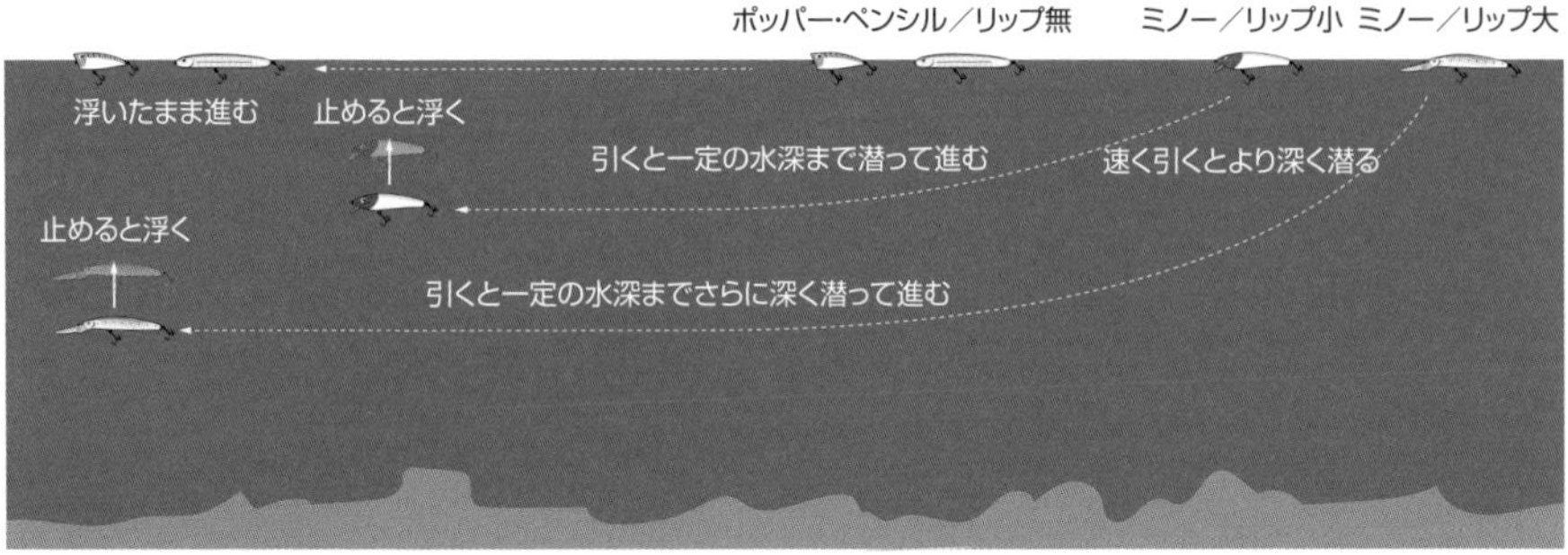
ポッパー・ペンシル／リップ無
ミノー／リップ小
ミノー／リップ大
浮いたまま進む
止めると浮く
引くと一定の水深まで潜って進む
速く引くとより深く潜る
止めると浮く
引くと一定の水深までさらに深く潜って進む

シンキングタイプ

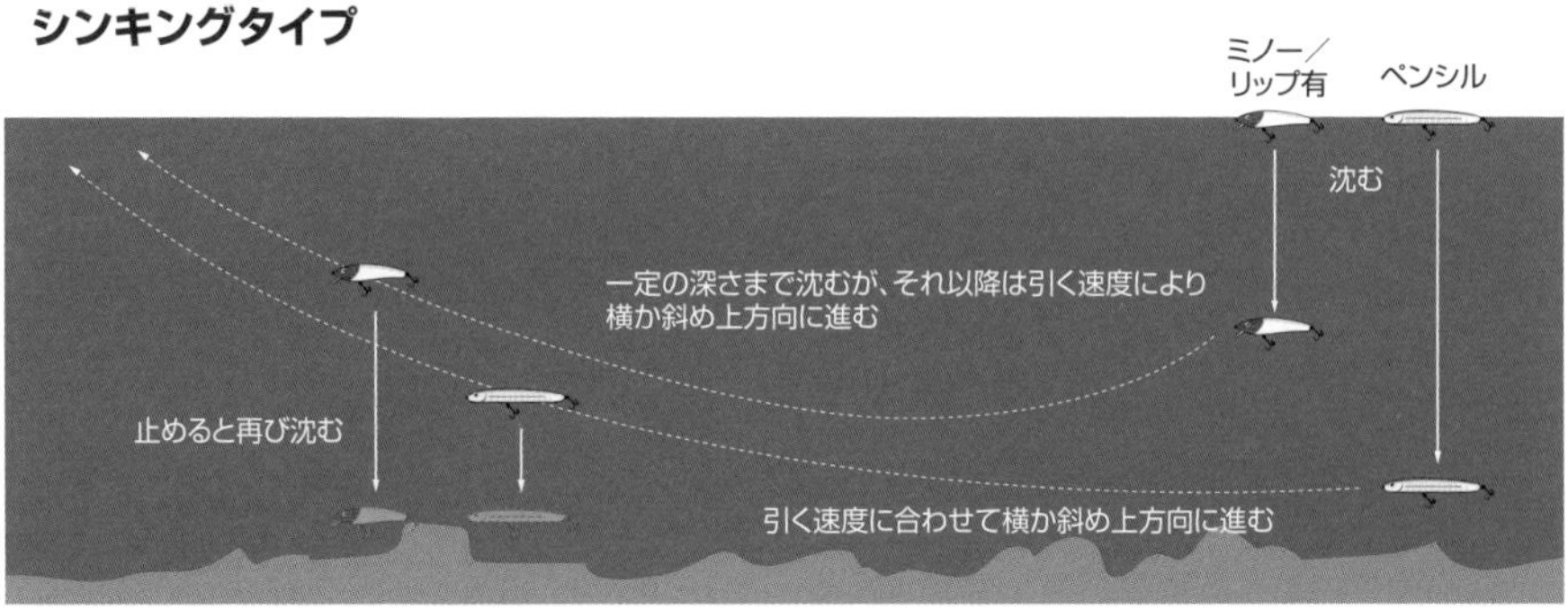
ミノー／リップ有
ペンシル
沈む
一定の深さまで沈むが、それ以降は引く速度により横か斜め上方向に進む
止めると再び沈む
引く速度に合わせて横か斜め上方向に進む

バイブレーション・ジグ系

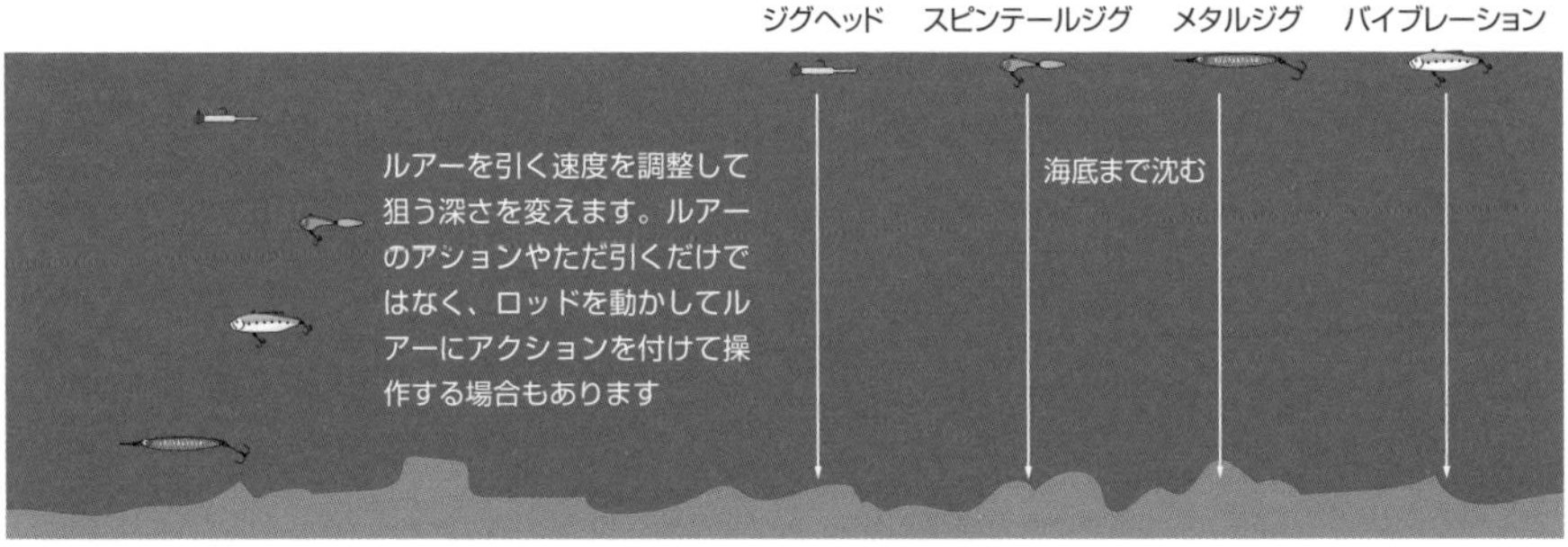
ジグヘッド
スピンテールジグ
メタルジグ
バイブレーション
海底まで沈む
ルアーを引く速度を調整して狙う深さを変えます。ルアーのアションやただ引くだけではなく、ロッドを動かしてルアーにアクションを付けて操作する場合もあります

分類できないくらい多い

ルアーを正確に分類することは難しく、それだけ多くの種類があります。またバスフィッシング用とソルトルアー用でも微妙にニュアンスが違うので、分けにくいというのが現状です。

分類はあくまでも使用者へ分かりやすくするためのものなので、一度使ってルアーの特性を知ってしまえばわざわざ分類しなくても大丈夫です。

ハードルアー

形状変化がない、硬い素材で作られたルアー。

プラグ系

狙いたい水深を自分である程度コントロールできるから、狙いたいレンジ（層）がはっきりとしているときに使いやすいルアーです。

ミノー
ポッパー
バイブレーション
ジグミノー
シャッド
クランクベイト
など

ジグ系

じっとしていると海底まで沈むから、底層を中心に狙うのに適したルアー。だけど、引くと浮き上がるから、沈まない速度で引くことで、中層や上層を狙うこともできます。

ジグヘッド
メタルジグ
ラバージグ
など

スピナー・スプーン

海で使うスピナーは重量のあるものがメイン。スプーンは登場頻度が低い。

スピンテールジグ（スピナー）
スプーン

エギ

イカ狙いに特化した和製ルアー。

エギ
スッテ

ソフトルアー

押すと形状が変わるような軟らかい素材のルアー。

ワーム

ムシや甲殻類に似せたものが多く、フックやシンカーとセットで使います。

ミノー
ストレート
グラブ
カーリーテール
シャッドテール
クロー
ホッグ
など

※これはほんの一例です。実際にはもっと多くの種類のルアーがあります。

ルアーの代表例

（サイズはそれぞれ大小あります）

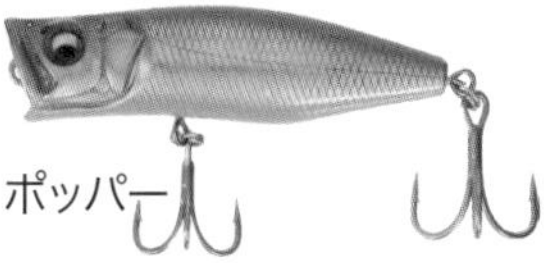
ポッパー

フローティングペンシル

サブサーフェスミノー（リップレス）

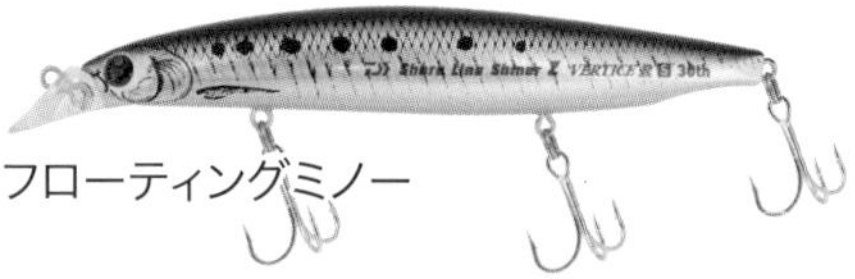
フローティングミノー

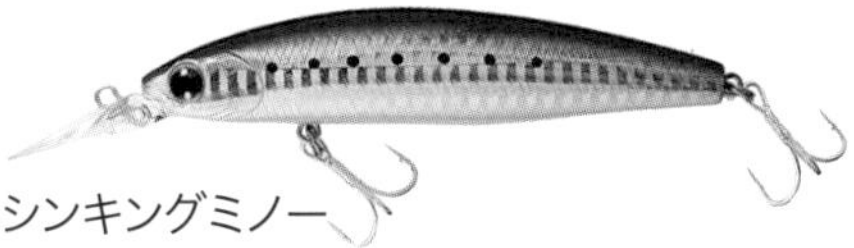
シンキングミノー

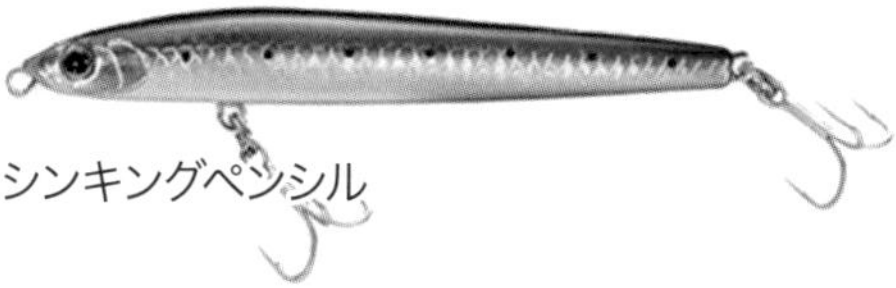
シンキングペンシル

バイブレーション

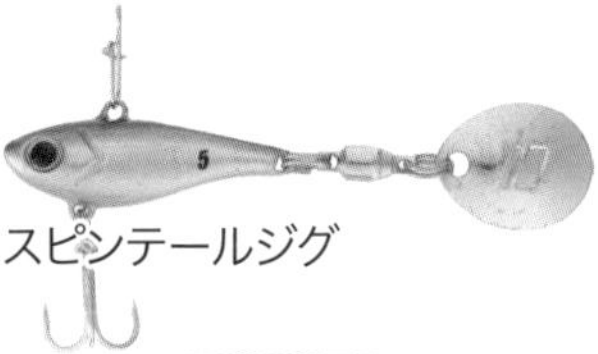
スピンテールジグ

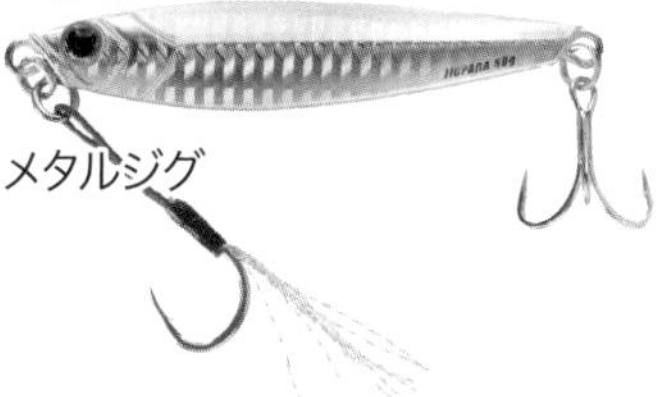
メタルジグ

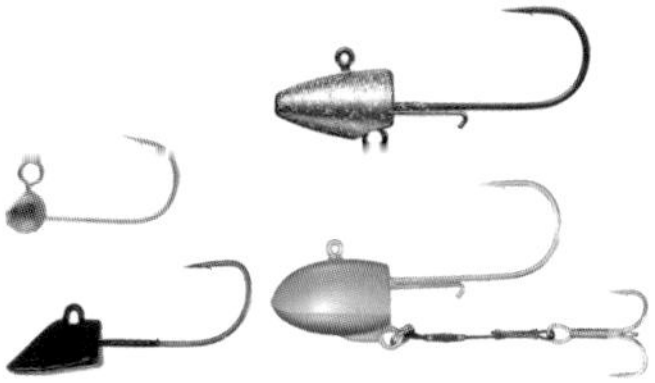
ジグヘッド

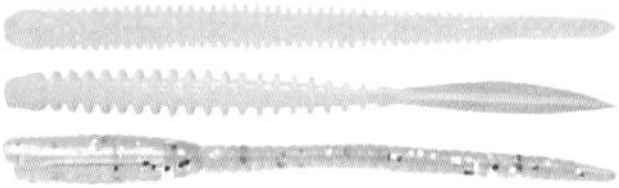
ストレート

ミノー

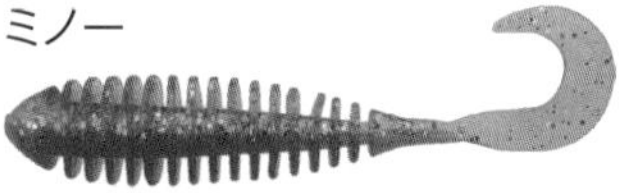
グラブ・カーリーテール

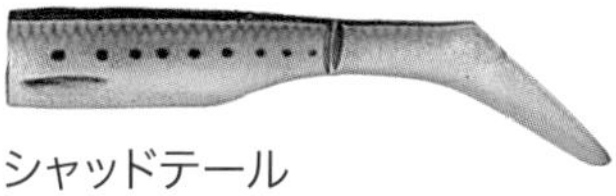
シャッドテール

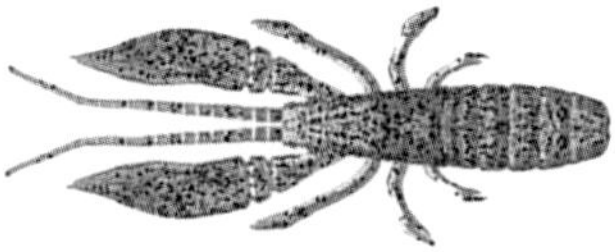
クロー

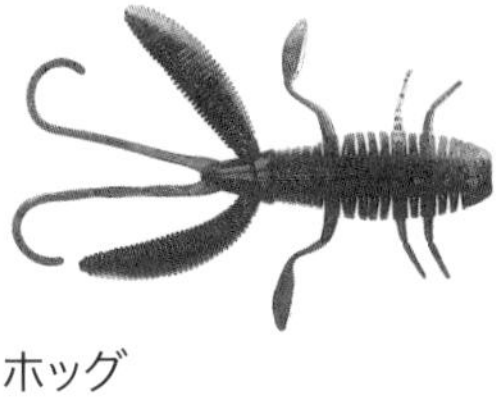
ホッグ

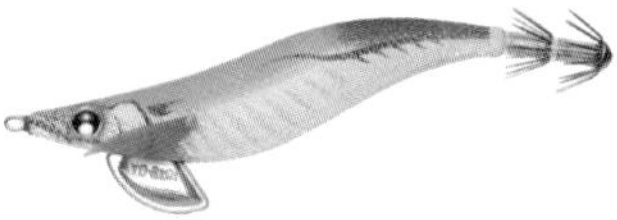
エギ

スッテ

ルアーのサイズ、狙う場所がミスマッチだと、海中ではこんなことが……

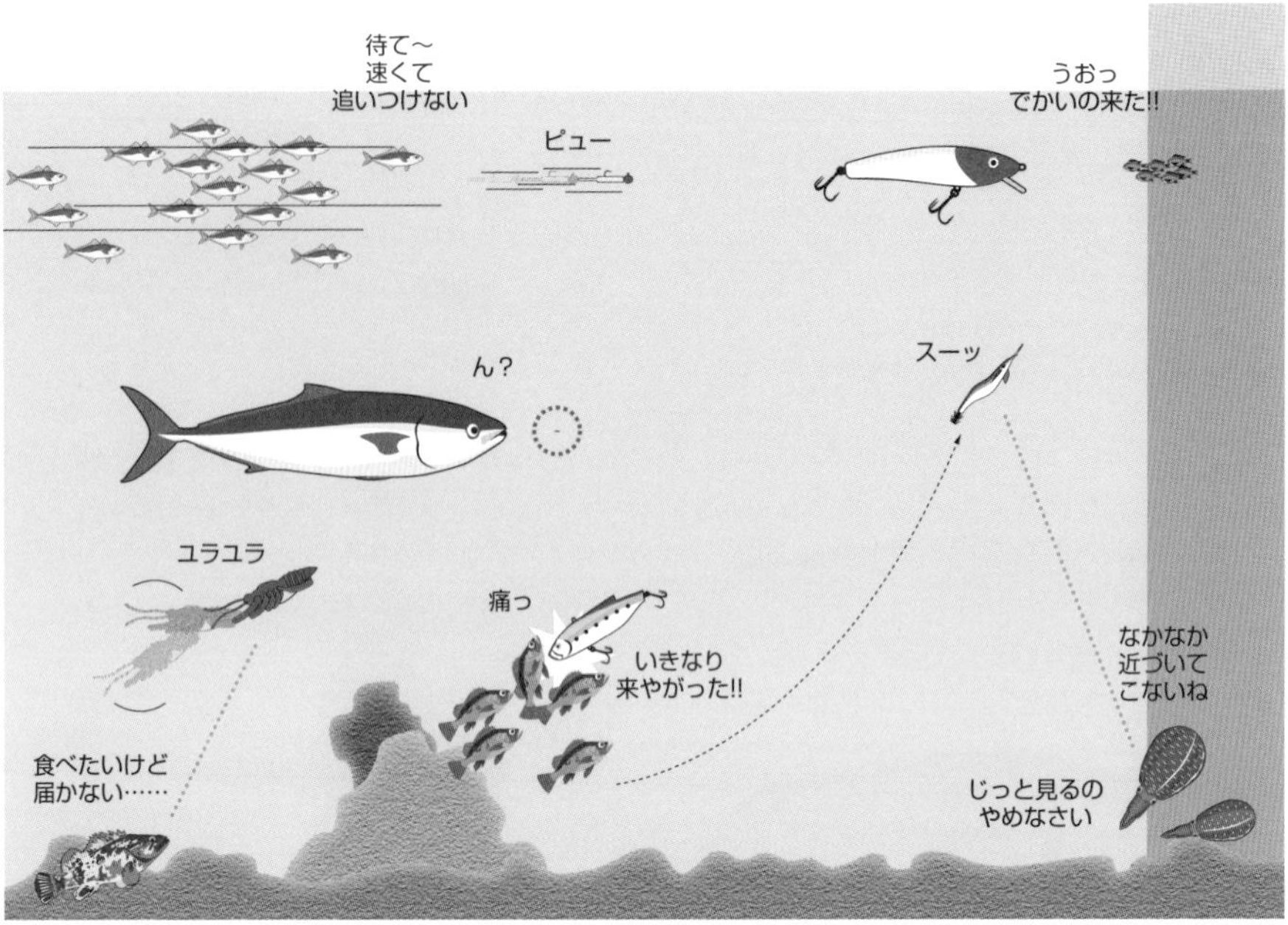
待て～
速くて
追いつけない
ピュー
うおっ
でかいの来た!!
ん?
スーッ
ユラユラ
痛っ
いきなり
来やがった!!
なかなか
近づいて
こないね
食べたいけど
届かない……
じっと見るの
やめなさい

魚のいる場所とルアーの選択

海のどこにでも魚がいるわけではありません。釣るためには狙った魚がどんな場所にいるかを知るのが最優先です。

さらにルアー釣りでは、魚の遊泳層が重要となります。遊泳層＝水深を的確に狙わなければいけません。つまり、魚の遊泳層を正確に狙うためにルアーを選んで使うのです。

ルアーの選び方は、

○魚がいる深さ

○魚がいる飛距

○魚が食べているもの(サイズ)

まずはこれらを考えてルアーを選びましょう。シビアな場合は、10㎝程度狙う水深が違っても魚が食ってこないこともあります。

しかし、最初はどの水深が狙えているか分からないでしょう。特に水面から5mなどという狙い方は難しいと思います。そんな場合は、ルアーの説明書をよく読み、狙える深さに合わせたルアーを使いましょう。

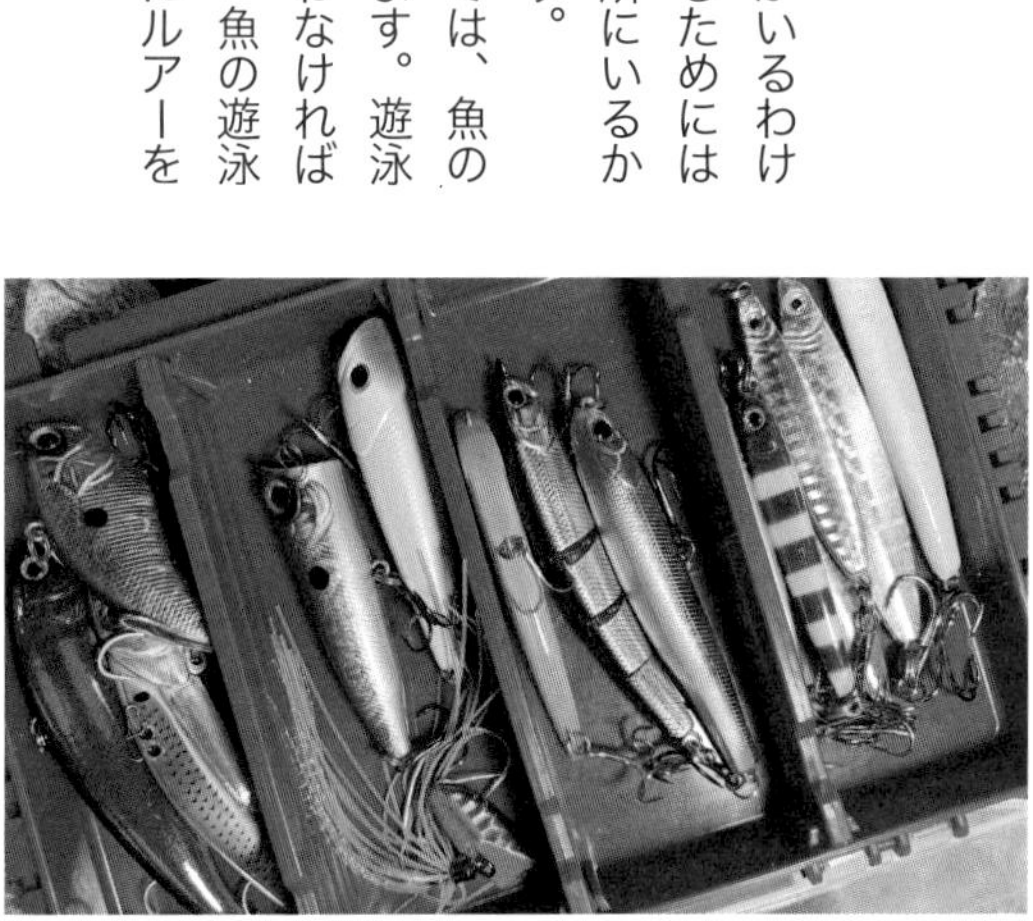

ルアーごとの使い方や魚別の狙い方については、これから順を追って解説していきます。

ロッドは、釣り方や対象となる魚のサイズに合わせて選びます。リールは釣り方が違っても汎用できますが、釣り糸を巻く量に合わせてサイズを選びます。

ロッドとリールの選び方

ロッドの種類

釣具店やネット販売を見ると、ルアー釣りコーナーに置かれているロッドはジャンル分けされています。

例えばシーバス用やエギング用、アジング用など、釣り方別に分けられています。

これは、使用するルアーの重量や対象魚のサイズ、ライン(釣り糸)に合わせて最適化されたものになります。シーバス用をアジングに使用することもできますが、使いにくかったり、破損する可能性がありますので、多くの人は釣りごとに専用のロッドを使います。

しかし、釣りに慣れてくると道具の扱い方も上達するため、別のジャンルのロッドを流用して使えるようにもなります。それが分かるまでは、専用ロッドを選びましょう。

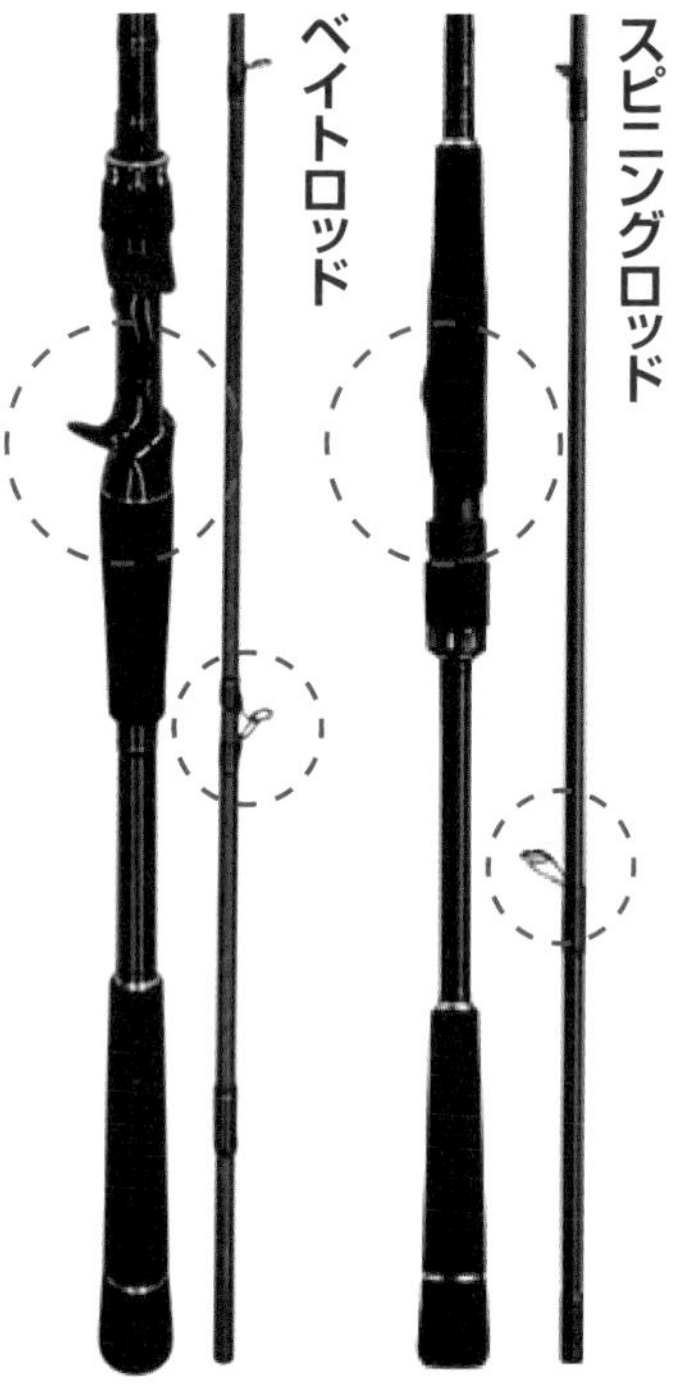

大きな違いは、リールシート部にあるトリガー(ないものもある)と、ガイドの向き(上下)です。ベイトロッドにはトリガーがあり、ガイドとリールは上向きにセットします。スピニングよりもベイトの方が小さいガイドが使われます。

ロッドの選び方

◯使うリールによる違い

まずはどんな釣りをやるかを決めてください。それからロッドを選びます。

ロッドにはスピニングリールを使うためのスピニングタイプと、ベイトキャスティングリールを使うためのベイトタイプがあります。兼用できるロッドもありますが、通常は専用品を使い分けます。後にリールの解説もありますので参考にしてください。スピニングリールはロッドガイドもリールも下向き、ベイトキャスティングリールは、ロッドガイドもリールも上向きで、持ち手にトリガーがセットされていると覚えておくとよいでしょう。最初に購入するのは、スピニングリールとロッドがおすすめです。

◯長さ

釣りのジャンルにより、ロッドの長さには好まれる長さ(=扱いやすい長さ)というのがあります。それに加えて長い(短い)商品もあります。同じ釣りなのに長さのラインナップがあるのは、釣り場の条件に合わせるためです。障害物を避けてピンポイントを狙う場合は操作性を良くするため短めのロッドを使ったり、遠くを狙うため遠投性に優れる長いロッドを使うなどです。もちろん、みんなが何本もロッドを持って釣りをしているわけではありません。

最初に話した好まれる長さというのは、オールラウンドで使える長さになり、最初に購入するのにおすすめです。

本書では、59～142ページに解説してある釣り方の記事に見本となる各サイズを提示していますので、それぞれ参考にして選んでください。

○硬さとテーパー

　同じジャンルのロッドでも硬さ（アクション）と曲がり方（テーパー）の違うロッドがラインアップされています。少し分かりにくいですが、ロッドのアクションとは投げられるルアーの重量に関係し、テーパーはルアーの操作に関係します。

　ロッドのアクションには名称があり、軟らかい順に……

- **UL／ウルトラライトアクション**
- **L／ライトアクション**
- **ML／ミディアムライトアクション**
- **M／ミディアムアクション**
- **MH／ミディアムヘビーアクション**
- **H／ヘビーアクション**
- **XH／エキストラヘビーアクション**

などがあります。より重いルアーを投げたい、もっと大きな魚に対応したロッドが欲しいときは、より硬いロッドを選ぶこともあります。

　テーパーを直訳すると「勾配」のことで、ロッドエンドからロッドティップまでの傾斜の違いとなります。

　釣りでは「調子」とも呼ばれます。ロッドを曲げた際、どこから曲がるかという基準です。

　通常は釣りのジャンルごとに最初からテーパーやアクションの設定がされていますので、あまり気にする必要はありません。釣りに馴れてきたらこだわるとよいでしょう。ロッドアクションに悩んだら、MLかMを選択してください。少し硬めの方が初心者にはトラブルが少ないようです。

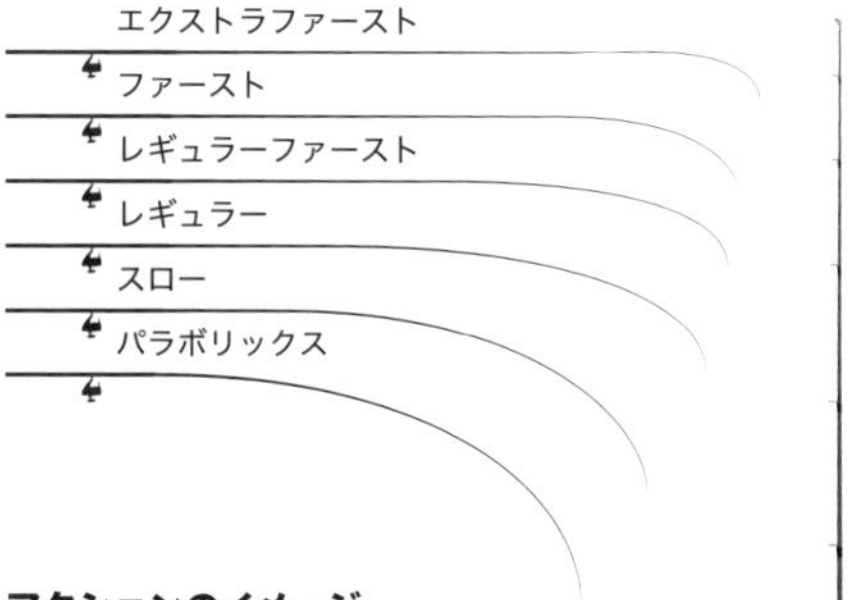

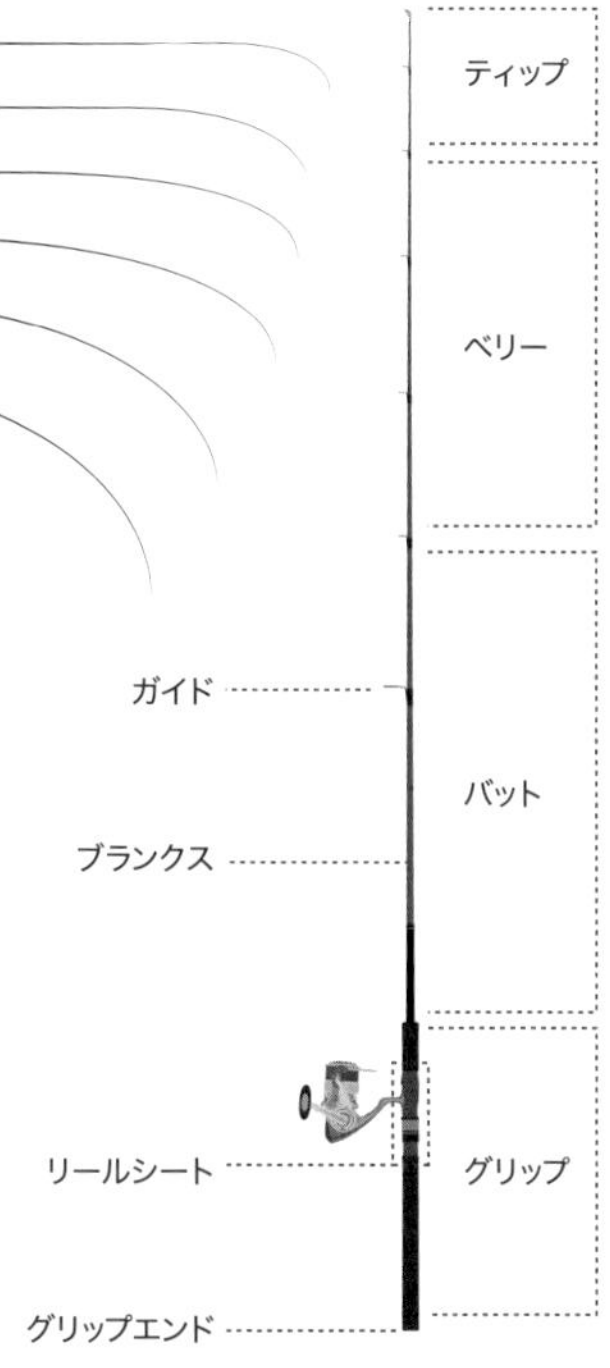

アクションのイメージ

○その他

　他にも、グリップの長さや太さ、ガイドセッティングや種類などありますが、最初の一本ならあれこれ悩まず、スタンダードな長さを選び、気に入ったデザインのロッドを購入するのがよいでしょう。その方が楽しい釣りになるはずです。

　金額的には、まずは背伸びせず予算に合わせて購入しましょう。どうしても決まらないときは、人気機種や新製品から選んでもよいでしょう。

　あえて言うならば、入門機ではなくワンランク上の価格帯のものがおすすめです。一番多く使われている機種が多く、それだけ使い勝手が良いということになります。

リールの種類

リールにはスピニングリールとベイトキャスティングリールがあります（一般的にはベイトリールと呼ばれていますので、以下ベイトリールと書きます）。どちらを使っても問題はないのですが、キャスティング方法に大きな違いがあります（ルアーの投げ方については、143ページ参照）。

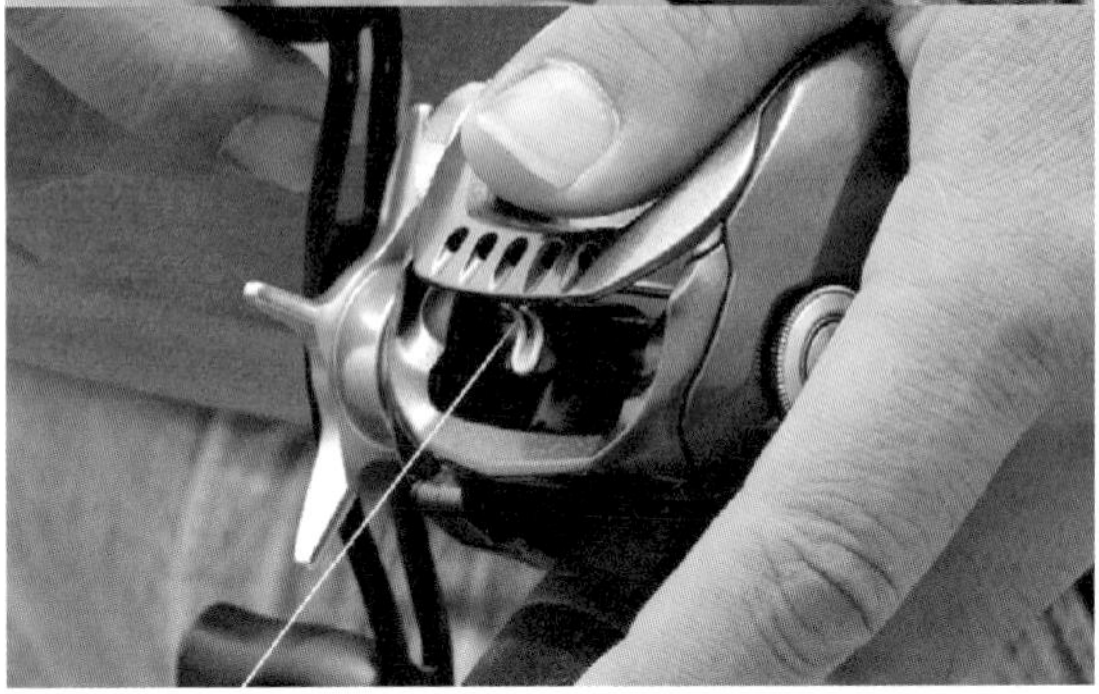

○スピニングリール

最初に購入するなら、トラブルが少なく扱いやすいスピニングリールをおすすめします。堤防からの釣り全般で最も使われている種類です。

特徴は、ラインを収納・放出する方向に対して巻き取りは水平になっており、ラインをベイルで捉えて方向を転換させ、スプールに巻いていく仕組みです。

ベイルを起こせばラインのみ放出できるため、抵抗が少なく軽いものでも楽に飛ばすことが可能です。ただし、ラインを方向転換してから巻き取っているためラインにヨレが出やすく、巻き取り力とドラグ力はベイトリールに比べて弱くなります。

○ベイトリール

ラインの収納・放出方向に対して、巻き取りも同じ方向にな

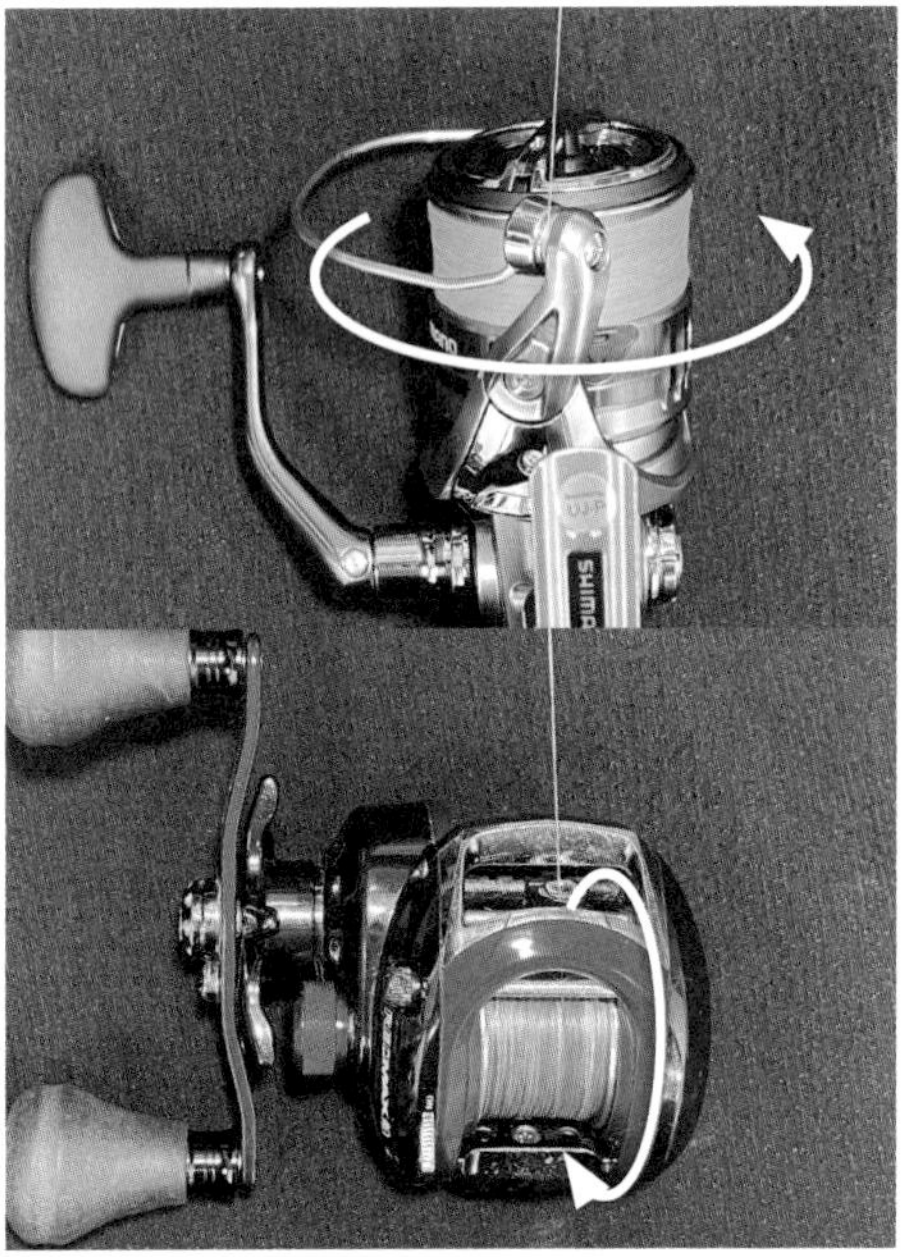

スピニングリール（写真上）と、ベイトキャスティングリール（写真下）は巻き取り方向が違う。

るため、巻き取り力が強く、糸ヨレもしにくい構造です。

　ただし、ラインを放出する際は収納しているスプールを逆回転させるため、スピニングリールに比べて抵抗が大きくなります。またラインが絡むバックラッシュ現象が起きやすいこともあり、初心者向きではないともいわれます。

　海釣りでは遠投が必要になるケースが多いので、スピニングリールに馴れてから試してみるとよいでしょう。

○その他

　他にも、スピンキャストリール(クローズドフェイスリール)や両軸リール、タイコリール、電動リールなどありますが、堤防からのルアー釣りではあまり使われないし、使えないものもあります。

スピニングリール

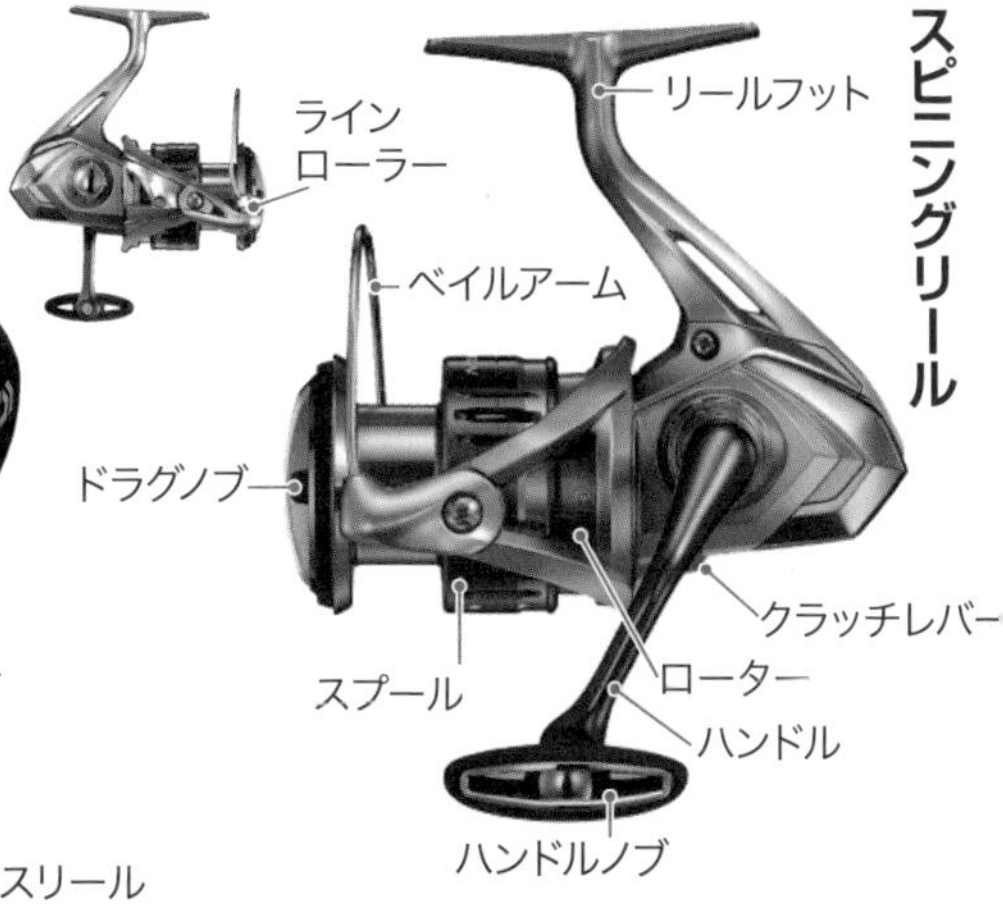

ベイトキャスティングリール

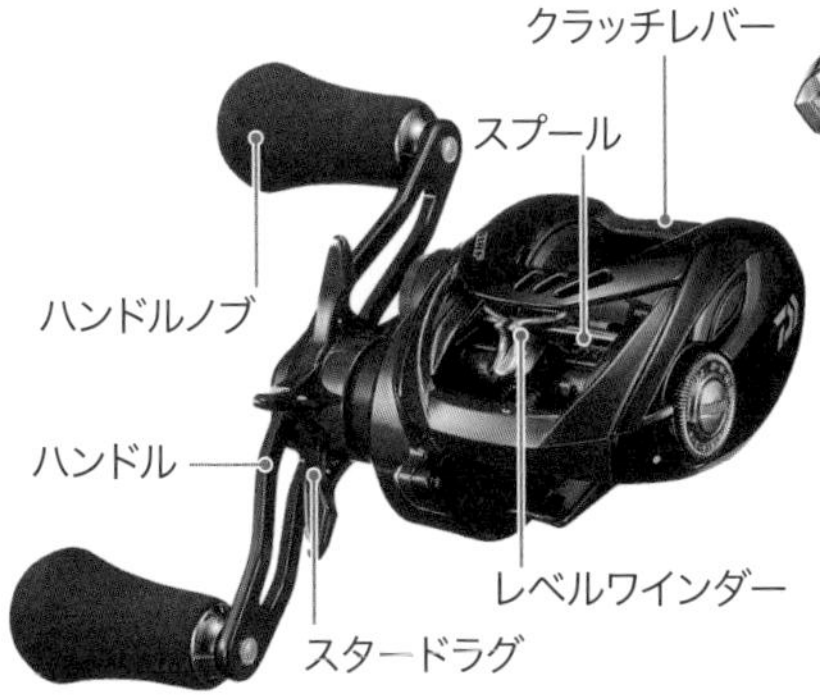

クローズドフェイスリール

タイコリール

ワカサギ用
電動リール

船釣り用電動リール

レバーブレーキリール

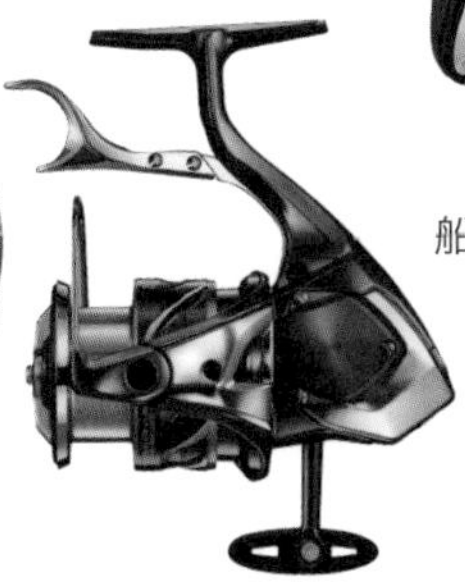

オフショア用両軸リール

リールハンドルの着脱・収納

リールのハンドルは左右どちらにも設定できます（変更できない機種もあります）。利き手でロッドを持ち、反対の手でリールを操作するか、その逆のどちらでも問題ありません。自分の使いやすいように選んでください。ルアー釣りでは、スピニングタックルは利き手でロッドを持ち、ベイトタックルでは利き手でリールを操作する人が多いようです。

①リールハンドルがセットされていない方のキャップネジを緩めます。機種によっては、これでハンドルが外れるものもあります。

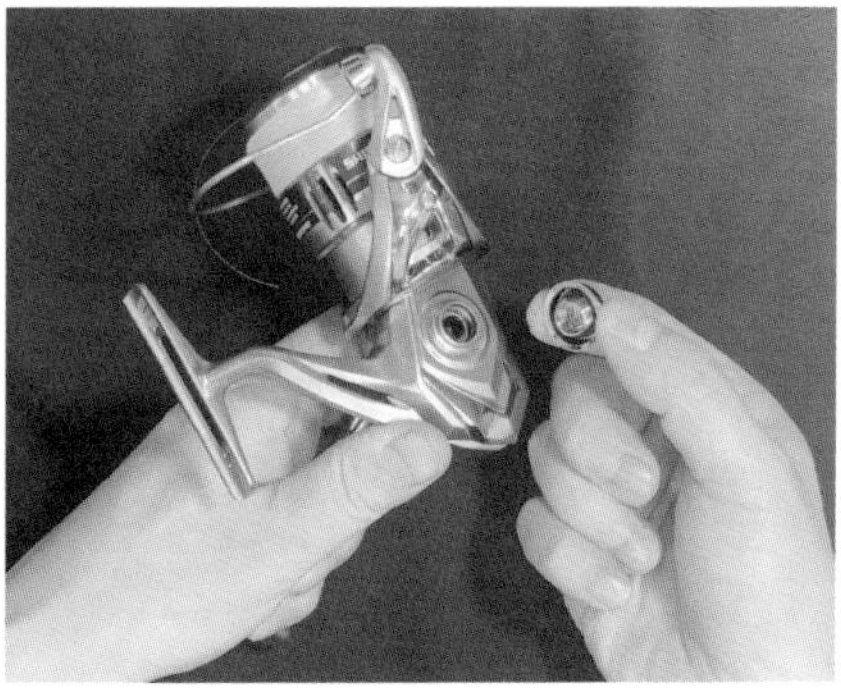

②ネジを外す際、ワッシャーなどの部品が付いているものもありますので、紛失に注意してください。

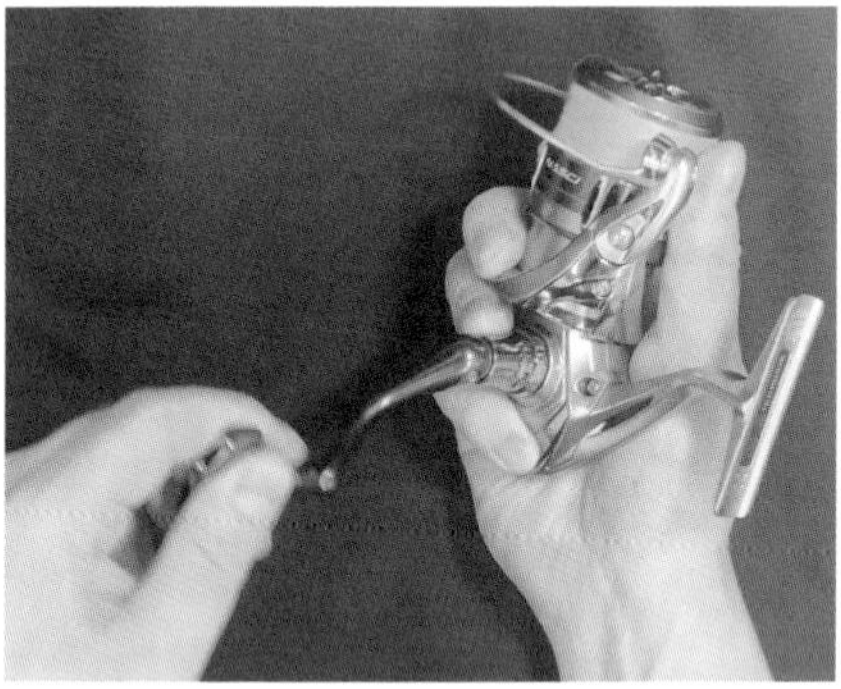

③ハンドルを、ラインを巻き取る方向とは逆に回して緩めます。スプールが回らないようにクラッチを操作しておくか、スプールを手で押さえて行ってください。

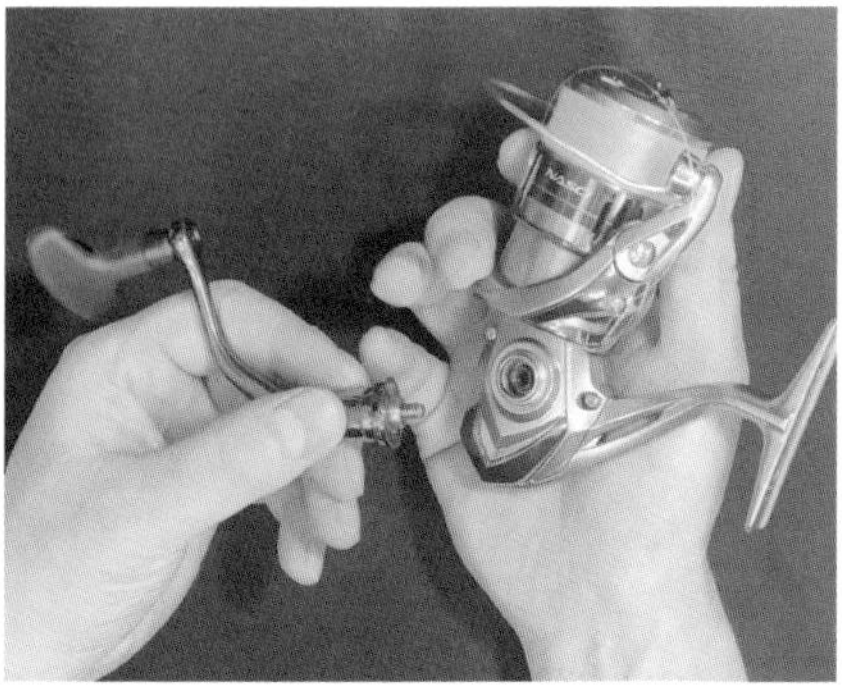

④ハンドルを抜きます。グリスが付いているので注意。

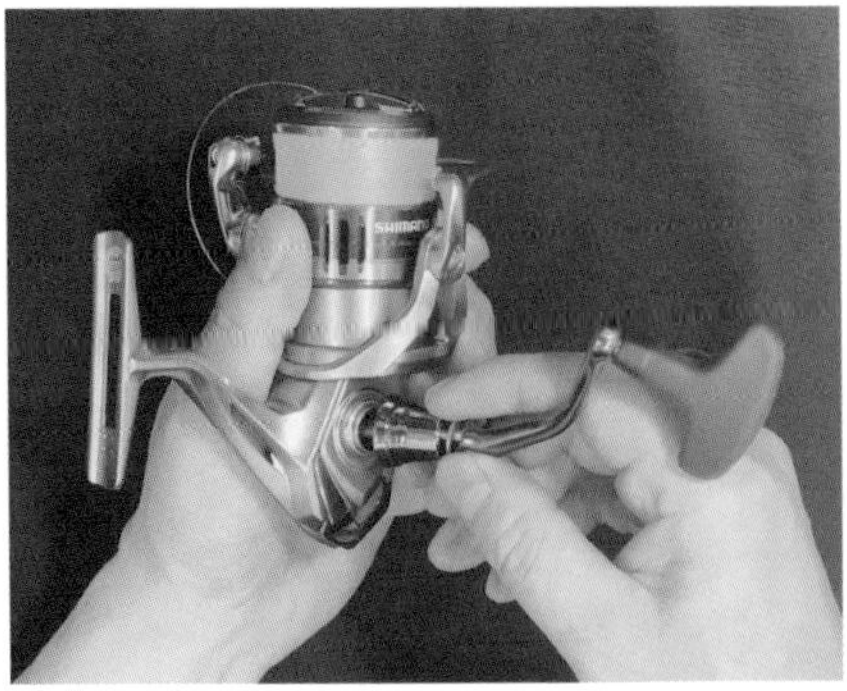

⑤ハンドルを反対側に差し込みます。

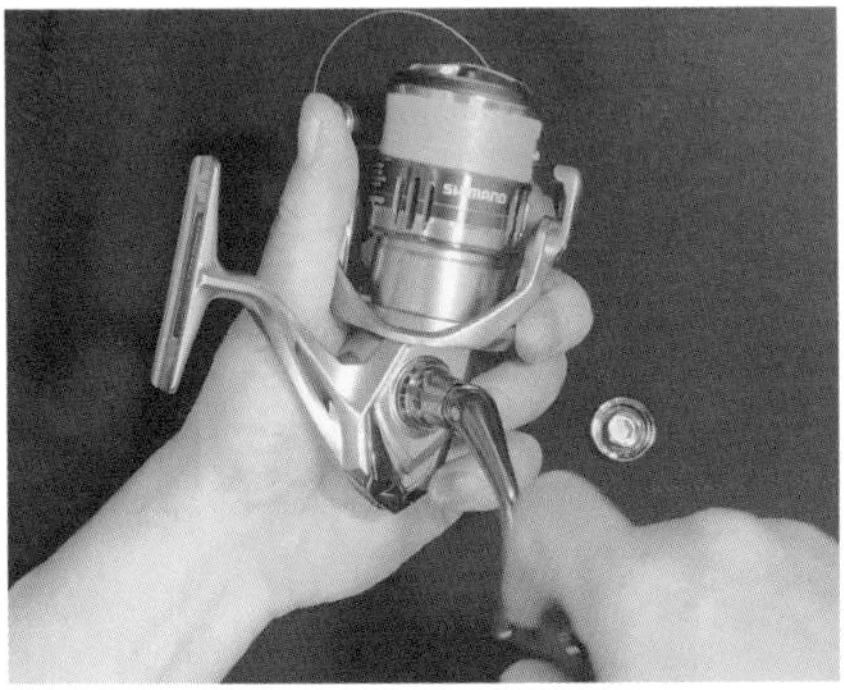

⑥ラインを巻き取る方向にハンドルを回して、ネジを締め込みます。

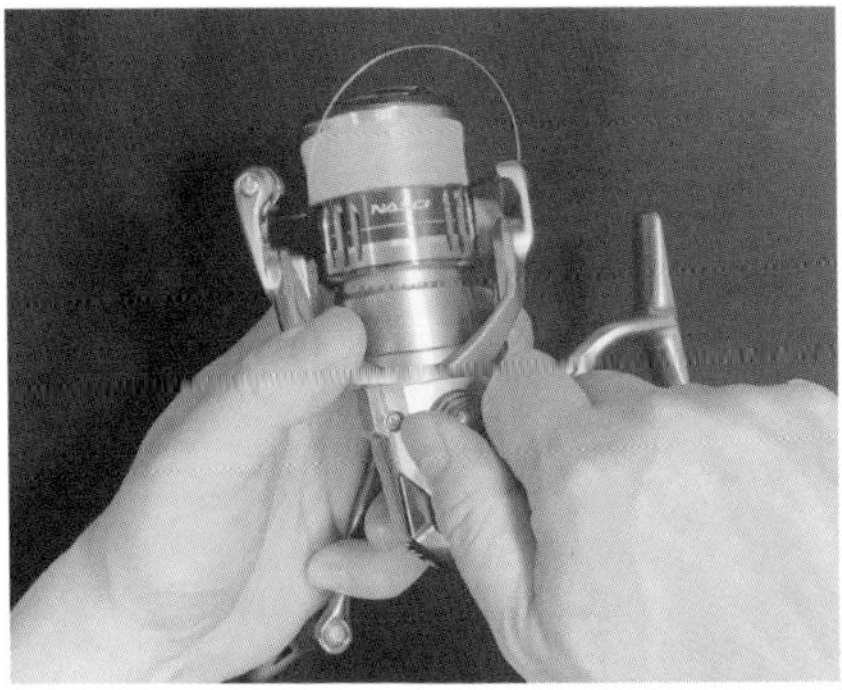

⑦反対側にキャップネジを取り付けてハンドル交換終了です。

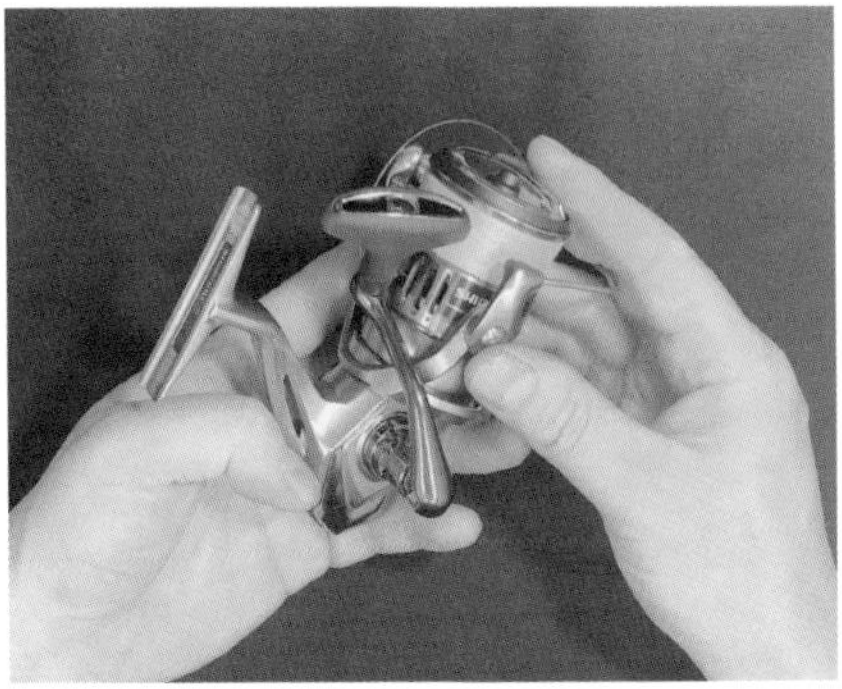

⑧ハンドルを緩めると、ハンドル自体が折り畳めるようになり収納できます。キャップネジを緩めるタイプもあります。

ドラグの簡易設定

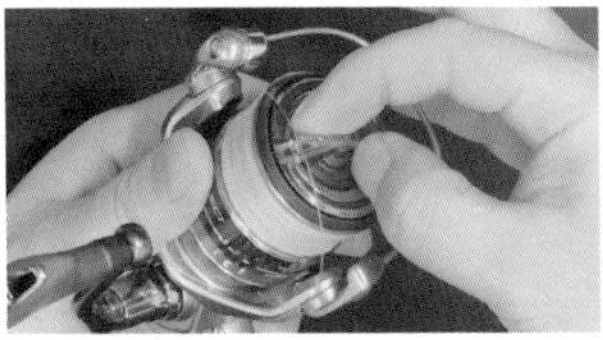

リールのベイルを閉じたまま、ラインを持って（手を切らないように注意）引いてください。それほど力を入れなくてもラインが引き出せるように設定します。強さは、ドラグの締め込みで調整します。本来はラインの強度に合わせてドラグの強さを設定するのですが、PEライン0.8号以上を使うなら、このやり方でも大丈夫でしょう。それ以下のラインを使う場合は、もっと緩く設定してください。

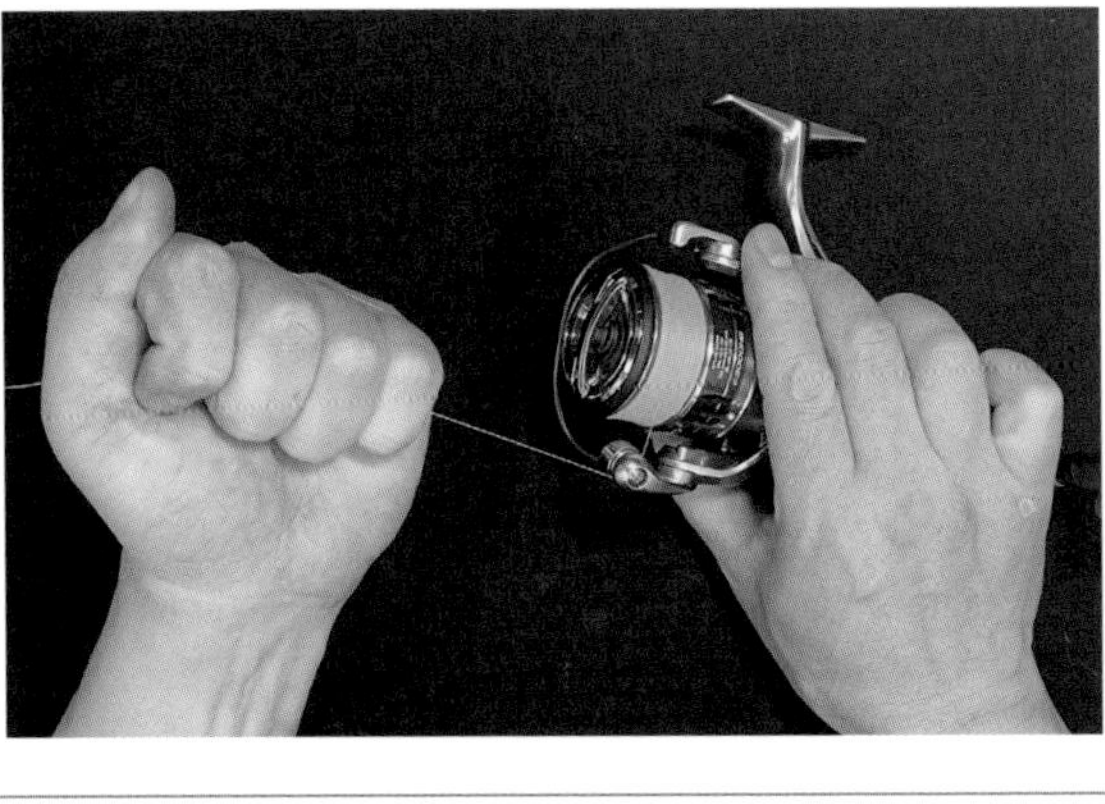

2ピースロッドのセット方法

①ロッドを継ぎます。しっかりと奥まで入れてください。

②継いだら、ガイドが同一方向に並んでいることを確認してください。

③リールをセットします。固定されている方からリールの足を入れます。

④スクリューを回してしっかりとリールを固定します。

⑤リールのベイルを開きます。これを怠るとラインが巻けないようになりますので注意。

⑥ラインを引き出します。

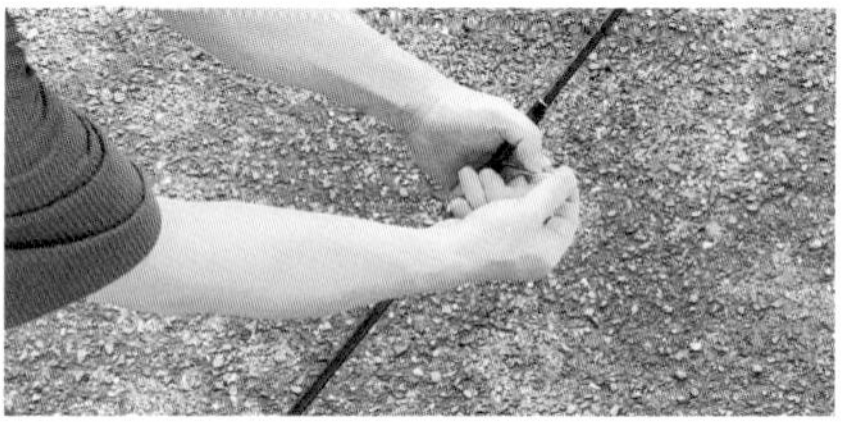

⑦引き出したラインをガイドに通していきます。ガイドの穴以外に通さないように注意してください。また通し忘れにも注意。

⑧ガイドに通し終えたらリール付近までラインを引き出した後、リールのベイルを閉じてラインが出ないようにしてから、ルアーを結びます。

テレスコピックロッド(振り出し竿)のセット方法

①リールシートにリールをセットします。最初に固定されている方に入れて、スクリューを回してしっかりと締めてください。

②リールにガタがないかチェックしたら、リールのベイルを開いてください。

③ラインを引き出します。ベイルは開いたままです。

④ガイドにラインを通していきます。短いロッドなら、先に伸ばしてから通してもかまいません。その場合、先端だけを持って作業すると折れる場合があるので注意してください。

⑤ラインを少し長めに引き出してください。

⑥先端からロッドを伸ばしていきます。ガイドの向きを丁寧に揃えながら行います。

⑦ロッドを伸ばす際、ラインも一緒につまんで伸ばすと、ラインが抜けてしまうことを防止できます。

⑧通し終えたら、手元までラインを引き出した後、リールのベイルを閉じます。

テレスコピックロッドを収納する際の注意

先端の遊動ガイド（固定されていないガイド）は、逆に太い方から先端へと押し上げるようにしてフリーにしてから収納します。

振り出しを戻す際は、根元部分から先に収納していきます。

その他知っておきたいこと

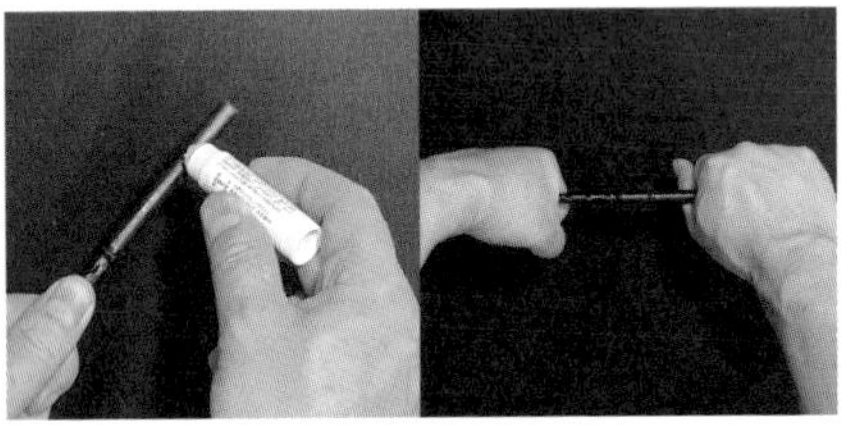

２本継ぎロッドが固着して抜けなくなった場合は、ロッドを捻るようにして固着を緩めてから抜いてください。ロッド用フェルールを塗っておくと固着・抜け防止になります。

スピニングリールはラインローラー部分にラインがくるように、ベイトリールはレベルワインダーにラインを通すようにします。

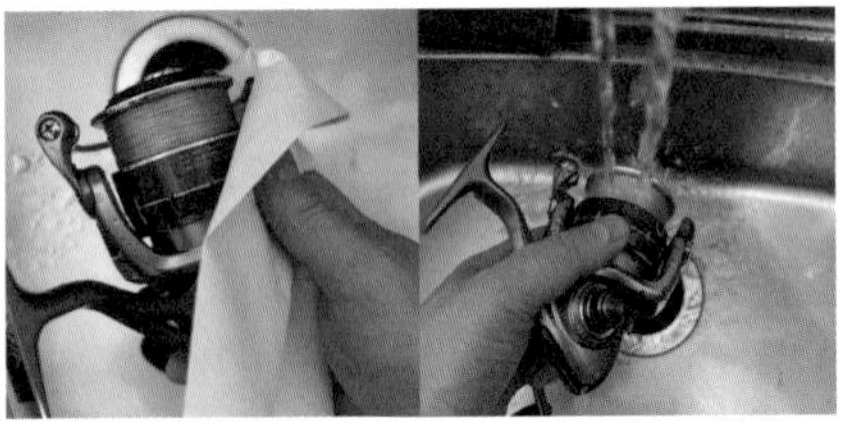

釣行後はラインを水洗いして塩分を除去しましょう。水洗い時はドラグを締めて水が入らないようにしてください。洗った後はドラグを緩め水分を拭いて乾燥させます。

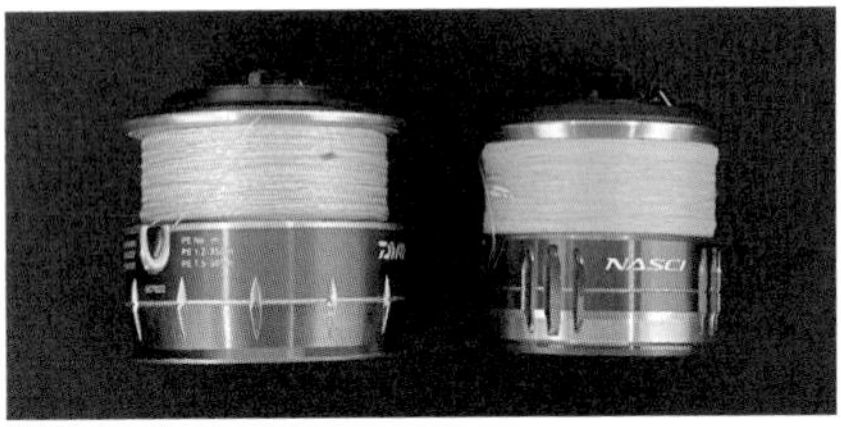

ラインを巻く量は適切に行うことでトラブルを減らし、操作性を良くします。右は少し巻きすぎで、左は少し少ない見本です。エッジ部分より少し内側までが目安です。

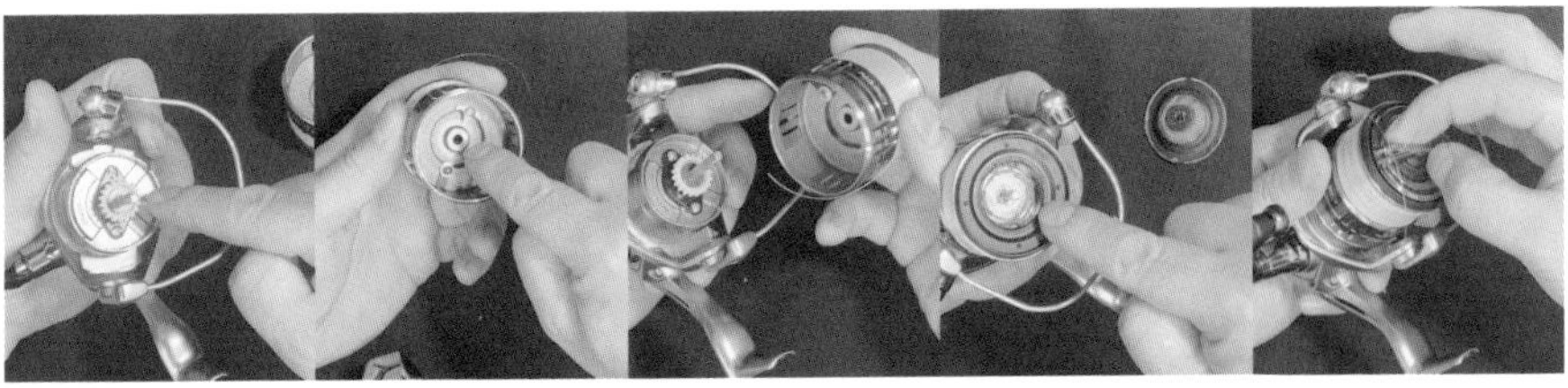

いつも行う必要はありませんが、リールのグリスが切れたら補充する場所になります。写真右から、ドラグを緩めて外し、中に見えるワッシャーにグリスを塗布。スプールを外し、スプールの内部とリールのメインシャフトに付属しているギア部分にグリスを塗布します。

釣りに使用する糸は専用品を使います。用途に合わせて釣りやすいように種類と太さを選びます。選択を誤るとトラブルが多くなるので注意が必要です。

釣りに使うライン（糸）

釣り糸の種類

ルアー釣りでよく使われるライン(釣り糸)は4種類あります。

○PEライン

リールに巻くラインです。ポリエチレン製のラインを撚って(編んで)作ったものです。引っ張り強度は釣り用ラインの中でも高い方ですが、擦れなどに弱い傾向があります。伸びも少なく感度が高いのも特徴です。染色されている商品が多く、視認性が高く見やすいラインです。

4本撚りと8本撚りが一般的で、それ以上のものもあります。さらに加工が施された商品もあります。釣り用であればどれを選んでも大丈夫ですが、釣り方別に特化した商品が使いやすいでしょう。例えば、アジングを行う場合は、アジング用と書かれた商品となります。

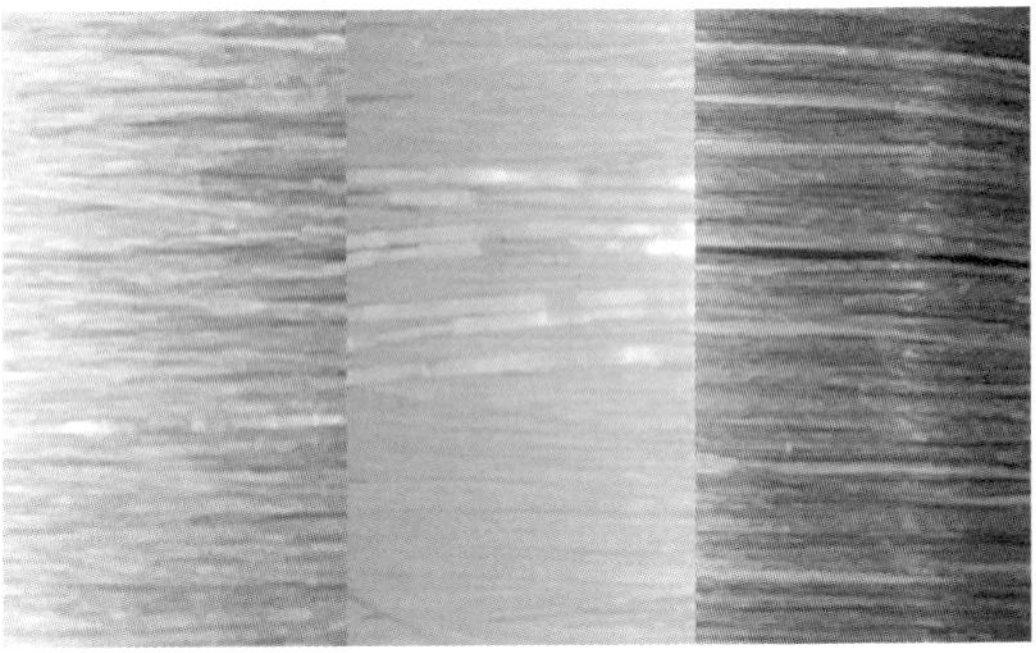

PEラインは他のラインに比べてコシが弱いため、初心者は慣れるまで絡まるなどトラブルが多くなりがちですが、そのうち使いこなせるようになります。ただし、リールとロッドガイドは、PEラインに対応したものを使ってください。最近の商品

ルアー釣りではPEラインをメインとした釣り方が主流です。ただし、釣り方によって使用する太さが変わってくるため、どれも一緒ではありません。

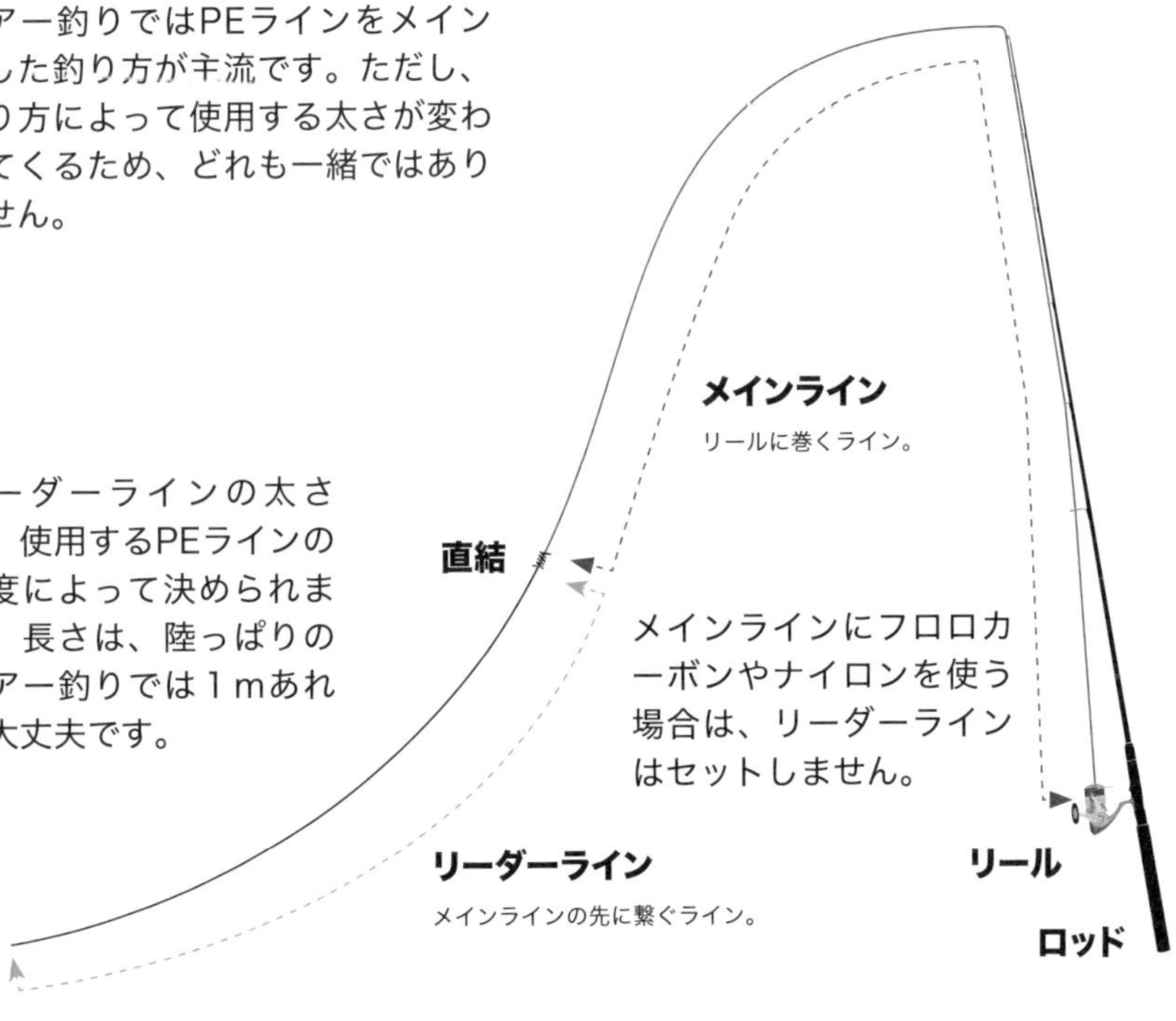

リーダーラインの太さは、使用するPEラインの強度によって決められます。長さは、陸っぱりのルアー釣りでは1mあれば大丈夫です。

メインラインにフロロカーボンやナイロンを使う場合は、リーダーラインはセットしません。

であれば、ほとんどが対応しています。

PEラインをリールに巻くメインラインとして使う場合、先端にフロロカーボンラインを取り付けて使います。理由は、擦れなどの傷に弱いことをカバーしたり、ルアーを結びやすくするためです。

○フロロカーボンライン

リールに巻いたり、PEラインの先端にリーダーラインとして取り付けます。色が着いたものは少なく透明色が基本です。

擦れや傷に強いため、根が荒い場所を狙う際に多用されます。比重が大きいことも特徴で、海中にラインが沈むことで、海上の風の影響を極力避けることができます。

○エステルライン

ポリエステル製のラインで、フロロカーボンよりも比重が小さく、伸びが少なく高感度なのですが、反面ショックに弱いのが特徴です。このため、PEライン同様、リーダーラインをセットして使います。

色付きもあり、視認性を確保できます。ルアー釣りではアジングで主に使われます。

○ナイロンライン

リールに巻くメインラインで、ナイロン素材になります。エサ釣りでは最も多く使われているラインですが、伸び率が高く、ルアー釣りではあまり使われていません。カラーも多彩にあります。

逆に伸び率と強度を活かして、リーダーラインとして使われることもあります。

PEライン

4本、8本、12本など撚り数が多くなるほどラインの表面がなめらかになる傾向があるのと、値段も上がります。ラインカラーは豊富で、数mごとにカラーが替えられているものもあります。

フロロカーボンライン

ショックリーダーなどと書かれて販売されています。フロロカーボン素材であれば、何用であれ使用可能です。基本は無色透明ですが、特徴のある色付きもあります。

エステルライン

感度が高いエステルライン。強度があるため、極細のラインを使用します。色付きのラインもあり、細くても十分に視認性を確保できます。

ナイロンライン

ナイロンラインはルアー釣りではあまり使われませんが、特性を生かした商品があります。エサ釣りではリールに巻くラインとして多く使われています。

号数とlb（ポンド）

ラインには二つの表記が混在しており、太さを表す「号」と、強さを表すlb（ポンド）が使われています。どちらも併記している商品もあります。号数とはラインの標準直径のことで、日本釣用品工業会で号数ごとに定められた数値があります。それを基準に表記されたものです。

ＰＥラインとナイロンラインは、号数で表記されるのが一般的です。

lb表記は、カーボンラインやエステルライン、ナイロンラインに使われ、これ以上負荷を掛けると切れるという数値になります。

太さ（強さ）の選択基準

最初はどれを使えばよいのかすら分からないと思いますので、タックル図に書かれている号数やlbを選んでください。

決める基準は、釣れる魚のサイズや引きの強さに合わせて、一番細い（弱い）ものを使うのが一般的です。その理由は、ラインは細いほど空気や水の抵抗を受けにくいためです。

仕掛けを投げる際に空気抵抗が大きいと飛びにくく、風にラインが取られやすくなってしまうからです。ラインはより細いほど操作性が良くなりますので、最低限の太さ（強さ）を選ぶのが釣りでは一般的です。

素材の選択

海のルアー釣りではリールに巻くメインラインは、ＰＥラインが主流となります。これを対象魚のサイズや、使用するルアーの重量に合わせて号数を選びます。ＰＥラインの先端（ＰＥラインとルアーの間）には、必ずリーダーラインを結びます。

理由は、ＰＥラインはルアーアイなど金属部に結んでも滑って解けたり、魚の歯やヒレ、海底の岩礁などに擦って切れることを防ぐためです。リーダーラインには、フロロカーボンラインが選ばれます。

ＰＥラインとリーダーラインの号数の決め方は、同じ強度かリーダーラインの方が少し強いように設定します。

同じ号数であればフロロカーボンやナイロンラインに比べてＰＥラインは約4倍の強さがありますので、ＰＥライン1号なら、リーダーラインは4〜5号を選ぶのが一般的となります。

エステルラインの場合は、リーダーラインは約2倍に設定するのが目安です。

PEライン	リーダーライン	
	ポンド	号数
0.15〜0.2号	2〜4lb	0.4〜1号
0.25〜0.3号	3〜4lb	0.6〜1号
0.4〜0.5号	3〜4lb	0.8〜1号
0.6〜0.8号	6〜8lb	1.5〜2号
1号	10〜20lb	3〜5号
1.2号	16〜22lb	4〜6号
1.5号	22〜30lb	6〜8号
2号	30〜35lb	8〜10号
3号	35〜40lb	10〜12号

ロッドやリール以外にも、釣りを行うのに必要な道具があります。特に仕掛けを組む際に使用するアイテムには、こだわりを持ちましょう。

ルアー釣りに必要な道具

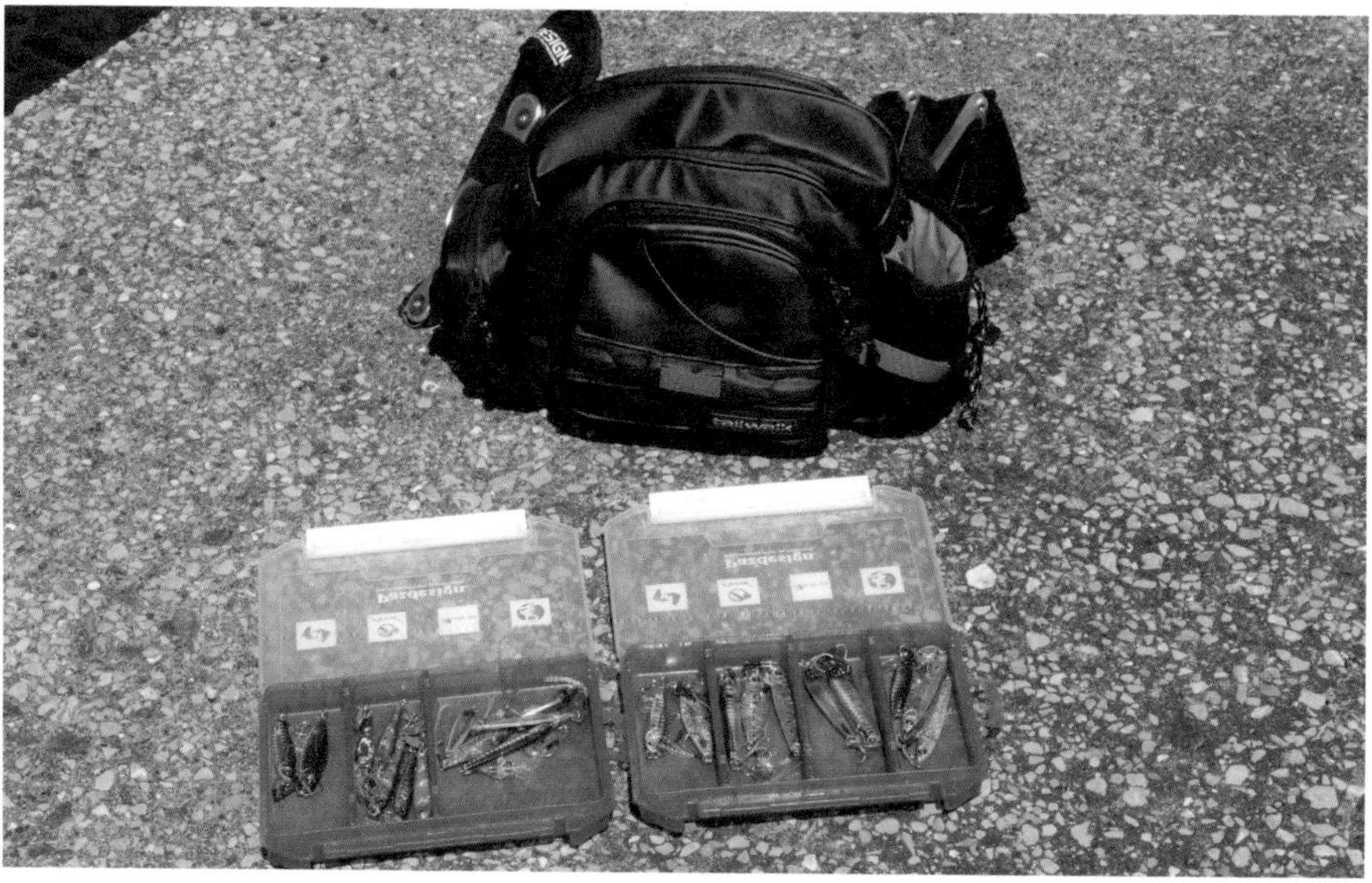

ルアーケース

重要度◎

ルアーの収納はもちろん、アシストフックや、シンカーなど細かい道具を整理するために使います。

汎用ケースの他、エギング用やライトゲーム用など専用のケースもあります。自分のフィッシングスタイルに合わせて選びましょう。道具が増えるとケースも増えるので、その都度、使用する小物に合わせてチョイスする必要があります。

使用するルアーによってルアーケースを使い分けましょう。

フィッシングバッグ

重要度○

ルアーケースなどの道具をまとめて入れておくことで、持ち運びやすくするのが目的です。

Dカンやポケットが多いものが好まれますが、メインのポケットが大きいほど出し入れしやすいので、収納力も重要です。ただし、欲張りすぎると重すぎて疲れるだけです。道具はコンパクトに最低限でまとめるように心がけましょう。

フィッシングバッグはできる限りコンパクトに。

帽子

重要度◎

熱中症対策や防寒対策で使われますが、釣りではルアーが飛んできたときの衝撃や、フックから頭部を守るという意味もあります。ハット型も好まれています。

偏光グラス

重要度○

太陽光(紫外線など)から目を守ることと、偏光機能で海面のギラツキを抑えて海中を見やすくしてくれるアイテムです。また不意に飛んできたルアーから目を保護する役目もあります。

熱中症対策に帽子は大切です。偏光グラスにはハリから目を守る意味もあります。フィッシンググローブがあると、ロッドを握ったときに滑りにくいだけでなく、転倒時などにケガを防いでくれます。シューズは滑りにくいものを選びましょう。

フィッシンググローブ

重要度○

保護目的と、ロッドを握るグリップ力を向上させ、アクションやファイトを有利に展開させることができます。なにより装着すると気が引き締まります。

フィッシングシューズ

重要度○

堤防ならスニーカーでも十分ですが、より滑りにくいフィッシングシューズがあると安心です。靴底（ソール）がいくつかあり、釣り場によって使い分けます。堤防ならラジアルソールがおすすめです。

ＰＥラインを使用する場合、対応のラインカッターを用意しておきましょう。

ラインカッター

重要度◎

意外と忘れがちなアイテムですが、ＰＥラインを使用するルアー釣りでは必需品です。

ラインカッターにはハサミタイプや爪切りタイプなどありますが、ＰＥライン対応品を購入してください。通常品だときれいにカットできない場合があります。

ハサミタイプは万能型で、爪切りタイプはラインの端をギリギリでカットするなど、細かな作業に向いています。

釣り場ではすぐに使えるように、バッグやライフジャケットにピンオンリールでセットしておくと便利です。

プライヤーにラインカッター機能がついているものもありますが、小型のラインカッターは活躍の場が多いので、別途持っておくと重宝します。

Dカンなどに付けて、いつでもサッと取り出せるようにしておきましょう。

プライヤー

重要度◎

魚からフックを外すときやスプリットリングを外すとき、シンカー（ガン玉）をつけるときなどに使います。

フックが魚の喉奥に掛かってしまった場合のために、ロングノーズタイプがおすすめですが、咬み合わせが悪くなったり、力が強く入れられないので、ショートタイプもバッグに入れておくとよいでしょう。

仕掛け作り、魚からフックを外すとき、いろんなタイミングで活躍するプライヤー。

フィッシュグリップ

重要度○

魚を素手で掴むと、魚の歯やヒレなどに触れて怪我をすることもあるので、フィッシュグリップがあると安心です。また、人間の体温は魚にとっては熱すぎるため、直接手で触れるよりもダメージは少なくなります。

フィッシュグリップには、口を掴むアームタイプと、魚体を掴む魚バサミタイプがあり、魚のサイズや魚種によって使い分けます。

フィッシュグリップは目的別に種類が分かれています。自分の釣りに合ったものを選びましょう。

ランディングネットは魚を掬う以外に、物を海にを落としたときにも役立ちます。

アームタイプは口が大きい魚。魚バサミタイプは魚体が小さい魚や、口が小さい、またはタチウオのように口が細長い魚に向いています。

ランディングネット（タモ網）

重要度△

アジングやメバリングなどライトゲームではロッドで魚を抜き上げることができるためあまり必要としません。ただしラインが細いので、不意な大型が掛かったときには重宝します。

堤防から使用する場合は、海面まで距離があるため伸縮式の柄とネットが必要になります。

短いものなら3・6m、オールラウンドに使いたいなら5m以上は必要です。ネットのサイズは、対象魚のサイズに合わせます。網目のサイズにも注意してください。

ヘッドライト

重要度○

ナイトゲームでは必需品ですが、帰りが遅くなったときや、早朝から釣りをする際も必要になります。できれば、安全のためにもバッグに常備しておきたいアイテムです。

常備するならランタンタイプでもよいでしょう。

ヘッド装着タイプは両手がフリーになるため釣り全般で人気です。

自分の荷物がどこにあるか照らしておくライトとしても使えます。

水汲みバケツ・バッカン

重要度◯

多くの釣り人が所持している道具です。特に釣り場で魚を触ったときに手を洗う際に重宝します。他にも、イカ墨で足場を汚してしまったら洗い流せますし、魚を絞めて持ち帰る場合は血抜きを行えます。

バッカンとは、ビニール（EVA）製の防水バッグのことで、ものを入れたり、魚を一時的に活かしておける容器です。水汲みバケツとセットで持っていると便利です。

できるだけ荷物が少なくなるよう、コンパクトに折り畳めるタイプが望ましいです。

便利なロッド立てやテーブルとして使えるものもあります。

クーラーボックス

重要度◯

魚を持ち帰るための道具ですが、飲料や食料を入れておくのにも便利です。特に気温が高くなるシーズンは、飲料を冷やしておいたり、食料の腐敗を防ぐことができます。

350mlのペットボトルが4本ほどしか入らない小型から、1mを超える魚がラクラク入る大型までありますので、用途に合わせたサイズで選ぶとよいでしょう。釣り場まで持ち運ぶ必要はなく、車に置いておき、帰りに魚を入れる人もいます。

魚絞め道具（ナイフなど）

重要度△

魚を美味しく持ち帰るために、絞め作業と血抜きは大事です。堤防から釣れる魚の大半は血抜きから絞めまでナイフだけでも行なえます。

メジャー

重要度△

せっかく釣り上げた魚なので、記念にサイズを計測しておきましょう。記録することで、次の釣りに役立ちます。

魚を絞める道具は数ありますが、ナイフなら大抵のことができるので便利です。

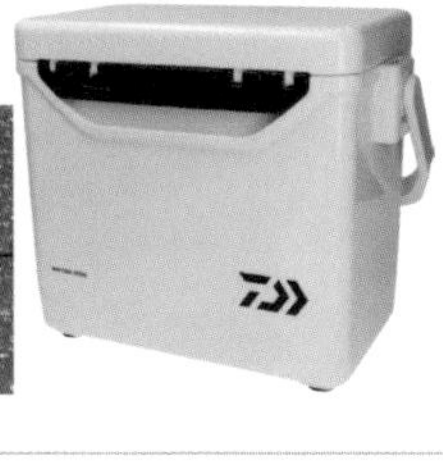

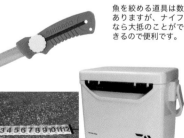

ライフジャケット着用は釣り人のポリシー

近年、法律でライフジャケット(救命胴衣)着用が義務付けられましたが、陸からの釣りについての規制はなく、船に乗る場合に限ります。

しかし、堤防で釣り禁止になる大きな要因として「ライフジャケット未着用による死亡事故が多発している」という理由もあります。

自らを守るためにも、釣り場を守るためにも、ライフジャケットを着用しましょう。

ライフジャケットの着用は、釣り人の義務と言えるでしょう。ショア、オフショア関わらず、必ず着用しましょう。

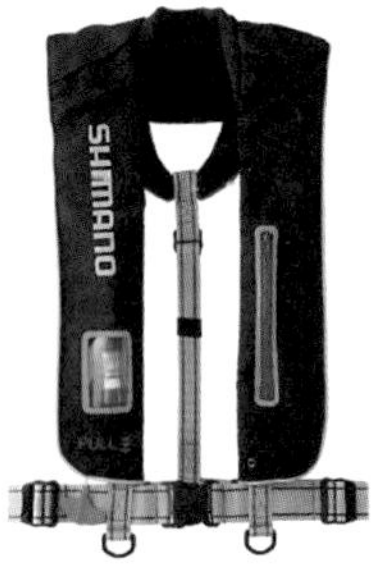

肩掛けタイプ

腰巻きタイプ

腰巻きタイプ・ポーチ型

浮力体の種類

ライフジャケットを大きく区分すると「膨張式」と「固形式」の2種類があります。

膨張式は、簡単にいうと風船のように浮力材が膨らむタイプです。普段は空気が抜けた状態でコンパクトに収まっているため、動きを妨げません。

膨張式には「手動」と「自動」の2種類があります。

手動式は付属コードを自分で引っ張ることで浮力体が膨らみます。任意に操作できるため、誤動作を防ぐことができます。

自動式は浸水を感知して自動で膨張するので、落水時に意識を失っていたとしても助かる可能性が高くなります。

固形式は、硬めの浮力体がラ

ジャケットタイプ

国土交通省ホームページ　https://www.mlit.go.jp/maritime/maritime_fr6_000018.html

イフジャケット内部に入っており形が変わらないものです。かさ張りはありますが、転倒時にクッション材となり身体を守ってくれたり、膨張式と違い、破損の心配が少なく、落水時にはトラブルなく身体を浮かせることができます。

形状の種類

ライフジャケットにも種類があり、用途に合わせて選べる他、デザインを選ぶことができます。

◯肩掛けタイプ（膨張式）

膨張式で一番安全性が高いと言えるのがこのタイプ。

首から肩周りを包み込んで膨らんでくれるので、意識がない状態で落ちたとしても、頭が水に沈みにくい体勢で浮かんでくれます。

一部の釣りでは肩周りが邪魔に感じることもありますが、安心して釣りをしたいという人におすすめです。

◯腰巻きタイプ（膨張式）

装着感が気にならない機動力を重視したタイプで、タオルのように巻くものと、ウエストポーチタイプがあります。

上半身の動作が邪魔されないので、腕をよく動かすルアー釣りで多く利用されています。

◯ジャケットタイプ

ノースリーブのベスト型で、船釣りでよく見るオレンジ色のジャケットが代表的。

釣り専用ではポケットを多く配置して機能的に使えるものが主流で、ゲームベストやライジャケと呼ばれています。

国土交通省認可品 桜マークとは

堤防で釣りをする場合、ライフジャケットに関する決まり事はありませんので、自分が気に入ったものを使用して大丈夫です。しかし、どうせなら一定の安全基準をクリアものを使いたいところです。

それが、国土交通省認可品で、桜マーク（型式承認試験及び検定への合格の印）付きライフジャケットと呼ばれるものです。新たに購入する場合は、特に認可品をおすすめします。

陸からの釣りの規定はありませんが、船に乗る場合や船から釣りをする場合はライフジャケットを着用する義務があります。違反した場合は船長に行政処分が下されます。

使用できるタイプには条件によって細かな分類がありますが、国土交通省認可品のＴＹＰＥＡを着用していれば、すべての小型船舶で使用可能となりますので、購入する場合の目安にしてください。

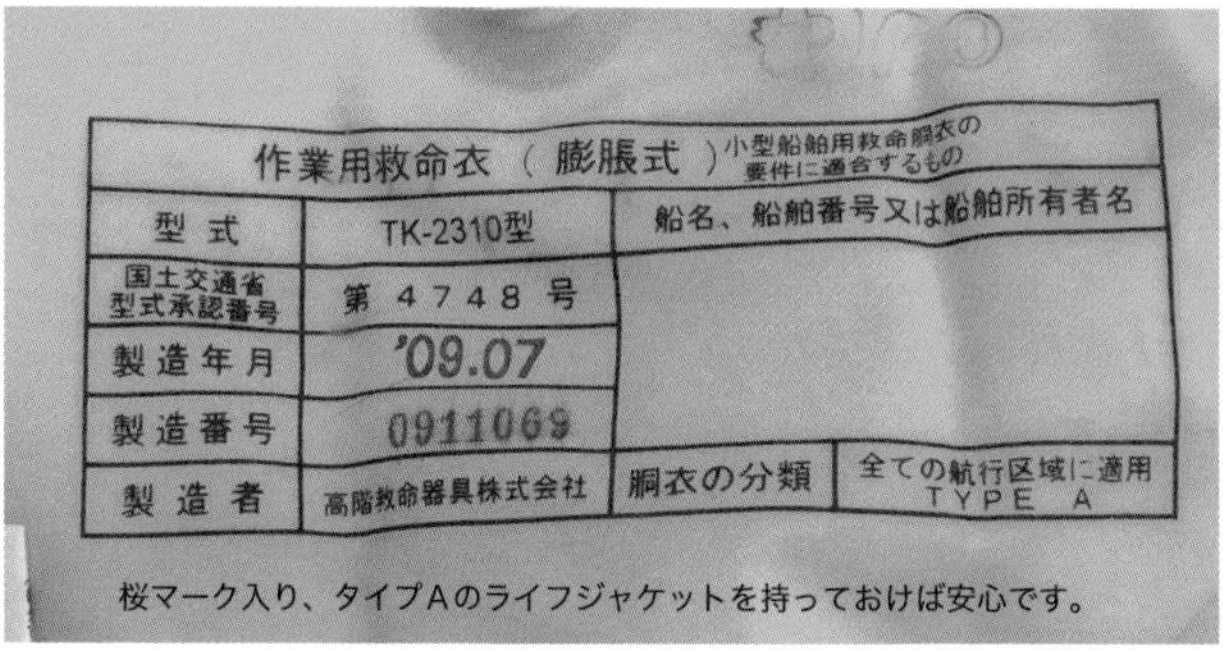

桜マーク入り、タイプAのライフジャケットを持っておけば安心です。

あると便利なもの

釣果に直接結びつくものではありませんが、集中力を維持して釣りを快適にするために必要なアイテムもあります。

○ロッドベルト

2ピースロッドや複数本持ち出す場合は、バラバラにならないようにロッドベルトを活用してまとめておきましょう。破損防止や、2ピースの継ぎ間違い防止にもなります。

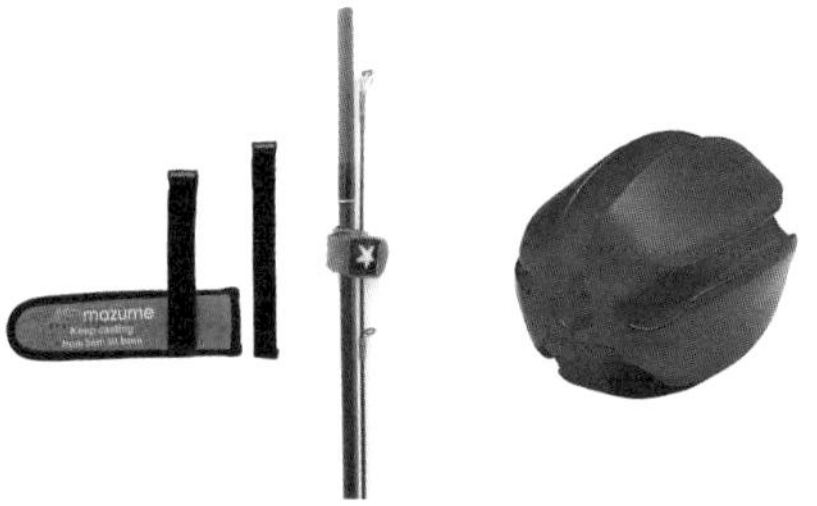

ロッドベルトとは巻き付けて使うものですが、穂先をカバーしてくれるタイプや、ワンタッチで簡単に取り付けられるものなどがあります。

○ダストボックス

仕掛けを作る際に切った端糸や、ちぎれたワーム、ハリ先がつぶれたジグヘッドなど、釣りをしている最中はゴミが発生するもの。もちろんポイ捨ては厳禁。別途ダストボックスを用意しておくとすぐに処理できて便利です。使ったものを一時保管するのにも役立ちます。

サッとゴミを収納できるダストボックスがあると釣り場を汚さないですし、釣り自体を妨げません。ラインくずなど収納に困るものも簡単です。

○タオル・ウエットティッシュ

汗や手を拭いたり、フィッシュグリップを持っていない場合は魚を掴むときに使えます。

ウエットティッシュがあれば汚れもサッと拭き取れます。抗菌タイプがおすすめです。

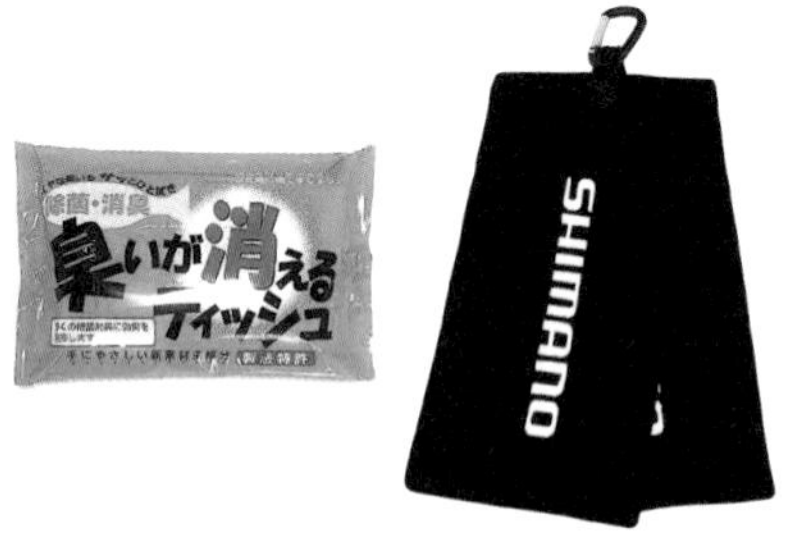

釣り用のタオルはベルトなどに装着できるタイプが主流です。ウエットティッシュは抗菌、消臭性能が高いものがおすすめ。

○防虫

堤防は河川などに比べれば虫は少ないですが、いないわけではありません。虫に刺されやすい人は特に注意しましょう。刺されすぎると危険です。

濃度が濃いものを選べば効果が長続きしますが、日焼け止めと同じく汗などで流れてしまいますので、携帯できるものを用意しておきましょう。

虫が多い時期には防虫グッズは欠かせません。即効性の高いスプレー式や携帯性に優れたストラップ型など自分に合わせて選べます。

堤防の釣りなら普段着でも大丈夫。でも、釣りに適した服装をしていれば、気分も盛り上がるし、なにより動きやすくなります。

釣りの服装

堤防釣りに必要な装備はこれだ

○服装

基本的に服装は自由ですが、より釣りに適した服というものがあります。

ポイントは肌の露出。日焼けを防ぐ意味もありますが、肌の露出が多いと万が一ルアーが地肌に当たったときに怪我をする可能性が増えます。できる限り肌の露出を抑えつつ、動きやすく、汚れても大丈夫な服装が適しています。

夏は暑さ対策のためにも吸水速乾性に優れ、UVカットや防虫効果などの機能を備えたウエアを選ぶとより良いでしょう。

機能性はもちろん、ファッション性も大事にしたいので、色は自由にしてかまいませんが、しいて言うならブラック系だと紫外線透過率が低いのでおすすめです。

冬は防寒対策を重視。堤防は普段歩く街中より気温が下がります。行くときは「ちょっと熱いかな?」と思うくらいが丁度良いでしょう。

ただし、厚着をしすぎて動きづらくなったら本末転倒。むしろ汗をかくせいで、余計体が冷える結果になることもあります。

フィッシングバッグはできる限りコンパクトにまとめて、自分に合わせたものを選びましょう。

吸湿性、速乾性に優れた素材の服をインナーとして着用し、トレーナーやパーカーなどの温かい素材かつストレッチ性の高いものを上に着るようにしましょう。さらに防水・防風性能に優れた服をアウターとしてまとえば完璧です。

夏冬共に釣りメーカーから発売されていますので、それらを基に揃えてみましょう。アウトドアメーカー品でも大丈夫ですが、山用とは少し違うのでスペックをチェックして購入しましょう。もちろんライフジャケットも忘れずに。

○フィッシングバッグ

必要な道具の項目で前述した通り、フィッシングバッグはできる限りコンパクトに収めたいところ。なぜなら、ルアーフィ

動きやすい服装とライフジャケット装着。必要な道具をコンパクトにまとめたスタイルです。

ッシングの場合、より活性の高い魚を探すランガンの戦術が基本となるからです。特別理由がない限りはコンパクトなメッセンジャーバッグ、ウエストポーチに収めましょう。

釣り用のバッグだとタモやプライヤー、ラインカッター、フィッシュグリップなどさまざまな道具を簡単に取り付けられるので便利です。

しかし、公共の交通機関を利用する場合、ライフジャケットやタモなどの道具を出したまま乗り込むのはマナー違反のため、それらを収納できる大容量のバックパックが選択肢に入ります。

もちろん「いろんな釣りがしたい」などといった理由で、大型のバッグを選ぶのもよし。自分のフィッシングスタイルに合ったバッグを選びましょう。

突然の雨も釣りにはつきもの。普段から撥水効果の高いものを着用していれば、少しくらいの雨なら大丈夫です。ただし、カーボンロッドには落雷の可能性が高いので、雷には十分に注意してください。

○靴

堤防ならスニーカーで十分です（ラジアルソールの滑りにくいタイプが理想）。

しかし、今後釣りに行く場所を広げていくなら、別途フィッシング専用のシューズを用意するとよいでしょう。

例えば岩場に立つ場合はとても滑りやすく危険です。岩場ではフェルトスパイクのシューズがよいでしょう。

重要なのはサイズです。特に冬に防寒用の靴下を履く場合と夏場ではフィット感が変わるので注意が必要です。

悪い見本は真似しない

残念ながらマナーの悪い人もいます。服装をしっかり決めていても、台無しになります。

釣りに適さない装備不足の格好やゴミのポイ捨て、釣れた魚までも陸にポイ捨てする行為も見かけます。

ゴミは後からまとめて捨てられるように、袋を別に用意しておくと便利です。

マナー違反を注意できれば、それに越したことはありませんが、なかなか難しいところです。「まずは自分から」と考え、来たときよりもきれいにを心がけましょう。

ゴミ回収に便利なグッズもありますので、活用してこの先も長く釣りを楽しめるように努めましょう。

糸クズをサッと捨てられるアイテムも用意しておくと便利です。

ルアー釣りをしていると、専門用語がたくさん出てきます。その意味を正しく理解していないと、説明を聞いても誤解が生じますので、ここで学んでおきましょう。

ルアー釣りの専門用語の意味を理解しよう！

マッチ・ザ・ベイト

ルアー釣りのターゲットとなるのはフィッシュイーターと呼ばれる、小魚やエビ・カニなどの生きた海の生物を捕食する魚たちで、ターゲットが捕食している生物のことをベイトと呼びます。また、魚がベイトとなっている場合はベイトフィッシュとも呼びます。

マッチ・ザ・ベイトとは、ターゲットが今捕食しているであろうベイトにルアーをマッチさせるということ。

ルアーチョイスの基本になる最も重要な内容です。

ルアーをベイトにマッチさせるとは、具体的に言うと、サイズや形状、アクション、ルアーを通す水深などが挙げられますが、最も意識しなければならないのはサイズです。

例えば、20㎝ほどの魚がベイトになっているときはルアーも大きなものを使います。5㎝前後の小さな魚をターゲットが捕食しているときは、ルアーもそれに合わせて小さなものを使います。

次に形状やアクション、ルアーを引く水深ですが、例えば、ベイトが魚なら、魚のように動くルアー、魚のウロコのようにキラキラと光を反射するもの、海中の比較的上の方をスイムするものを選びます。ベイトがエビ・カニなどの甲殻類の場合、海底まで沈み、形状がエビやカニに似たものを選びます。

ベイトが何かを知るためには経験が必要になってきます。まずは釣り場全体を見て、小魚などが泳いでいないか確認するとよいでしょう。

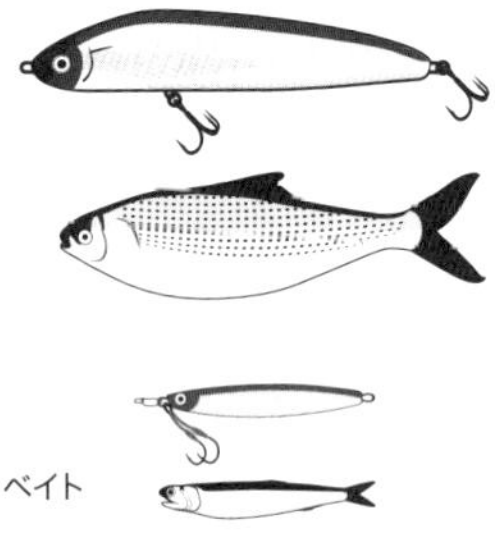

マッチ・ザ・ベイト
イメージ

タックル

リールをロッドにセットした、写真の状態をタックルと呼んでいることが多いです。

釣り道具全般のことをタックルと言います。釣り道具を入れるものをタックルボックス、小物を入れるケースをタックルケースなどと呼びます。

本来はロッドから小物まで広い範囲を指しますが、一般的にはリールをロッドにセットした状態のものをタックルと多く呼ばれています。

レンジ

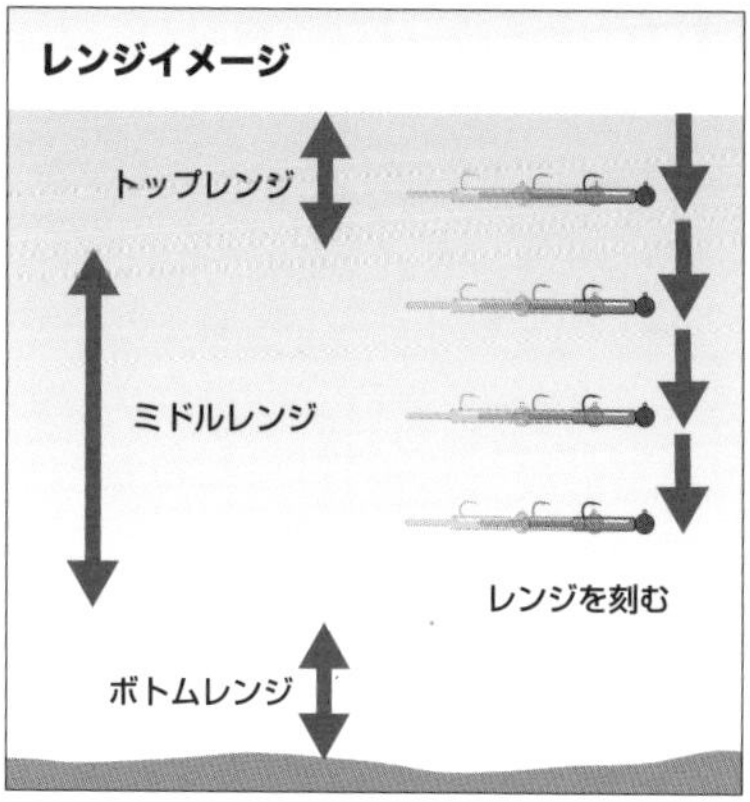

レンジとは海中の層を指しています。魚は種類やそのときの状況によって、海中のどのレンジ(層)にいるかというのが変わってきます。ルアー釣りでは、魚のいるレンジにルアーを通すことが釣果へ繋がる糸口になります。そのため、このレンジという言葉は、ルアー釣りでは頻繁に出てきます。

また、他の言葉と組み合わせて使うことも多いです。

例えばトップレンジは上の層を意味しており、海面近くを指します。ボトムレンジは底の層を意味しており、海底付近を指します。ミドルレンジは中層を意味します。

「レンジを刻む」という表現をすることもあります。これは少しずつ狙うレンジを変えていくことを表します。

例えば最初はトップレンジにルアーを通します。次に50cmほど沈めてルアーを引く、次は1mほど沈めてルアーを引く、次は1.5mほど沈めて……という具合です。

ランガン

ルアーフィッシングは足で釣果を稼ぐと言われています。

陸からのルアーフィッシングの基本はランガンです。一箇所に留まらずに……などと使われます。

ルアー釣りの基本スタイルを指す表現で「RUN＆GUN」が元になっています。日本語に直訳すると「走る＆銃」となりますが、走るように次々と移動して、銃を撃つようにキャストしてポイントを撃っていくという意味になります。

別に走る必要はありませんが、ポイントをどんどん移動しながら探っていくスタイルのことを表しています。

徒歩でも、車でも、バスや電車といった交通機関でも、移動の手段は問いません。

リトリーブ

ルアーは引かれることによってアクションします。ルアーを引くのはリールに巻かれたラインです。リールのハンドルを回すことにより、ラインが巻き取られ、ルアーを引くことになります。

ルアーを動かすためにリールのハンドルを回してラインを巻き取りルアーを動かすことをリトリーブと呼びます。リーリングと言う場合もありますが、厳密にいうとリーリングはルアーを動かす意思がなくリールのハンドルを回している行為を指すという意見もあるようです。

また会話の中では単純に「巻く・巻き」など、ラインを巻き取る動作を示す言葉が使われます。

リトリーブはそのスピードによってファストリトリーブ、スローリトリーブなどと使い分けることもあり、ものすごくゆっくりリトリーブすることをデッドスローリトリーブと言います。

ルアーをアクションさせる意思を持って、ラインを巻き取ることをリトリーブと呼びます。

キャスト

ロッドを振ってルアーを投げることをキャストと言います。ロングキャストやアンダーキャストなどとキャストのスタイルを表す場合もあり、オーバーヘッドキャストやペンデュラムキャストなど、キャストの種類として名前が付けられている場合もあります。

またingが付いてキャスティングと言う場合もあります。例：キャスティングテクニックなど。

陸からのルアー釣りでは、ほとんどの場合でキャストが必要になります。

タダ巻き

ルアーアクションはリトリーブに何か違う動作をプラスして複雑な動きを演出することも多いですが、リトリーブのみでターゲットを誘うことを「タダ巻き」と呼びます。

タダ巻きはルアーアクションの基本であり、状況によっては最も高い効果が得られることも少なくはありません。

タダ巻きは一定の速度でリールのハンドルを回すことがコツになります。速度は状況によって変わってきますが、1回転／秒を基準として、速く巻いたり、遅く巻いたりを試してみるとよいでしょう。

フォール

ルアーを沈めることをフォールと言います。ルアーを海底に沈めるときはもちろんですが、魚が上から落ちてくるものに興味を示すという習性を利用して、ターゲットにアピールするためにも使用します。

フォールにはラインにテンションを掛けないフリーフォールと、テンションを掛けて沈めるテンションフォールがあります。

フリーフォールの特徴は、ルアーが真下に沈む、スピードが速いなどが挙げられます。

テンションフォールは、ルアーが弧を描くように手前に沈む、スピードがゆっくり、などの特徴があります。

カケアガリ

海底の地形が坂のようになっている部分のことを指します。この坂のような地形は回遊の通り道になったり、身を隠すのに都合が良かったり、また、海中の食物連鎖の底辺となるプランクトンが溜まりやすかったりするため、多くの魚が着きやすい狙い目ポイントになります。

陸側から見ると、下がっている形状となっていることが多く、カケサガリと言う場合もありますが、基本的には上がっていようが、下がっていようがカケアガリです。

ルアー釣りではカケアガリで海底の地形が変化している場所をブレイクやブレイクラインなどとも呼びます。

ストラクチャー

直訳すると「構造物」となります。分かりやすく言うと、堤防や岩、海藻、テトラ、杭など、海中にある潮の流れを遮る、または変化させる障害物になるようなもの全てと考えるとよいでしょう。

魚は外敵から身を守るため、または捕食しようとするベイトから自分の姿を隠すためなどの理由でストラクチャーの陰に潜むものも多いです。そのようなターゲットを狙う場合はストラクチャーの周辺にルアーを通す必要がありますが、これもルアー釣りの基本の一つになるので覚えておきましょう。

シンカー

オモリのことをシンカーと呼びます。ルアーにセットできるように専用の形状となっているものや、ルアーに据え付けられていたり、内蔵されているものもあります。また、フックと一体型になったものもよく使われます。

シンカーの素材は金属の中でも比重が大きく値段が安い鉛が一般的ですが、何かと接触したときにその感触が伝わりやすいブラス(真鍮)のものもあります。また近年は高価ですが、比重が鉛よりも大きく、感度に優れたタングステンが用いられているものも増えています。

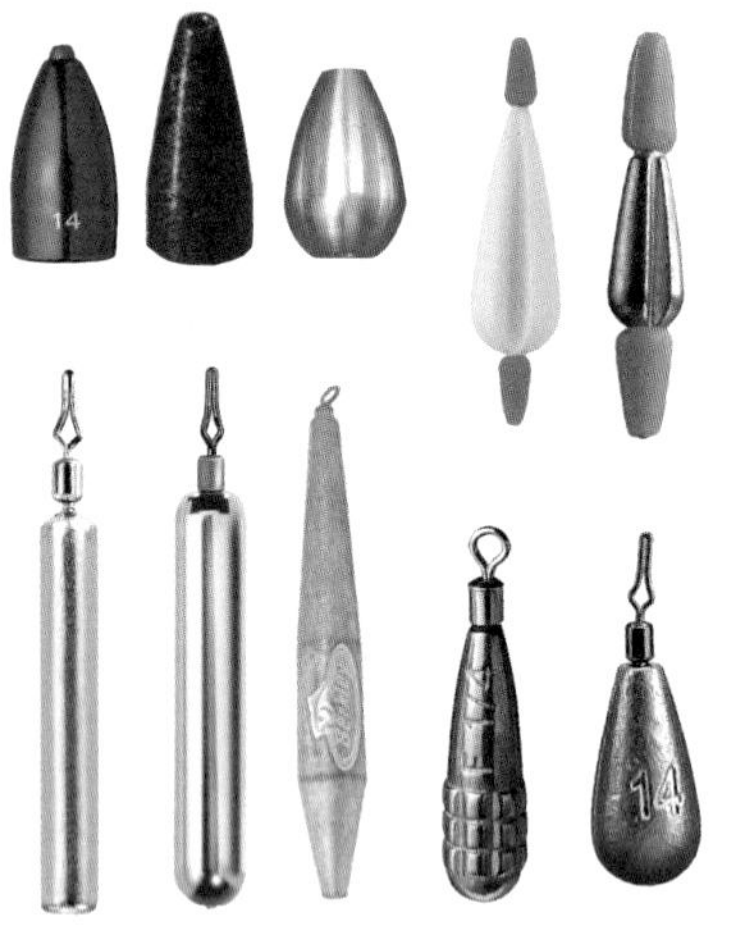

シンカーは形状だけではなく素材の違いもあります。

スナップ

ラインの先に結束して、ルアーと接続するためのパーツで、ルアーの交換が簡単にできるようにしたものです。また、ラインを直接結ぶよりもルアーの動きを妨げにくいというメリットもあります。

メーカーによっていろいろな形状のものが販売されており、どれがよいということは一概には言えません。強度に優れたものや、よりルアーの交換が簡単なものなど、それぞれの特徴があるため、自分でいろいろ使ってみて、お気に入りを見つけることが大切です。

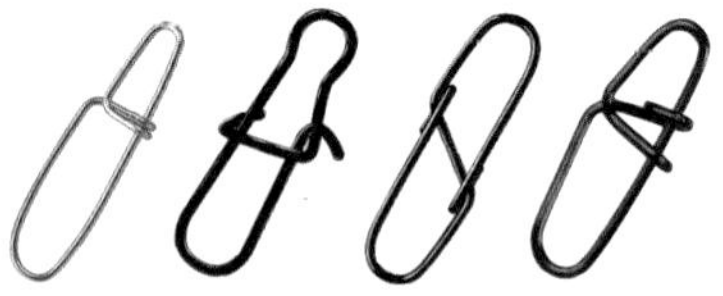

スナップの例。さまざまな形状があります。

選ぶときは強度を考える必要があります。基本はラインよりも強いものを選ぶということです。強度はlb(ポンド)で表示されているので、ラインの２～３倍程度のものを選ぶとよいでしょう。

必要以上に大きなものを使うとルアーのアクションの妨げになるので注意が必要です。

釣りができる堤防でも、「釣り禁止」と書かれていなくても釣りを行ってはいけない場所もあります。釣りを思いっきり楽しむためにも、ルールを守りましょう。

堤防で釣りができるところ

堤防・漁港のルールとは

開放されているように見える漁港や堤防ですが、国や自治体、漁協などで管理されています。このため、個別にルールが設けられています。まずは釣りを行ってはいけない場所を知りましょう。

○看板類

釣り禁止、駐車禁止、立入禁止、進入禁止など、大きく目立つものから、小さくて手書きの看板までさまざまです。「見逃していた」では理由にならないので、釣りを行う前に釣り場全体をチェックしましょう。心配なら、釣り場近くの釣具店に聞くと安心です。

禁止されている場所で釣りを行う人もいますが、絶対に真似をしないでください。禁止には理由がありどんな言い訳も通用しません。

○SOLAS《ソーラス》条約

港湾には、SOLAS条約(海上人命安全条約)により立ち入り禁止場所が設定されています。多くは金網で仕切られ門が設置されていますが、そうでない場所もありますので、気をつけてください。違反した場合は厳しく処置されます。

○港内

漁港の内側(港内)では、釣りを禁止しているところが多くあります。船舶航行の邪魔になったり、船を破損させる恐れがあるためです。港内で竿を出す場合は、周囲を確認してから行いましょう。

禁止されていない場合でも、港内の堤防で釣りをする場合は、船の往来や停泊中の船に気をつけて釣りを行ってください。特にルアーをキャストする場合は、毎投周囲をよく確認してから行いましょう。

○停泊中の船舶

釣り禁止ではありませんが、停泊している船の周辺では、あまり釣りをよしとはされません。誤って船に仕掛けを絡ませたり、装備を破損させることに繋がるからです。船に無断で乗って釣りを行うなど絶対にして

はいけません。船には近づかないようにしましょう。

○スロープ

船を陸に揚げて整備するスペースです。立入禁止の看板がなくても、通常は禁止場所です。スロープ付近では魚のポイントになることも多いですが、スロープ上からの釣りはやめましょう。別の場所から狙っても十分に釣れます。また作業を行っている場合は遠慮しましょう。

○船道

港の出入り口部分は船の往来が最も多い場所で、そのため海底が削られて深くなっている場合が多く、その場所を船道と呼んでいます。

釣り禁止としているところも多く、特に「投げ釣り禁止」と書かれていたりします。この場合は仕掛けを投げる釣りという意味ですので、ルアー釣りも含まれます。

釣り禁止とされていない場合は問題ありませんが、船が近づいてきたら投げるのをやめ、投げていたらすぐにルアーを回収しましょう。

○漁具

漁港は漁師が仕事をする場所です。釣り人は利用させてもらっているという謙虚な心を持って釣りを行いましょう。

堤防には漁具を置いていることも多いので、通る際は極力避けて、絶対に踏まないようにしてください。誤って仕掛けを絡ませた場合でも、そのまま放置せず、必ず回収してください。

○荷揚場

魚を揚げる場所や、競りが行われるところ一帯は立入禁止です。作業を行っていない夜間でも立ち入らないようにしましょう。

○時間帯

時間帯によって立ち入りを禁止している港も多くあります。入口付近に看板を設置している場合が多いですが、見逃しがちなので注意しましょう。時間も変わることが多いので、行くたびに確認しましょう。

テトラの上に乗って釣りをするのも危険。乗る場合は、必ず安全装備を万全にして行いましょう。

漁業施設・危険場所には立ち入らない

禁止と書かれていなくても、社会のルールとして私有地や作業中の場所へは立ち入らないようにしましょう。

近隣の迷惑を考える

釣り場周辺には民家があることも多いので、日中であっても大声で騒ぐようなことをしてはいけません。車の駐車にも気を配り、エンジンは必ず切っておきましょう。

※使用している写真は実在するものですが、解説は架空のものであり、現実とは異なります。

作業場所には近づかない

港湾では荷物の運搬などが行われています。作業船や貨物船が接岸している場合は特に気をつけましょう。

船道では周囲に注意

船の往来がある場所では、絶えず周囲に注意して釣りを行いましょう。船がまだ遠いと考えず、見えたら釣りを中断しましょう。

橋の上からは釣り禁止です

橋の上から釣りをするのは全て禁止です。通行の邪魔になるばかりか、事故を引き起こす可能性もあります。

海水浴場は夏場に注意

サーフでの釣りは、夏になると海水浴客がきます。少人数であっても釣りは控えましょう。夏ではなくてもサーフィンなどレジャーを楽しむ人がいる場合も同じです。

ケーソンの形状に注意

堤防のケーソンには穴があいていたり、段差があったりと危険が多くあります。自分の運動能力を過信せず、慎重に行動しましょう。

さまざまなターゲットが狙える万能ルアー「メタルジグ」を使った陸からのルアー釣りがショアジギングです。大型の魚を狙うこともできる人気の釣りです。

【ショアジギング】メタルジグを投げてみよう！

メタルジグとは

ルアーの種類の一つで、
金属を型に流し込んで整形したシンプルなスタイルが特徴です。
材料となる金属は比重が大きく、
整形がしやすいうえに価格も安い鉛がスタンダードですが、
より比重が大きいタングステン製のものも近年は人気が高くなっています。

青物狙いの定番ルアー

メタルジグは重量が重いため、海中に入れると沈み、沈下速度も他のルアーと比べると速いという特徴があります。しかし、速く引くと水の抵抗を受けて浮き上がります。そのため、ボトムから表層まで全てのレンジを攻めることが可能になります。

また重量に対して体積が小さいため、空気や風などの抵抗を受けにくく、キャストでは他のルアーよりも飛距離を出しやすいというメリットもあります。

このような特徴から、あらゆるターゲットに有効な万能ルアーとして、いろいろな魚を狙うのに使われますが、メインとなってくるのは青物です。

ブリやヒラマサ、カンパチ、サワラなど回遊性の高い青物を狙うときに出番が多くなるルアーです。

このメタルジグを使ったルアー釣りをジギングと呼びます。そしてショア（陸）からするジギングがショアジギングです。

メタルジグの種類

**一言でメタルジグと言ってもいろいろなタイプがあります。
それぞれの形状には意味がありますので、特徴を理解して、
自分のスタイルや狙うターゲットに合ったメタルジグを選ぶことで
釣果をアップさせることができます。**

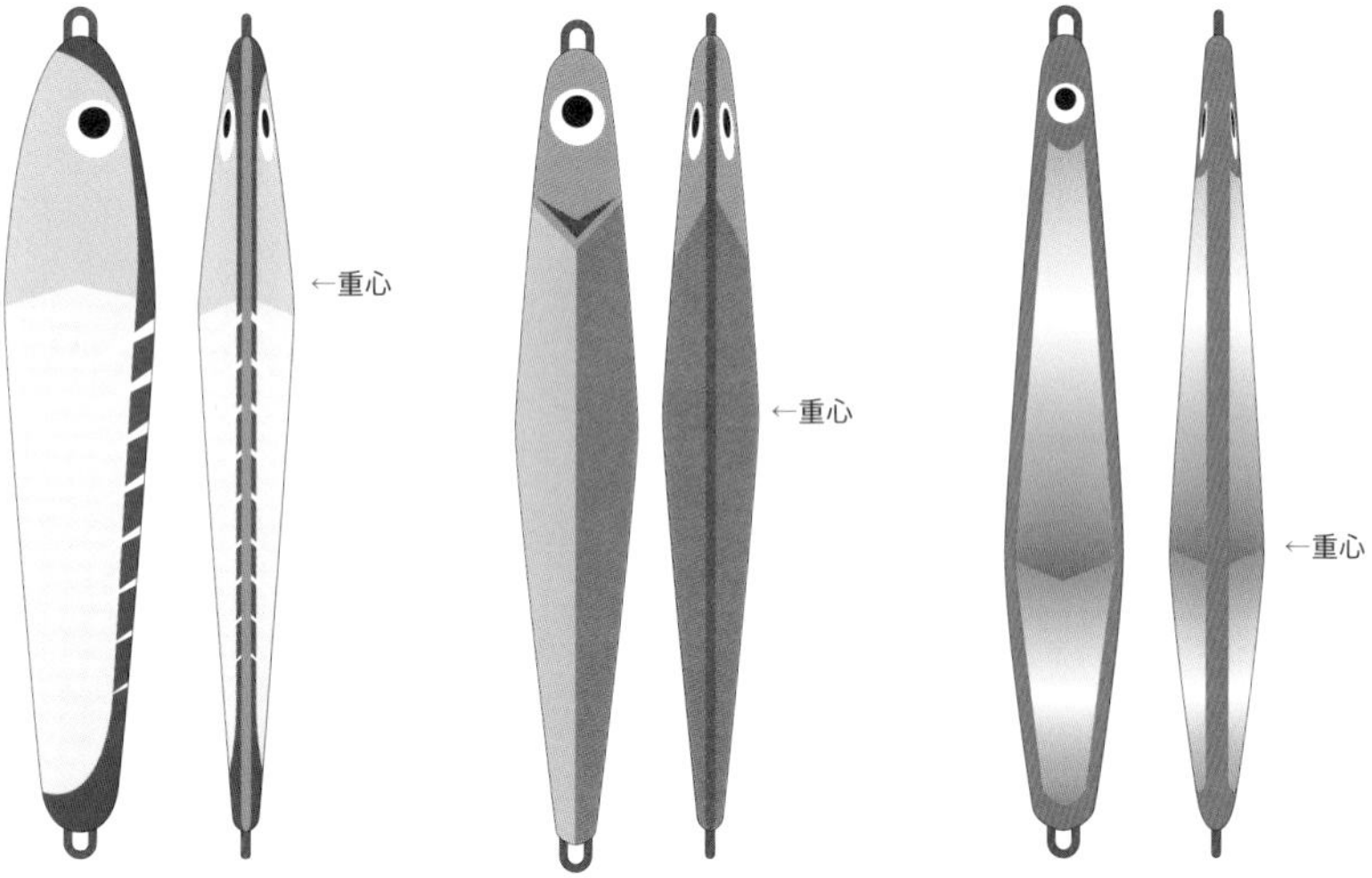

フロントバランス　センターバランス　リアバランス

バランス

メタルジグを選ぶ上で認識しておきたいことの一つにバランスがあります。これはボディのどこが重量の中心点になっているかを示すもので、パッと見では分かりにくいですが、フロントバランス、センターバランス、リアバランスの3種類に分けられます。

フロントバランスはボディのヘッド側が重くなっているバランス設計。あまり姿勢を崩さずに水平姿勢を保った状態で沈ませることが可能で、その場合、比較的ゆっくりとしたフォールを演出できます。

センターバランスはボディの中心が重くなっているタイプ。上下均等にヒラヒラと舞うようにフォールしていき、アピール力が高いのが特徴です。

リアバランスはボディのテール側が重くなっており、キャストで飛距離が出しやすい、フォールスピードが速いという特徴があります。

ショアジギングで使われることを想定したメタルジグはセンターバランスか、少しリア寄りのバランスとなったものが多いです。

セミロングタイプ。

幅広タイプ。

厚みがあるタイプ。

フラットなタイプ。

ショアジギングのスタンダードタイプ。

形状

バランスの違いは見た目では分かりにくいですが、形状の違いは一目で分かるので、メタルジグを選ぶ上で大きな判断材料になります。

メーカーや商品ごとに実にいろいろな形をしたものがあるので、全てをきっちりと分類するのは難しいですが、まずはロング（セミロング）タイプと幅広タイプに分けることができます。

ロングタイプは水切りが良く、引いたときも水の抵抗が少ないのが特徴です。速いアクションで誘うのに適しています。

幅広タイプはフォールに重点を置いたもので、ヒラヒラと木の葉のように舞うフォールを実現できます。

それぞれのタイプに平たいフラットなものと、肉厚のものがあります。

フラットタイプはヒラヒラとしたフォールで誘い、肉厚なタイプは動きを抑えていたり、リトリーブで誘うためのものが多いです。

ショアジギングで多く使われる、最もスタンダードな形状はセミロングでフラットなタイプです。フラットと言っても、板のようなものではなく、いくつかの面が組み合わされたデザインが施されています。

この面が水流を受けることによって複雑なフォールを演出して、ターゲットにアピールするのです。

カラーについて

他のルアーと同様、
メタルジグもさまざまな色や模様でカラフルに彩られています。
色にもそれぞれの特徴がありますので、
理解して使い分けられるようになりましょう。

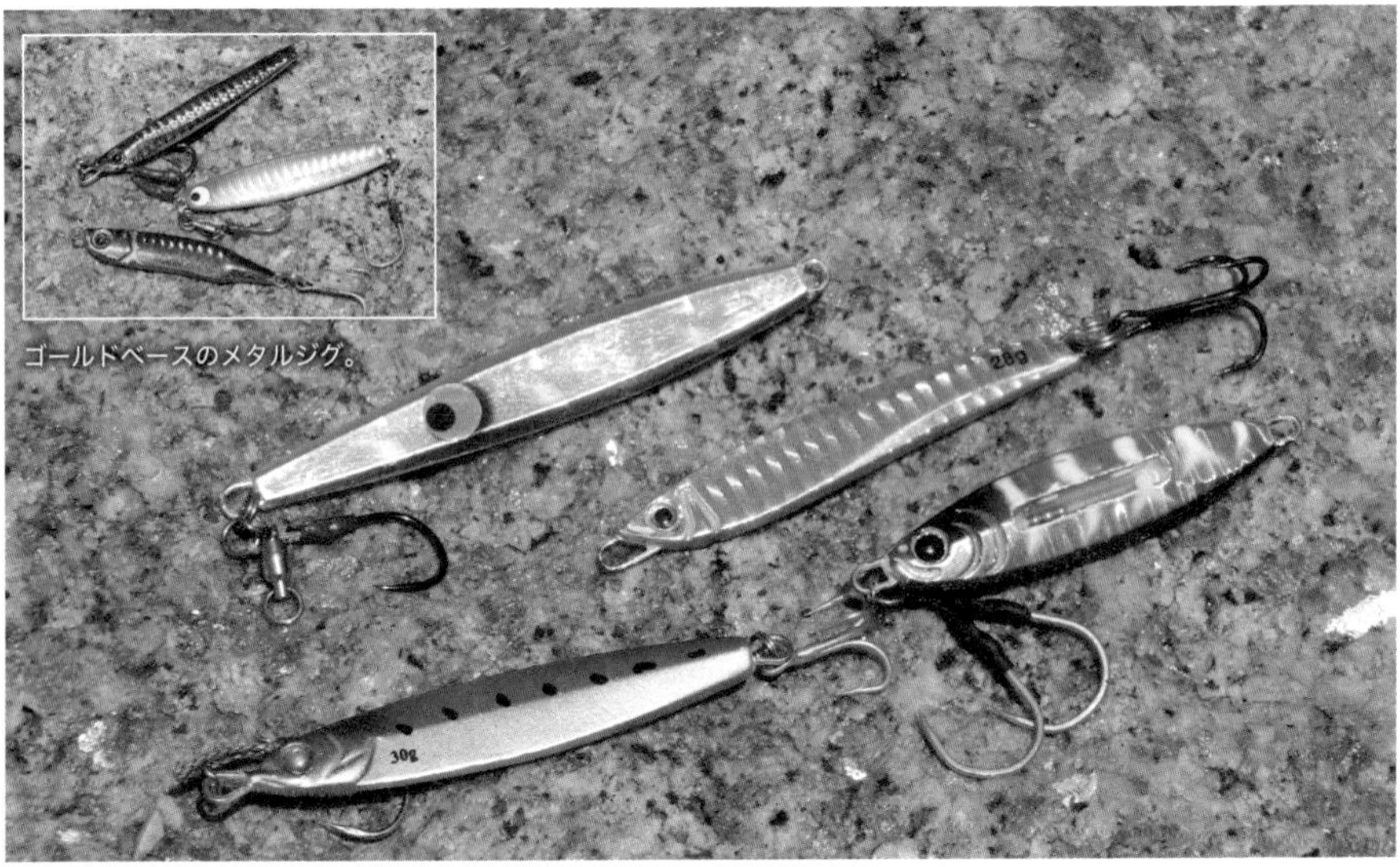

ゴールドベースのメタルジグ。

シルバーベースのメタルジグ。

ベースカラー

ルアーはまずベースとなるカラーが決められ、その上からいろいろなカラーが着色されています。

ベースとなるカラーで代表的なのがシルバーとゴールドです。通常は光を反射するホログラムフィルムが貼られており、海の中で魚のようにキラキラと光ってターゲットに強くアピールします。

シルバーは海が澄んでいるときや日中に最も遠くまで反射光が届くと言われており、それだけアピール力が高いため多くのルアーに採用されています。

ゴールドは海が濁っているときにシルバーよりも遠くまで反射光が届くとされており、また朝・夕の黄色い太陽の光と波長が合うカラーです。

太陽が昇るときや沈む時間帯はゴールドが有利だと言えます。

その他のベースカラーとしては、ホワイトやグロー（夜光）などがあり、光量の少ないとき（曇り空や薄暗い時間帯）でも目立つようにするためのものです。

アピールカラーのメタルジグ。自然界に存在しない目立つ色で構成されています。

ナチュラルカラーのメタルジグ。自然界に存在する色が使われ、実在する魚のような色合いになっています。

アピールカラーとナチュラルカラー

ベースカラーの上からいろいろなカラーを着色して、たくさんのカラーバリエーションを作りますが、着色されている色の特徴を知っておくことで、どのような場面で使うのがよいか分かってきます。

ここで知っておきたいのが、アピールカラーとナチュラルカラーです。

アピールカラーとはピンクやライムグリーン、オレンジ、蛍光色など文字通りアピール力の高いカラーです。

一方ナチュラルカラーはブルーやオリーブ、ブラウンなど自然界にあるものに近い色です。

アピールカラーが有効なのは

◎光量が少ないとき
◎潮が濁っているとき
◎魚の活性が高いとき

となります。逆にナチュラルカラーが有効なのはこの反対の状況で、

◎光量が多いとき
◎潮が澄んでいるとき
◎魚の活性が低いとき

となります。

「活性」とは、いわば食い気があるかどうかということです。

魚は活性が高いときは、目立つものを捕食しようとします。とにかく目に付くものに襲い掛かるのです。

そのため、ルアーも目立つものの方が釣果が上向きやすいです。

反対に活性が低いときは海中で目立つものは警戒される傾向にあるため、なるべく自然界にあるものに近い色を使うというのがセオリーです。

フックについて

フックは魚と接点になる重要なアイテム。
メタルジグにはフックがセットされて販売しているものと
そうでないものがあります。
また、ターゲットや釣り方によってセッティングも変わってきますので
使い方の基本を理解しておきましょう。

シングルアシストフック

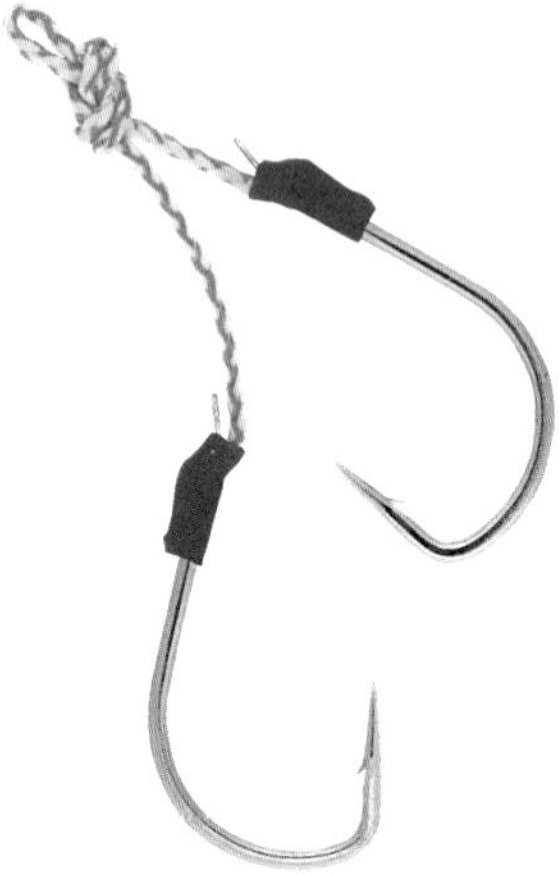

ダブルアシストフック

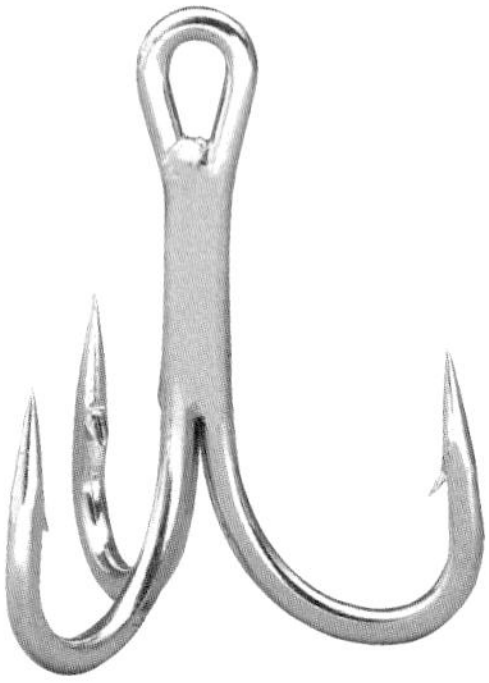

トレブルフック

フックの種類

メタルジグに装着されるフックの種類は基本的にアシストフックとトレブルフックの２種類です。

トレブルフックは多くのルアーに採用されているハリ先が３本に別れているフック。アシストフックは、細い糸を縒り込んだアシストラインと呼ばれる太めのラインの先にシングルフック（一般的にイメージされる魚釣りのハリ）が付けられているものです。

アシストフックはフロント側とテール側に付ける場合がありますが、トレブルフックは基本的にテール側にしか付けません。

アシストフックが１本付けられている状態がシングルアシスト、２本付けられていると、ダブルアシストやツインアシストなどと言います。

フックセッティング

ショアジギングで使われることを想定して販売されているメタルジグで比較的軽量なものには、ほとんどフックが標準装備されています。

フックが付属しているものは、パッケージから出したら、そのまま使えばよいでしょう。

しかし重量が重くなってくるとフックが付属していないものが多くなります。このようなものを使う場合、自分でフックを選んで購入し、セットする必要があります。

重量が軽いものはフックが装着された状態で販売されているものがほとんどで、パッケージから出したらすぐに使うことができます。

ショアジギング スタンダードセッティング

堤防からのショアジギングでよく使われる30ｇ前後のメタルジグにはフックが装備されて販売しているものが大半です。フロントにシングルアシスト、テール側にトレブルフックが装備されているものが多く、この組み合わせがいわばショアジギング用メタルジグのスタンダードとなっています。

この組み合わせは複雑なアクションを入れず、タダ巻きで誘う場合でもハリ掛かりしやすいのが特徴です。また、後方から襲ってくるターゲットに対しても有効です。

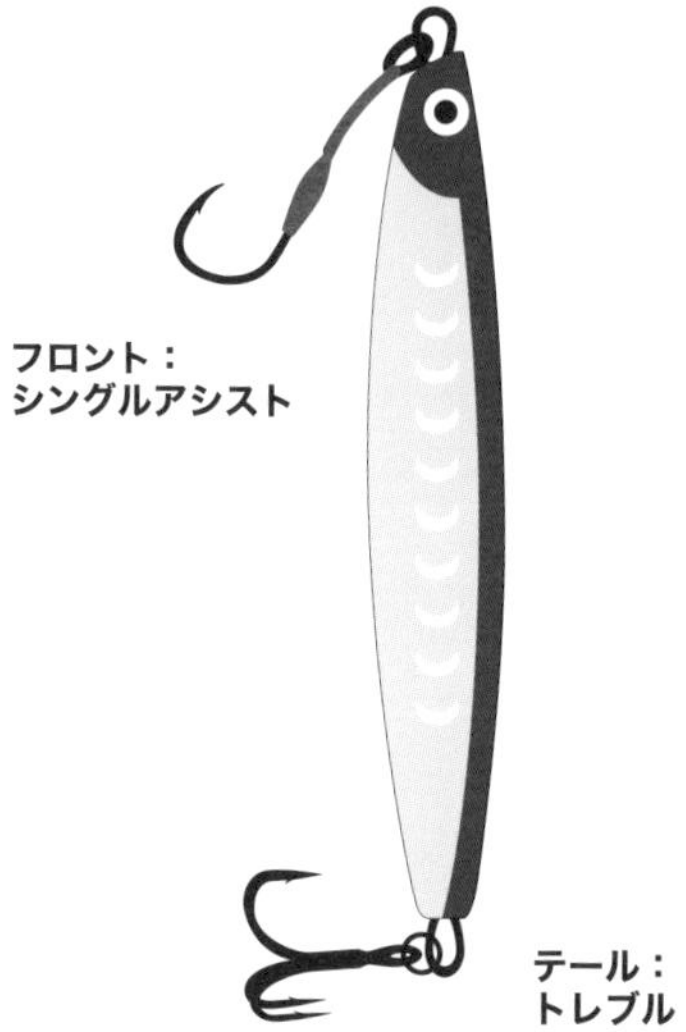

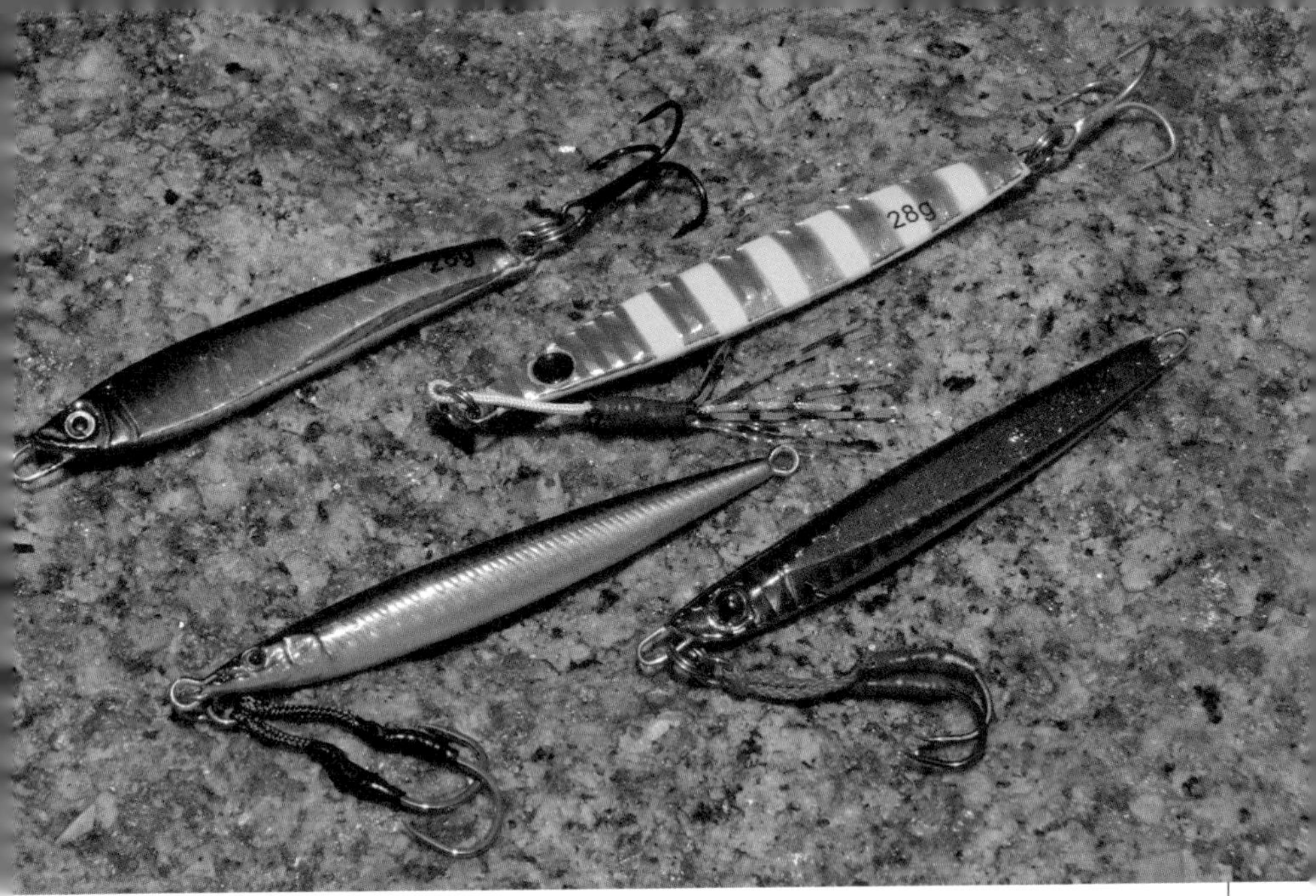

フロントアシストのみ

メタルジグを激しくアクションさせてターゲットを誘う場合はフロントアシストのみにします。理由はテール側にトレブルフックなどが付いていると、それがラインと絡むテーリングという現象が起きやすいからです。

また、海底の地形などの関係でメタルジグをボトムタッチ（着底）させると根掛かりが多くなるような場合も、テール側のフックを外してフロントアシストフックのみにします。

一般的にシングルアシストよりもダブルアシストの方がハリ掛かりする確率はアップします。しかし、大型のブリやヒラマサなどのパワーのある魚を狙うときは太軸のフックが付けられたシングルアシストというのが基本になります。

テーリング。

フロント：
シングルアシスト
or
ダブルアシスト

トレブルのみ

激しいアクションを入れずにリトリーブメインでターゲットを狙うように作られたメタルジグは後部からの追撃に重点を置き、テールのみにトレブルフックをセットします。また、腹部とテールにフックが取り付けられているパターンも増えています。

廉価品のメタルジグにもテール側にトレブルのみというものがありますが、タダ巻きで狙う場合はこれでも全く問題ありません。

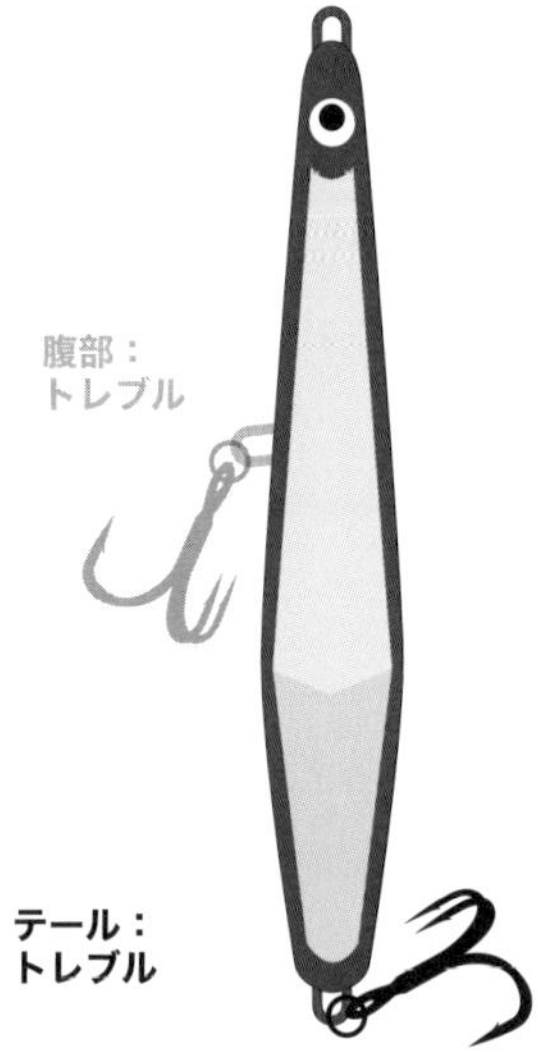

フロント・テール共にアシストフック

主にフォールでの誘いをメインにする場合のフックセッティングです。

フロントダブルアシスト・テールダブルアシストというのが基本になりますが、テール側(フロント側)をシングルアシストにするパターンもあります。

フロントとテールの両方にアシストフックを装着する場合は、フック同士が絡まないようにテール側はアシストラインの短いものを使用するのが基本です。

少しテクニカルな釣り方をするためのセッティングになるので、こういう組み合わせもある、くらいに頭の隅に置いておく程度でよいでしょう。

基本のアクション

**ショアジギングはメタルジグをいかに操れるかが釣果を左右します。
しかし、基本的な簡単な操作だけでも十分に魚は釣れます。
まずはルアーアクションの基本となる操作と意味を覚えて
自分なりに組み立てていくとよいでしょう。**

簡単なアクションを覚えよう

ジギングの本来の楽しさは、自身のロッドさばきでメタルジグをしっかりと動かし、アクションを組み立てることによって、狙ったターゲットに口を使わせるところにあります。

しかし、ジグを食わせるためには、基本となるロッドアクションをいくつか習得し、自分なりに組み立てていく必要があります。自分なりの攻略パターンを成立させるためには、それなりに経験を積む必要があります。

自分が狙ったターゲットを思惑通りにヒットさせることができれば、このうえない達成感を得ることができます。とはいえ、そのような難しいことをしなくても、ビギナーでも簡単に魚が釣れるところが、ショアジギングの魅力の一つでもあります。

まずは簡単なアクションでターゲットを狙ってみて、ショアジギングの楽しさを感じましょう。そしてもっと上達したいと思えるようになったら、バラエティ豊かなアクションを身に付けていけばよいでしょう。

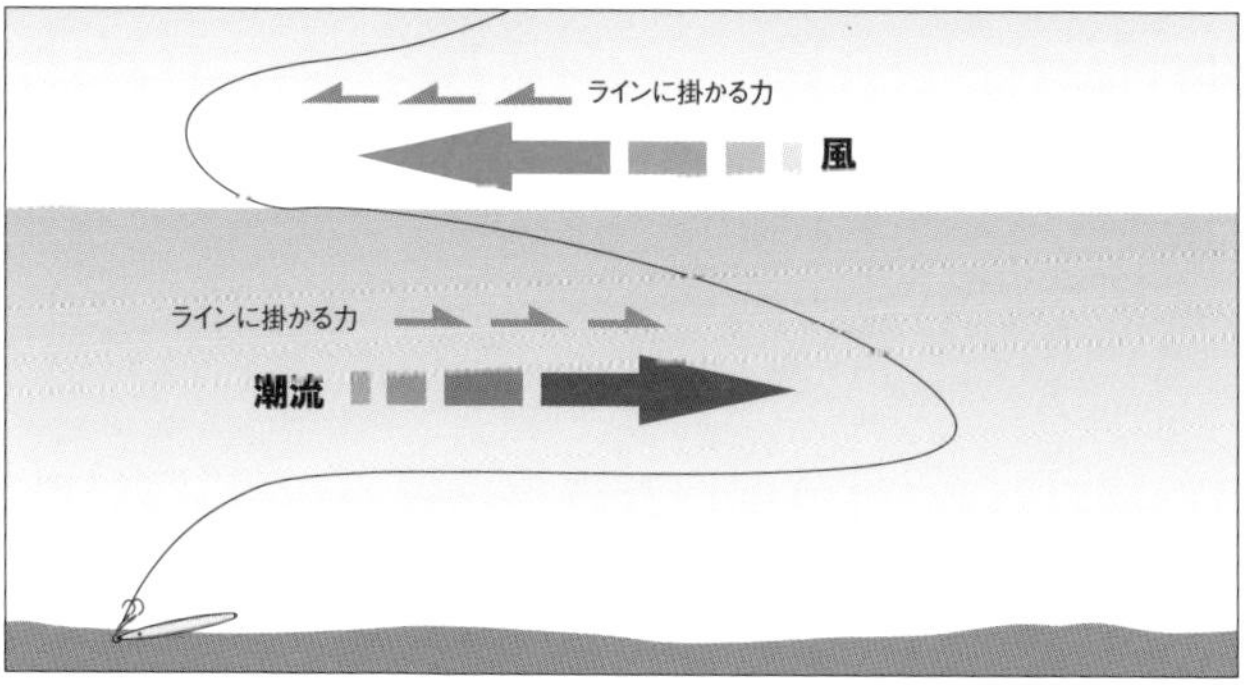

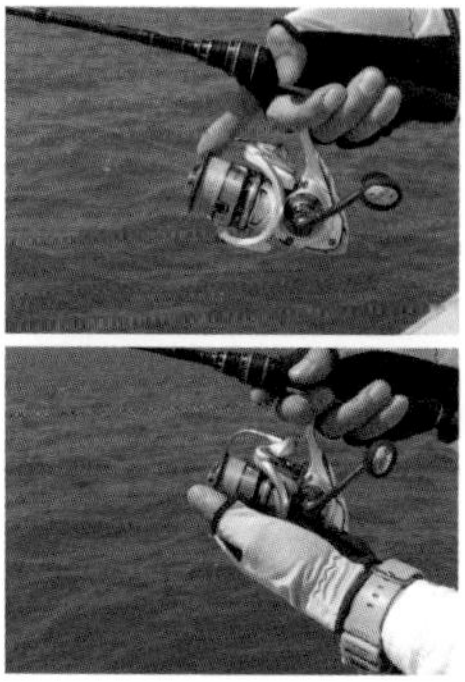
指先で軽くスプールの端を押さえてラインの放出をコントロールします。

ボトムタッチ

　ショアジギングを行うときに基本となるのがボトムタッチ（着底）です。

　メタルジグは重量があるルアーで、フォールスピードも速く、海底を探れるということが一つの特徴になります。そのため、ジギングではまずメタルジグを海底まで沈めて、底から探っていくということが基本になります。そして、このボトムタッチがビギナーにとって最初の難関となります。

　ボトムタッチさせるときは基本的にフリーフォールでメタルジグを沈めます。

　キャストしてメタルジグが海面に着水したら、リールのベイルを開いたまま、ラインにテンションを掛けずに沈めていきます。

　テンションを掛けないといっても手放しでラインを放出してはいけません。リールのスプールに軽く指を添えたり、ラインを軽くつまむなどして、抵抗にならない程度にラインの放出をコントロールしましょう。

　また、ラインの放出を指先で感じることによってボトムタッチが分かりやすくなるというメリットもあります。

　フォール中にスルスルとリールから放出されていたラインが一瞬フッと止まるときがあります。それがボトムタッチの合図で、これを見逃さないことが大切です。

　ラインは海中では潮流の影響を受けて流されるため、メタルジグが着底しても放出が完全に止まることはほとんどありません。特に潮流が速いときや水深が深い場所では、ボトムタッチの見極めが難しくなります。

　ボトムタッチに気付かずに、ルアーが海底を転がり続けてラインを放出し続けると、ターゲットにルアーを見切られる要因になるだけではなく、根掛かりの原因にもなってしまいます。

　どうしてもボトムタッチが分かりにくいときはメタルジグの重量を少し重くするとよいでしょう。

　しかし、いたずらに重いメタルジグを使うことはおすすめできません。ボトムタッチが分かる範囲でなるべく軽いものを使った方が、釣果に結び付きやすくなります。

タダ巻きで狙う

リトリーブのみでターゲットを狙うタダ巻きは最もシンプルで簡単なアクションですが、ルアー釣りの基本であり、ショアジギングでも通用します。メタルジグはリトリーブのみでもユラユラと動き、ターゲットに十分アピールできるのです。

メタルジグは海中に入れると沈みますが、リトリーブスピードが速いと浮き上がります(引く方向へ進む)。

タダ巻きでショアジギングを楽しむ場合は、この性質を利用して、ボトム〜ミドルレンジ(中層)を効率的に探っていくとよいでしょう。

やり方は簡単です。キャスト後、メタルジグをボトムタッチさせたらすぐにタダ巻きをするだけです。リトリーブスピードはターゲットによっても異なりますが、少し速めで、リールのハンドル1.5〜2回転／秒くらいがよいでしょう。速く巻くというより、遅過ぎないようにする、ということを心掛けるとよいでしょう。

水深によって変わりますが、リールのハンドルを10〜15回転くらいさせたら、ラインを巻くのを止めて、ふたたびメタルジグをフォールさせます。フリーフォールが基本ですが、テンションフォールでゆっくり沈めても問題ありません。

テンションフォールで沈める場合は「え、まだボトムタッチしないの？」と思えるくらいフォールスピードはフリーフォールに比べてゆっくりです。しかし、着底した瞬間にラインのテンションがフッと抜けるので、ボトムタッチは判断しやすくなります。

メタルジグのボトムタッチを確認できたら、再びリトリーブを開始しましょう。

コツはボトムタッチから素早く巻き上げに移行することです。ボトムタッチと同時に巻き上げするくらいの感覚で行うことが好ましいでしょう。

上手くできるようになると、このタイミングで魚が食ってくることが多くなります。

タダ巻きで狙う

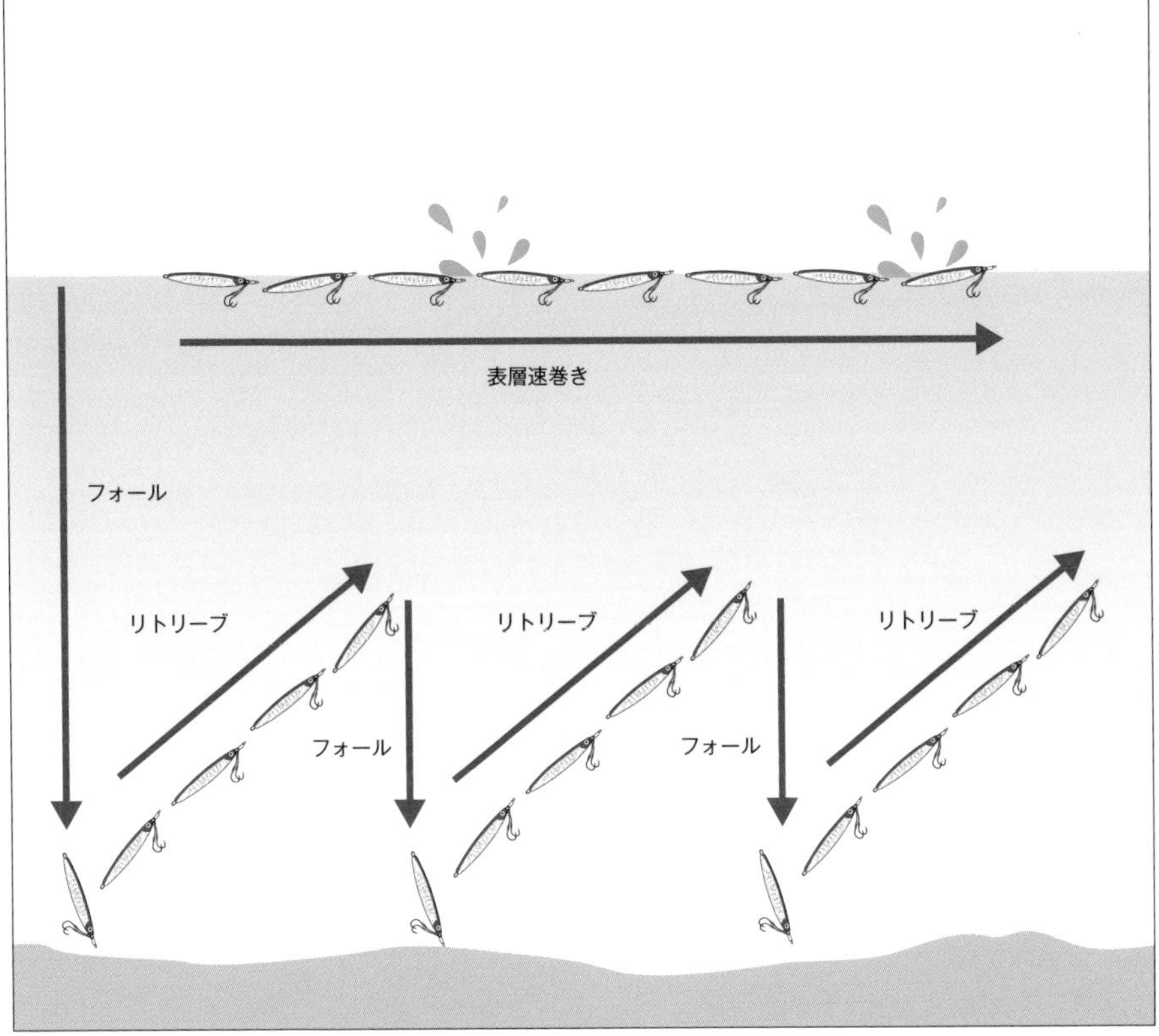

表層速巻き

　ブリなどの青物は速く動くものに好反応を示すため、速巻きが効果的な場面が少なくありません。ボトム～ミドルレンジを探って反応がない場合はトップレンジ（表層）にメタルジグを通してみましょう。

　トップレンジを探るときは、メタルジグの着水後にフォールさせず、すぐにリトリーブを開始します。

　巻きスピードはかなり速くする必要があります。スピードが遅いとメタルジグは狙いたいレンジよりも深く沈んでしまうからです。

　トップレンジにメタルジグを通すときはできる範囲でよいのでなるべく速いスピードでリールのハンドルを回しましょう。ときどきメタルジグが海面を割って水面を跳ねても問題ありません。

　ナブラが湧いている（青物に追い詰められたベイトフィッシュが、表層で逃げ回っている状況）ときは特に表層速巻きが有効になるので、そういった場面に出会ったら、迷わず試してみましょう。

ストップ&ゴー

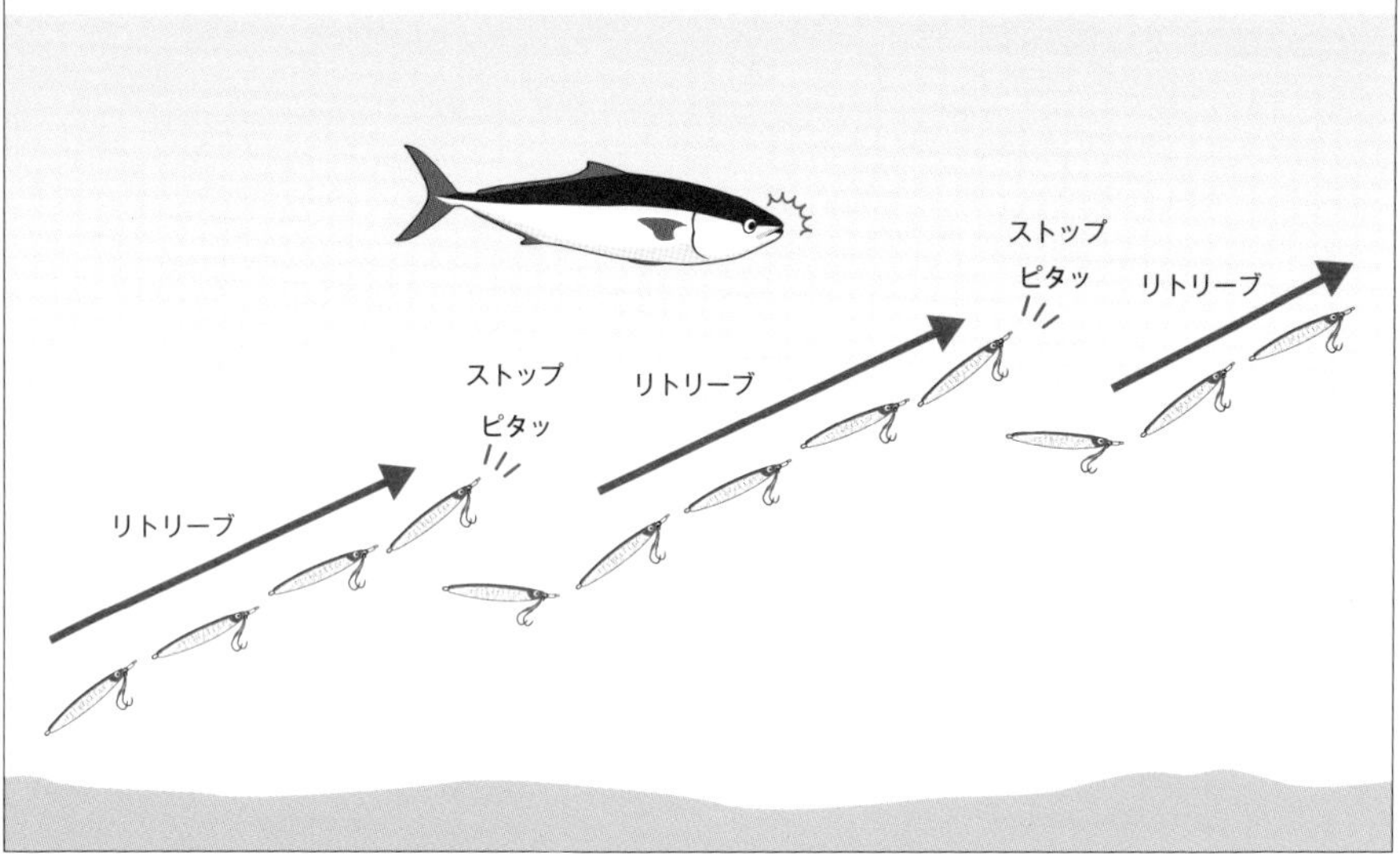

ストップ&ゴー

リトリーブの途中でリールのハンドルを回す手を止め、メタルジグを一時ストップさせてから再びリトリーブを開始するアクションです。

リトリーブ中に魚がルアーを追尾してくることがありますが様子をうかがうだけで、なかなか食ってこないというもどかしい状況に遭遇することも少なくはありません。そのような魚に「食わせの間」を与えるのがストップ&ゴーです。

魚はルアーを追尾しながら、それがエサであるのか様子を見ると同時に襲いかかるタイミングを計っています。そこでルアーを止めることで、食わせるチャンスを与えるのです。

また、止まったルアーが再び動き出すことで、逃すまいと反射的に口を使う場合があります。これを「リアクションバイト」と呼びます。バイトとは魚が食ってくることを指し、食おうとしてアタックしてくることを「バイトしてきた」などと言います。

ストップ&ゴーのコツは、止めるときはピタッと止めて、再びリトリーブを開始するときはスッと巻くこと。メリハリを付けることが大切です。止めるときは1～2秒ほど確実にストップさせます。

キャストからメタルジグの回収までに2～3回くらいストップを入れるとよいでしょう。

あまり頻繁に止め過ぎると逆効果となることもあるので注意しましょう。

ジャーク

ロッド操作でルアーの動きに急激な変化を与えるテクニックです。

メタルジグに急な動きを与えることで、リアクションバイトを狙うほか、フォールへ繋げるためにメタルジグを上げるという目的でも使います。

基本はロッドを立てるように上方向へ動かしますが、横方向の場合もあります。

やり方はロッドを持つ手とリールを持つ手の両方を一緒に自分に引き付けるようにして、前方に構えていたロッドの竿先を上げます。

コツはメタルジグを引っ張るのではなくて、ロッドを曲げるという意識で行うこと。

ロッドは曲がれば元に戻ろうとする反発力が発生するので、それを利用するとあまり力を必要とせずにメタルジグを跳ね上げてくれるのです。

大きく・小さくとジャークの幅を自分でコントロールできるようになることが重要です。

大きくジャークするときはより高くロッドを立てますが、最初にロッドを下げておいた方が、振り幅を大きくすることができます。

ジャークした直後にフォールに繋げるのも定番です。フォールさせるときは、立てたロッドの先をスッと下げるだけです。

ロッドを下げてメタルジグをフォールさせるとラインスラック（糸フケ）が出るので、リールのハンドルを１〜２回転させてたるんだラインを巻き取るようにしましょう。

ウエイト別釣り方と対象魚

**ショアの釣りで使われるメタルジグは１～100ｇ程度ですが、
それでもかなり幅広いです。
１ｇと100ｇでは狙うターゲットも使用するタックルもまるで違ってきます。
ここではメタルジグの重量別にターゲットやタックル、狙い方などを解説します。**

アジ

メバル

メッキ

サバ

10ｇ以下

10ｇ以下のメタルジグを使うような釣りは、一般的にはショアジギングとは言いません。ほとんどの場合、メタルジグをメインに使用してゲームを組み立てるのではなく、いくつかあるルアーの中からメタルジグも使うよ、という程度だからです。

このような超小型のメタルジグで狙うターゲットはアジ・メバル・メッキなどです。また、小型のサバが釣れているようなときもメタルジグは有効です。

アジやメバルはルアー釣りでは夜間に釣果を得やすいためナイトゲーム（夜釣り）が主流になっていますが、デイゲーム（日中の釣り）でも狙うことはできます。

デイゲームは底狙い

小型のターゲットを日中に狙うときはメタルジグの出番になります。小型で他の大型の魚に襲われやすい魚ほど、明るい日中は海の底の方にいます。そのため、ボトムを攻めやすいメタルジグが威力を発揮するのです。

使用するのはアジング・メバリングタックルになりますが、これらのロッドは１ｇ程度のルアーを軽快に扱えるように設計されているものがほとんどです。そのため使用するメタルジグも２～３ｇ程度がメインになります。潮流が速い、水深が深い場合には５ｇ程度のものがあると重宝します。

２～３ｇ程度でも、メタルジグは他の同じ重さのルアーと比べてキャストで圧倒的に飛距離を伸ばすことができます。つまり広範囲を探ることができます。

これもメタルジグが選ばれる一つの理由です。

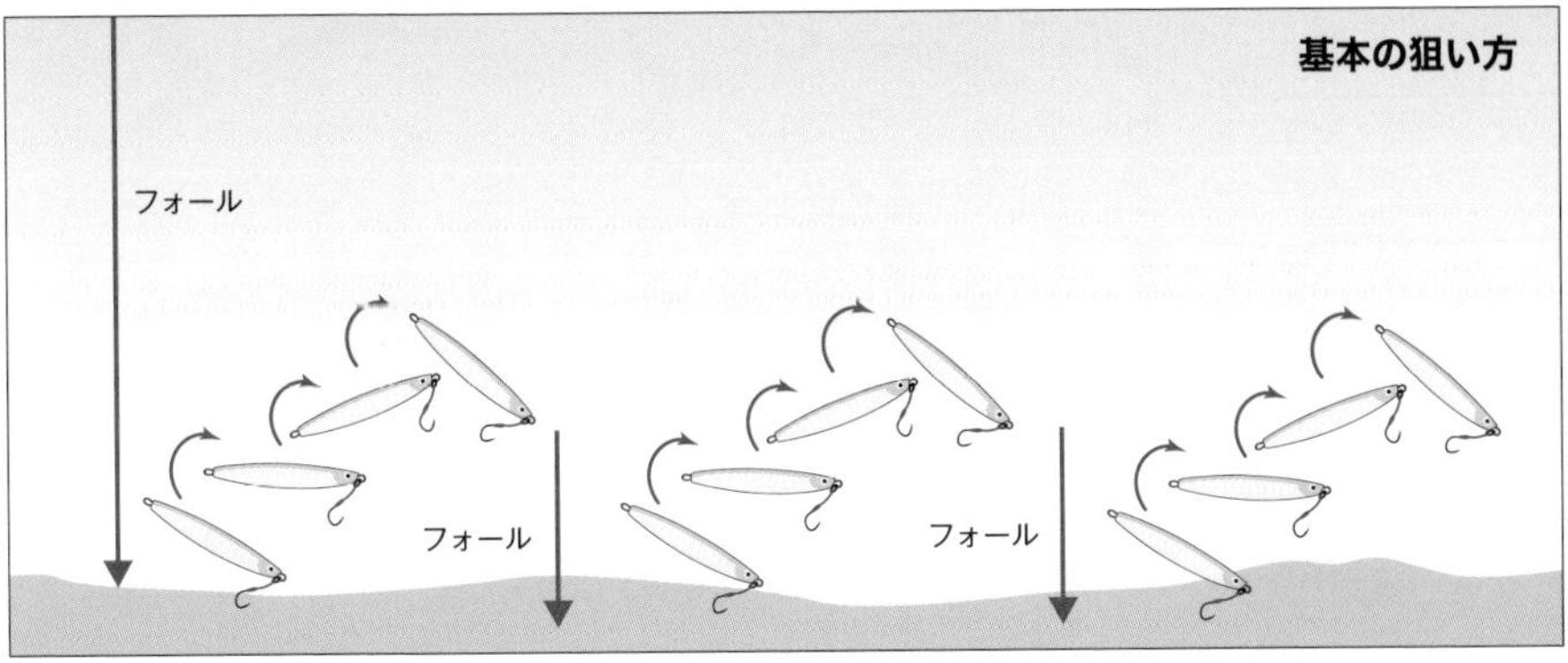

基本の狙い方

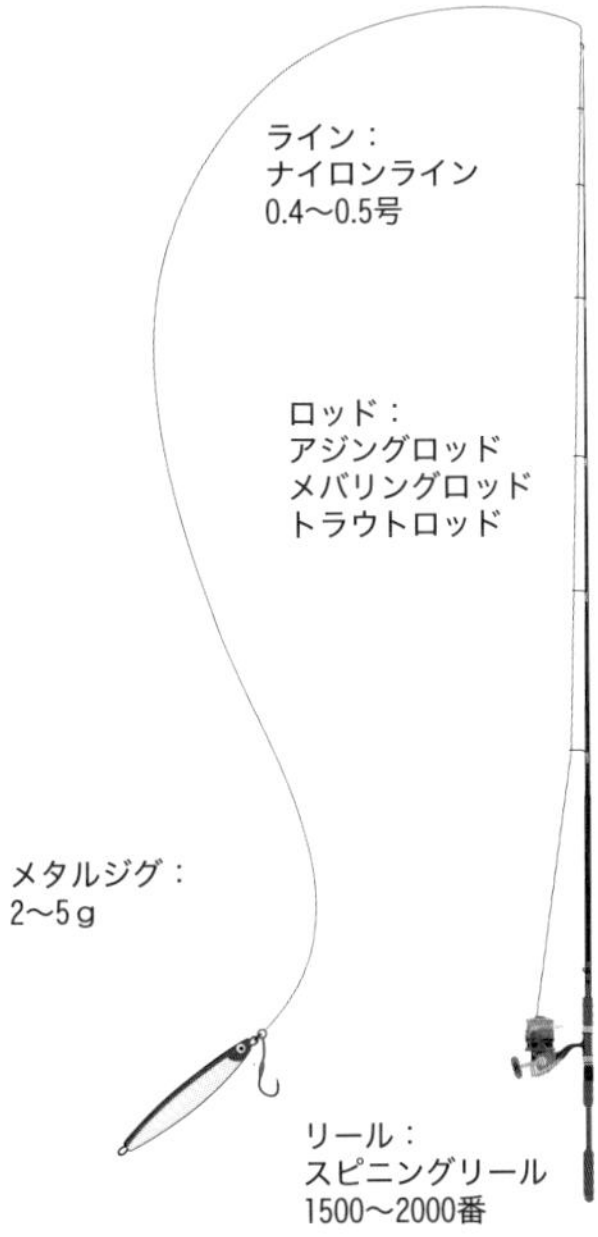

キャスト後、メタルジグをフォールさせます。ボトムタッチを確認したら、ロッドの先を軽くチョンチョンと煽ってメタルジグを跳ねさせます。

ジャークなどと異なり、あくまでも竿先を軽く振る程度です。3〜5回程度煽ったら、メタルジグをフォールさせてボトムタッチさせ、余分なラインスラックを巻き取るというのを繰り返していきます。

フォール中にアタってくることも多いので、何かしら違和感を覚えたらアワセを入れるとよいでしょう。

サバが回遊してきているときは少し狙い方が変わってきます。サバは遊泳力が高く、常に泳いでいます。いるレンジもコロコロと変わるため、ボトム狙いをする必要はありません。サバを狙うときはとにかくロングキャストして広範囲を探っていきましょう。

メタルジグは一度ボトムタッチさせた方が広いレンジを探ることができます。あとはやや速めのタダ巻きで誘うとよいでしょう。ときどきロッドを軽くチョンチョンと2〜3回煽ってメタルジグをアピールするのも効果的です。

サバは回遊してくれば、狙い方を深く考える必要はありません。捕食に貪欲なため、メタルジグを見つけさせることさえできれば食ってきます。なるべく光を反射しやすいキラキラとしたメタルジグを使った方が、日中は海の中で目立たせることができます。

ブリ（小型）

サワラ

カンパチ（小型）

マダイ

ヒラメ

マゴチ

イサキ

キジハタ

タチウオ

10〜40ｇ

堤防のショアジギングでメインとなってくるメタルジグの重量です。40ｇになるとショアジギングタックルが必要になりますが、20〜30ｇであれば、エギングタックルやシーバスタックルでも楽しめます。

これくらいの重量のメタルジグは狙えるターゲットが非常に幅広くなり、もっともバラエティ豊かな釣りが楽しめます。青物はもちろん、カサゴやキジハタなどのロックフィッシュ、ヒラメ、マゴチといったフラットフィッシュ、マダイやイサキ、タチウオなど、小魚やエビ・カニといった甲殻類を捕食しているフィッシュイーターと呼ばれる魚は全てターゲットになります。

とりあえずメタルジグを使って「何が釣れるかな？」という楽しみ方がビギナーにはおすすめですが、それぞれの魚の狙い方を理解して実行できるようになれば、ある程度ターゲットを絞って釣りを展開できるようになります。

サワラ

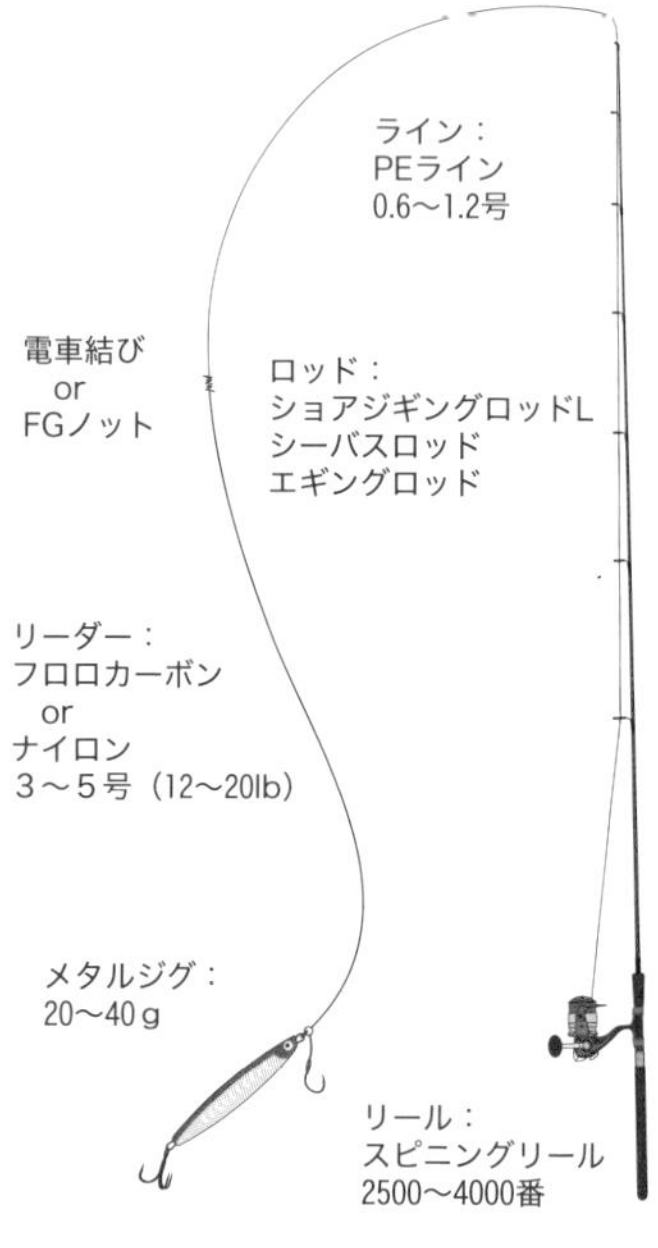

青物

50㎝以下の小型がターゲットになります。これ以上大きくなってくると、エギングタックルやシーバスタックルでは獲ることが難しくなるでしょう。

青物狙いではとにかく広範囲を探るということが基本になります。なるべくメタルジグを遠投して広く探っていきましょう。

誘い方は速めのタダ巻きでOKですが、ストップ&ゴーやジャークを組み合わせるとさらに効果的です。

平面的な範囲だけでなく、レンジも広く探る必要があるので、メタルジグはボトムタッチさせてからリトリーブすることをおすすめします。

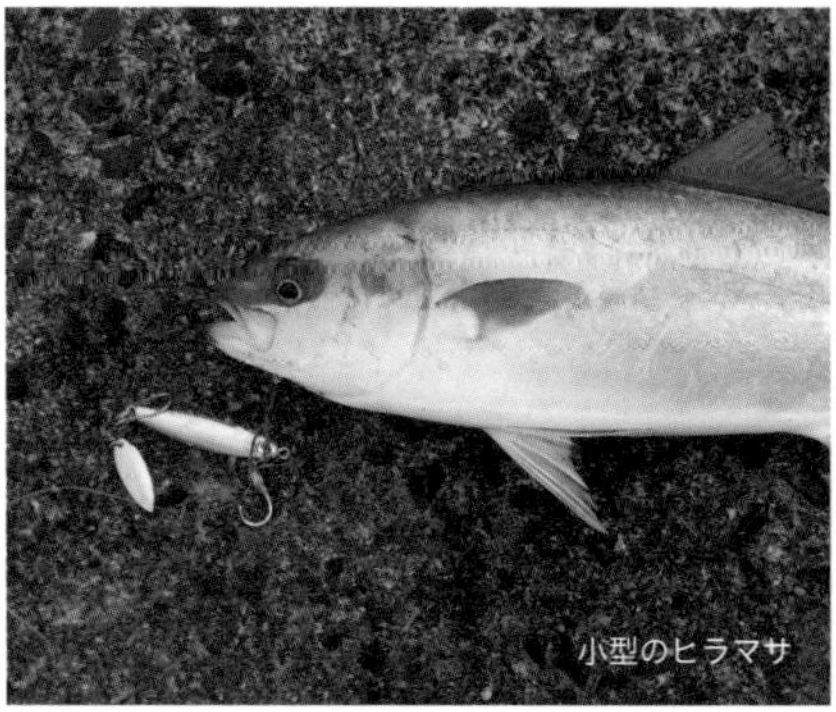

小型のヒラマサ

１回のキャストで３回程度はボトムタッチさせるとよいでしょう。

フラットフィッシュ

ヒラメやマゴチは海底が砂泥質の場所に多くいます。砂浜が横にあるような場所や、河口に隣接しているような堤防が狙い目になります。

重要なことは一定のレンジをキープするということです。

ヒラメやマゴチは海底の砂に紛れ、主に自分の上を通る小魚などを狙っています。そのため、メタルジグもなるべく海底付近の一定のレンジを通すことが釣果に結び付きます。理想は海底から１m以内をトレースすること。

メタルジグは速いリトリーブでは浮き上がってしまうので、比較的ゆっくりとした巻きスピードが好ましいです。リールのハンドル１回転／秒くらいを基準にするとよいでしょう。

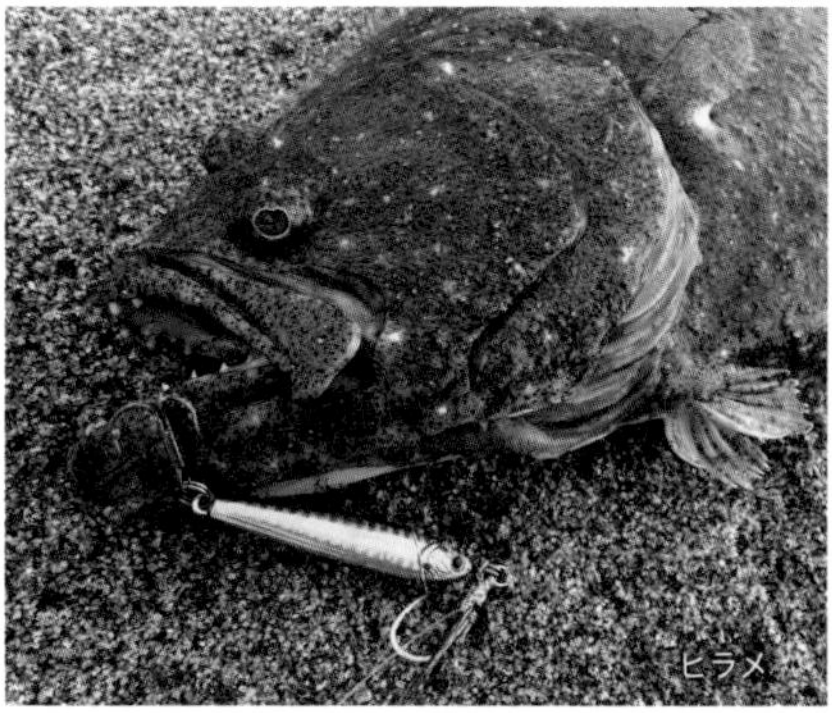

ヒラメ

底付近を狙う場合は、最初に必ずメタルジグをボトムタッチさせてリトリーブを開始します。ときどき底を擦るくらいのスピードでかまいません。

ある程度リトリーブしたら、メタルジグが浮き上がっていないか確認するためにもフォールさせてボトムタッチさせるとよいでしょう。

50〜100ｇ

ヒラマサ

ブリ

シイラ

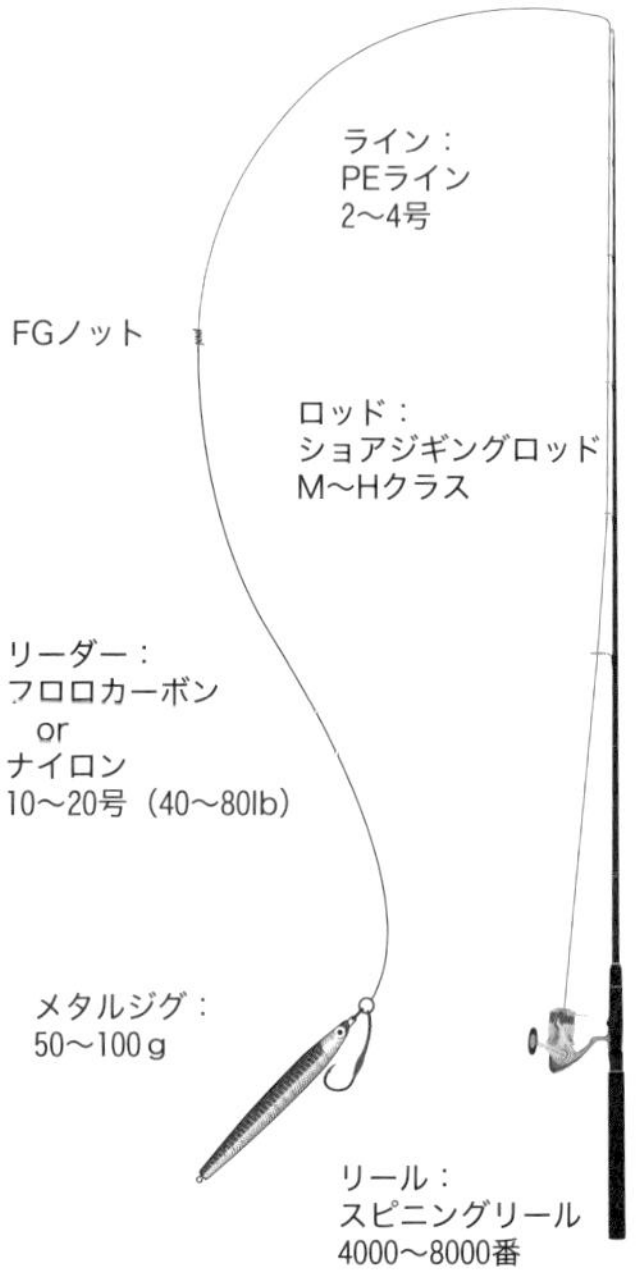

堤防で重量の重いメタルジグが必要になるのは、極端に潮流が速い・水深が深いケースか、ターゲットが比較的大型の青物のときです。

ブリなどの80㎝クラスが釣れるようなときには、相応にパワーのあるタックルが必要になります。

パワーのあるロッドとそれにマッチする太めのラインという組み合わせであれば、20〜30ｇ程度の軽量なメタルジグではキャストで飛距離を伸ばすことができません。そのため、50〜60ｇとやや重量のあるメタルジグが必要になってくるのです。

目安としてはメインラインにPE ２号以上をセットしているようなタックルを使用する場合になります。

より大型の青物を狙うようなタックルでメインラインにPE ３〜４号がセットされている場合は80〜100ｇ程度のメタルジグがマッチしますが、そのようなタックルは、大型のブリやヒラマサなどの極端にパワーのあるターゲットを狙うためのものです。

一般的に磯場、特に沖磯などは堤防よりも大型の魚が期待できます。磯場は根擦れの原因となる岩が多く、特に沖磯は水深があり、潮流も速いため、重量のあるメタルジグと太いラインをセットした強いタックルが必要になってきます。

しかし、堤防からのショアジギングでそのような太いラインを必要とするケースはあまりないと考えられます。

もし、明確な理由がなくそのような太いラインをセットしたタックルを使っているなら、オーバースペックのものを使用している可能性が高いです。快適に釣りを楽しむためにも、ワンランクライトなタックルで挑んだ方がよいでしょう。

驚くほどいろいろな魚がよく釣れるワームを使った釣り。その中でも最も基本となり、シンプルで幅広い使い方ができるのがジグ単です。

ワームを使った
基本の釣り
ジグ単に挑戦しよう

ワームとは

ワームとは柔らかいビニール素材で作られたルアーの呼び名で、ソフトルアーとも言います。
本来はミミズのような足がない細長い虫のことを英語でwormと言い、
ミミズを模倣したソフトルアーのことを指していましたが、
現在では形状問わずソフトルアー全般をワームと呼ぶようになりました。
ソフトルアーに対して、硬質なプラスチックや金属で作られたルアーのことを
ハードルアーと呼びます。

ワームのメリット

　ワームは柔らかい素材で整形されているため、海中で水流を受けるとナチュラルな動きをします。その動きが発する波動がハードルアーと比べて自然界にいる生物に近いため、魚が警戒せずにアタックしてくるというメリットがあります。

　また魚が咥えたときも、柔らかい素材のおかげで、違和感を与えにくく、すぐに離さない、食い込みが良くなるなどの特徴もあります。

　ハードルアーだけ、ソフトルアーだけでもそれぞれに釣りは成立しますし、片方しか使わない釣りもあります。しかし状況によってハードルアーとソフトルアーを使い分けることによって、より高い釣果を得ることも可能になります。

リグとは

ワームはパッケージから出した状態のままでは魚を釣ることができません。フックやシンカーなどと組み合わせることで初めてルアーとして機能するようになるのです。

フックやシンカーなどにワームをセットしたものを「リグ」と呼びます。

リグとは仕掛けのことを指しており、組み合わせやアイテムの違いにより、実にさまざまなリグが確立されています。

魚の種類はとても多く、それぞれ生息域や習性が異なります。また、同じ魚であっても、季節によって捕食しているものが違っていたり、1日の中でも時間帯によって行動パターンが異なってきます。

泳ぎ回ってエサを追っているときもあれば、物陰でじっとしているときもあります。表層に浮いているときもあれば、海底に潜んでいるときもあります。

こういった異なるいろいろな状況に対応できるように、多くのリグが考案されたのです。

いろいろなリグ。

ジグ単とは？

数あるリグの中で、多くの釣り方とターゲットに最も多く使われているのがジグヘッドリグ。

ジグヘッドリグはさらに異なるシンカーなどと組み合わせることで派生していき、別のリグとしても使われていますが、ジグヘッドリグのみを単体で使う人はとても多いです。

シンプルで扱いやすく、幅広いターゲットや状況に対応できるからです。

ジグヘッドリグを単体で使うことを「ジグ単」と呼びます。

ジグヘッドリグ。

ワームを使ったルアー釣りをするのなら、多くのリグの基本になり、シンプルながら高い釣果が得られ、さまざなま状況に対応できるジグ単をマスターしましょう。

ジグヘッドとは

**ジグヘッドとはフックとシンカーが一体化したもの。
多くのリグはフック、シンカー、ワームと
それぞれ別のものを組み合わせて一つの仕掛けにしますが
ジグヘッドリグはジグヘッドにワームをセットするだけ。
このシンプルさが多くの人に好まれています。**

ジグヘッドの種類

ジグヘッドリグが最も得意とするのはスイムアクション。リトリーブでミドルレンジを探るときによく使われますが、ボトムを探るような釣り方にも対応できるため、いろいろなターゲットに使用されます。そのためサイズや形状が豊富に用意されています。

ジグヘッドのシンカーは鉛を整形したものが主流です。

鉛は他の多くのシンカーにも使われている金属で、比重が大きく、整形しやすい、価格が安いなどのメリットがあります。

鉛の他には、非常に比重が大きく硬質なタングステンを使用したものもあります。

シンカーの形状はメーカーによって工夫を凝らしたものも多くみられますが、基本となるのは球型と砲弾型、くさび型です。

球型

万能で扱いやすいですが、フォールを多用するような釣り方を得意とするタイプと言えるでしょう。

球はどの方向から流れを受けても同じように受け流し、水流の乱れを発生させにくい形状です。それゆえリトリーブで前方向へ進むときも、フォールで下方向へ沈むときも、同じように安定した動きが得られます。

フォールを多用したり、細かなアクションを入れるような釣り方では、どの方向にも均一な動きが得やすいというのが特徴になります。

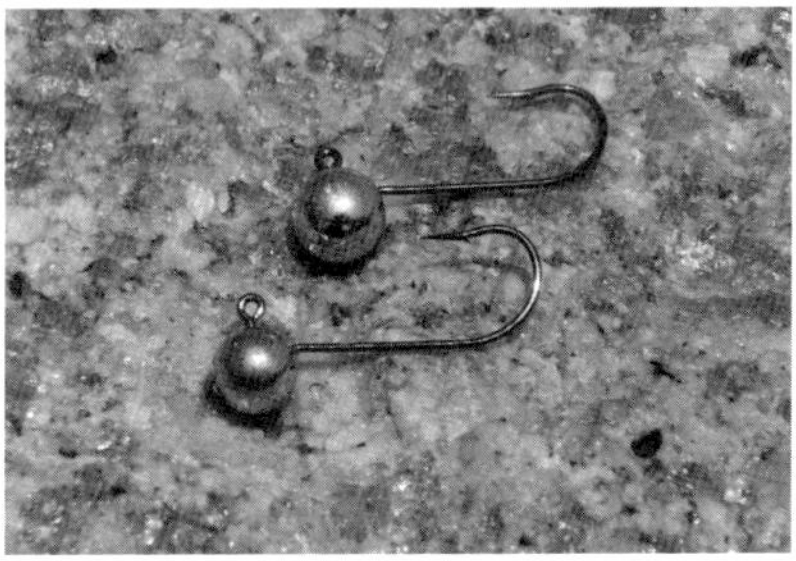

球型のジグヘッド。

砲弾型

球型同様に万能に使えますが、リトリーブを多用する釣り方に適したタイプです。

砲弾は前方からの流れを整え、直進安定性に優れた形状を採用しています。砲弾型のジグヘッドは直進性を優先した形状で、リトリーブで安定したスイムアクションが得られるのが特徴です。

球型と砲弾型のそれぞれの特徴を説明しましたが、ビギナーが使ってその違いが分かったり、有効な使い分けができるというようなものでもありません。両方とも万能で使いやすいタイプなので、どちらを選んでも特に問題はありません。

砲弾型のジグヘッド。

できれば両方使ってみて、自分が使いやすいと思う方を選べばよいでしょう。

くさび型

先の二つの形状と異なり、特定のアクションに特化した形状となります。それはダートアクションです。

ダートとは左右に飛び跳ねるように激しく動くアクションで、食い気のないターゲットにも口を使わせる効果があると言われています。

くさび型のジグヘッドは正面から見ると三角形のような形状をしており二つの広い面が交互に水流を受けることによって､左右にスライドするように動きます。組み合わせるワームも専用のもので、ジグヘッド同様に断面が三角形になっています。

操作方法も異なり、ダートさせるためのロッドアクションが必要になります。

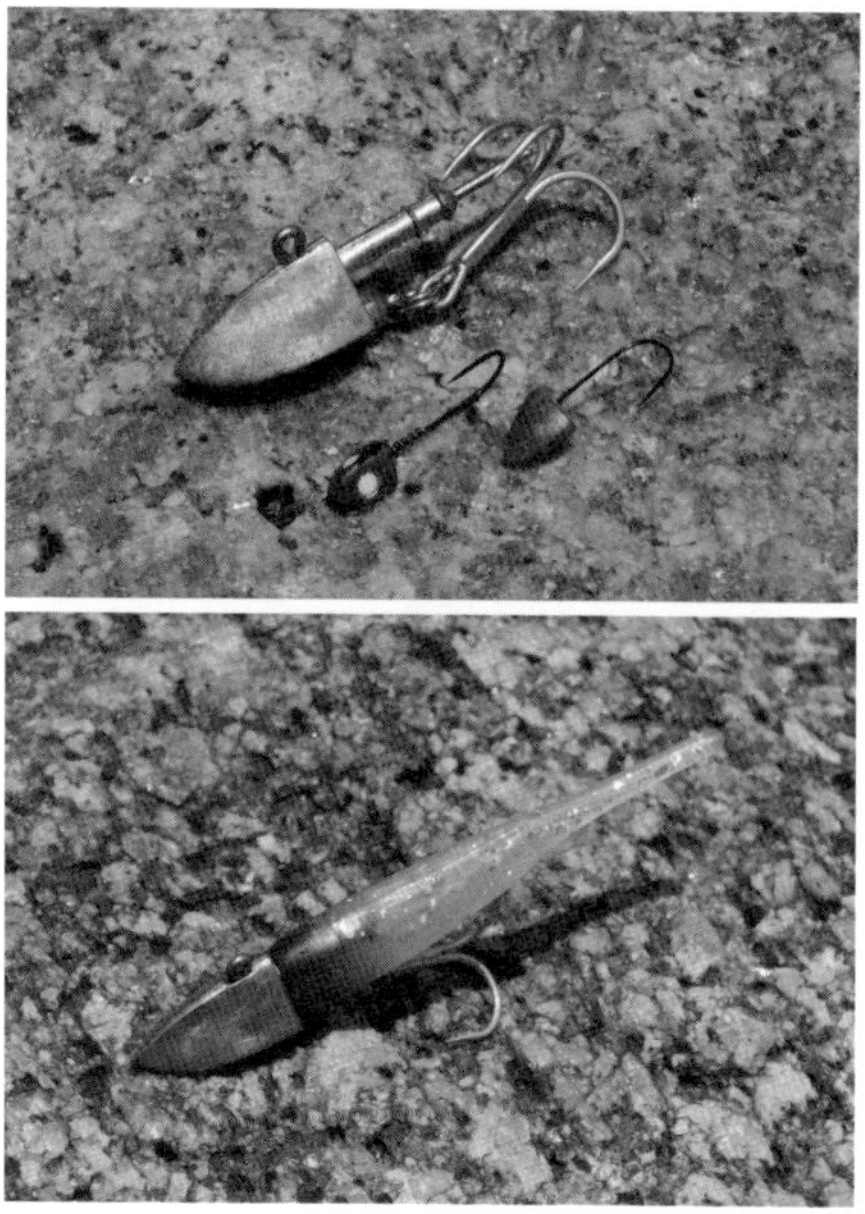

くさび型のジグヘッド。

ワームの種類

ワームも形状やサイズといった種類が非常に多いアイテムです。
ワームというネーミングの元になったミミズのような細長いものから、
魚のようなもの、カニや昆虫のようなもの、自然界には存在しないものなど、
実にバラエティに富んでいます。

生物を模倣

魚は種類や季節によってさまざまな生物を捕食しているので、多くの魚の食性に対応できるように、ワームは多種多様な生物を模倣した形状のものが作られています。また形状の違いは見た目だけではなく、波動の違いを生み出します。

海中で何かが動くと、その振動が波動となって水の中を伝わります。多くの魚はこの波動を感じる器官を持っており、周囲の様子を察知しています。

魚がどのような波動に反応したり、エサだと認識したりするかは、そのときどきで変わってきます。それゆえ、いろいろな波動を発する形状が考案され、中には自然界に存在しないようなものもあるのです。

ここでは多方面の釣りでよく使われる代表的なワームを紹介します。

ストレート・ピンテール

最も基本になる形状で、太さにあまり変化がない真っすぐなものをストレート、後部が細くなったものをピンテールと呼びますが、その中間的な形状となっているものも多く、それらをまとめてストレート系と呼んでいます。

ボディの表面には細かなリブ（突起が連なってヒダのようになったもの）が設けられているものが多く、これが水流を受けることによって、ユラユラと艶めかしくターゲットを誘います。

ナチュラルな波動でオールマイティに使いやすいのが特徴で、アジやメバルなど、小型のターゲットを狙うときの定番のワームです。

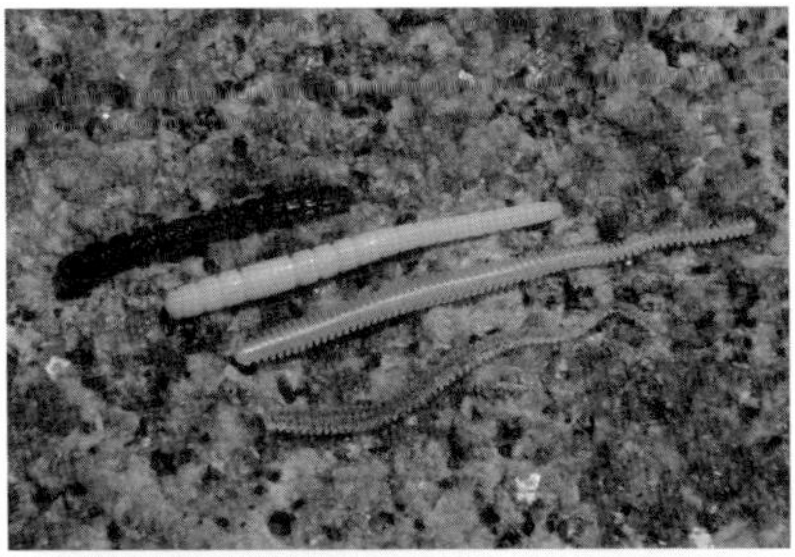

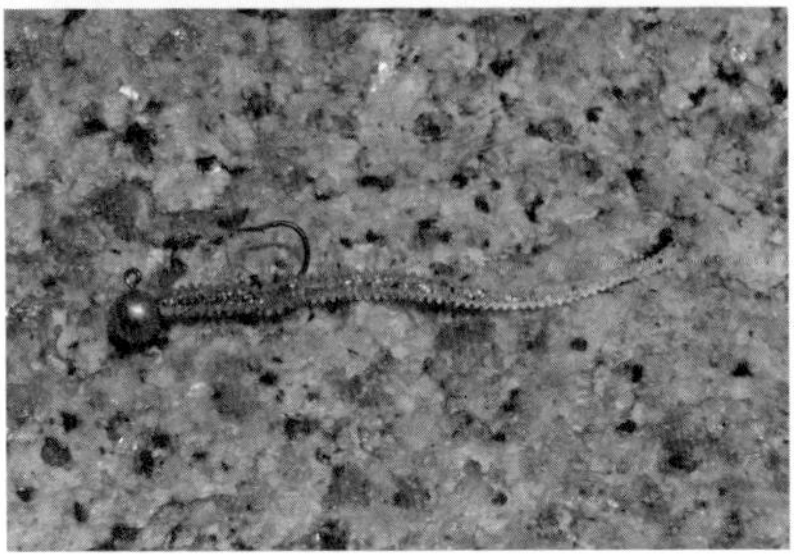

ストレート系のワームとジグヘッドへのセット例。

シャッドテール

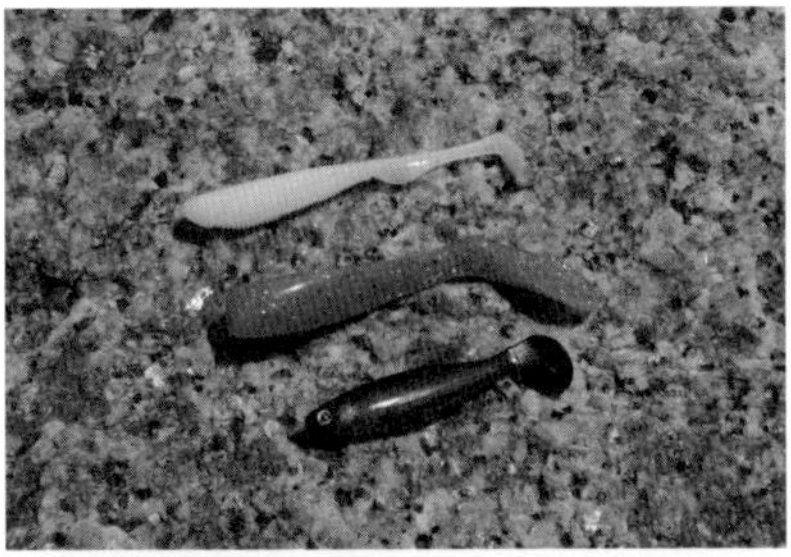

シャッドテールのワームとジグヘッドへのセット例。

シャッドとは実在する魚の名前で、その魚の尾のようなワームということで名付けられました。魚の動きを模倣したワームで、引かれると魚が尾ヒレを振って泳いでいるようなアクションが得られます。

ターゲットが小魚を捕食しているときに投入すると高い釣果が期待できます。

スイムアクションを得意とするため、ジグヘッドと非常に相性が良いワームです。

小魚を捕食している中型のターゲットに対して使われることが多いですが、万能であらゆる場面に使えるワームです。

ストレート系と比べると、少し波動が強く使い分けもしやすいため、ジグ単の釣りではぜひ持っておきたいワームの一つと言えるでしょう。

カーリーテール グラブ

カーリーテール・グラブ系ワームとジグヘッドへのセット例。

円を描くような大型のテールを備えており、非常に波動が強いのが特徴。また、巻かれたテールは伸びると結構長く、シルエットを大きく見せる効果もあります。

カーリーテールとグラブの違いはボディ部の形状です。カーリーテールはストレートに近い形をしており、グラブはズングリとしていますが、その中間的なものもあります。

ジグヘッドリグとして使うのであれば、カーリーテールの方がマッチしやすいですが、どちらでも問題ありません。

ジグヘッドリグとの相性が良く、広範囲を探るようなときに使うとよいでしょう。

クロー・ホグ

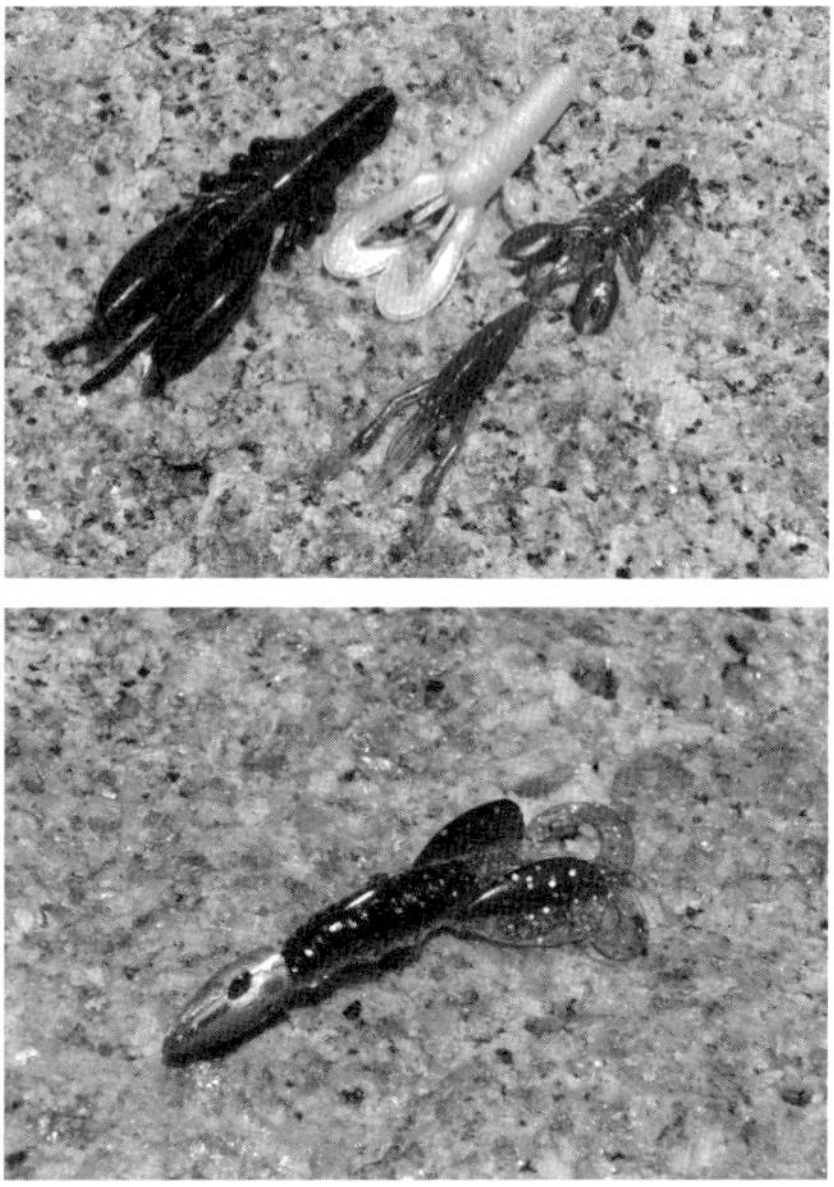

クロー・ホグ系ワームとジグヘッドへのセット例。

正確にはカニ・エビなどの甲殻類を模倣したものをクロー、手足のある昆虫に似せたものをホグと呼びますが、あまり区別する必要はなく、また、どちらともとれる形状をしたものもあります。

ボトムを集中的に攻めるようなときに使われるワームで、スイムアクションを得意とするジグヘッドリグを組み合わせることは少ないですが、ジグヘッドリグでボトム中心に攻めながら、ときどきミドルレンジも探りたい！　などというときには有効です。

ロックフィッシュ狙いで使用する定番のワームです。

パドル

大きな尾ビレのようにも見える、特徴的なフラットなテールを備えたワーム。この大きなテールは水押しが強く、強い波動を発生します。

本来はボトムを攻めるためのものですが､スイムアクションにもマッチします。

ジグヘッドリグでミドルレンジもボトムも両方攻めたい、というような使い方に向いています。

ロックフィッシュ狙いで使いたいワームの一つです。

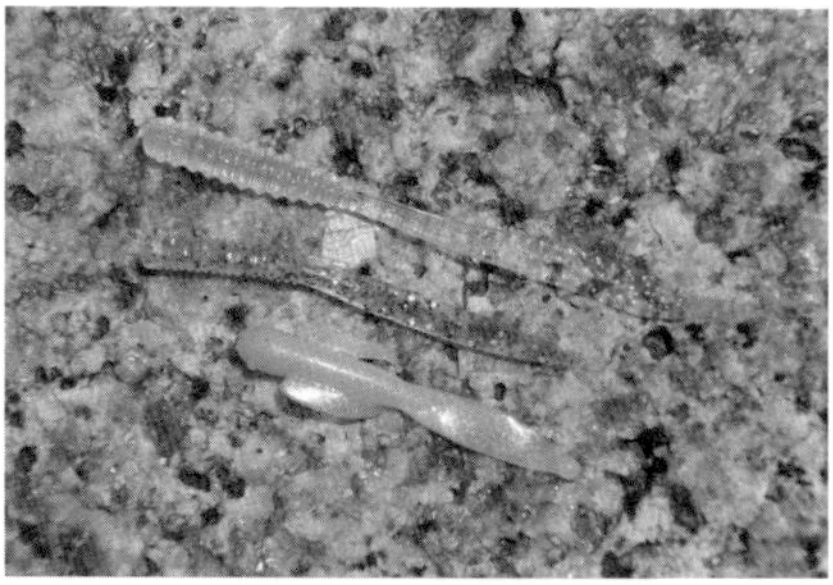

パドルのワームとジグヘッドへの装着例。

ワームのセット方法

**ジグヘッドリグで安定した釣果を得るためには、
ワームのセットが非常に重要です。
これが正しくできていないと、自然なスイムアクションが得られず、
ターゲットに違和感を与えてしまいます。**

真っすぐセットすることが重要

ジグヘッドリグのワームのセットで一番大切なことは、ワームが真っすぐになるようにセットするということです。

ワームを真っすぐにセットするためのポイントとなるのは次の二つです。

◎ハリ先が抜ける場所を予め確認しておく。

◎ワームの中心にフックを通すようにする。

まず最初にジグヘッドのフック部分にワームを当てがって、ワームのどの部分からハリ先が抜けるのかを確認します。

場所を確認したら、そこを指で挟んでおくか、フックの先を軽く刺して、目印を付けておくとよいでしょう。

次にワームの断面の中心にハリ先を刺します。そしてフックのカーブに添わせるように、フックをワームの中に通していきます。フックを押し込んでいくというよりも、ワームの方を動かして、フックに通していくというふうにするとやりやすいでしょう。ハリ先が中心からズレないように丁寧に作業しましょう。

そして予め決めておいた場所からハリ先を抜いたら、ワームをズラして、しっかりと奥まで入れます。あとはワームを伸ばしながら、真っすぐになるように調整しましょう。ワームがねじれていると、真っすぐにならないので、丁寧に整えることが大切です。

ワームの中にはセットしやすいように中心に穴が開けられているものもあります。最初のうちはそういったものを使うのも一つの手です。

きちんとセットできていても、釣りをしているうちにワームがズレることがよくあります。特に魚が掛かったあとはズレやすくなります。できれば毎投、ワームのズレをチェックするように心掛けましょう。

ワームの材質によっては、フックが入りづらくセットしにくいものもありますが、セットしにくいということは、逆にセットしたあとはズレにくいとも言えます。いろいろと使ってみて、自分のお気に入りを見つけるとよいでしょう。

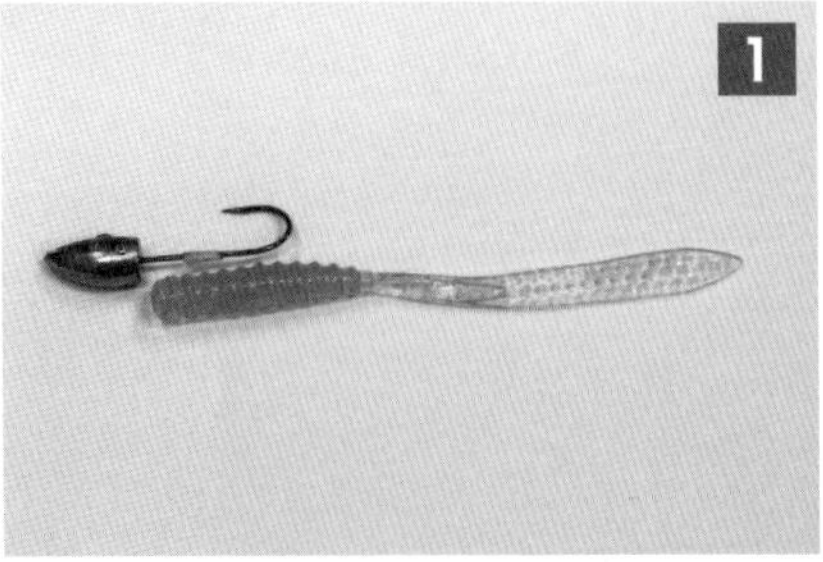

まず、ワームのどのあたりからハリ先が出るのかを確認します。

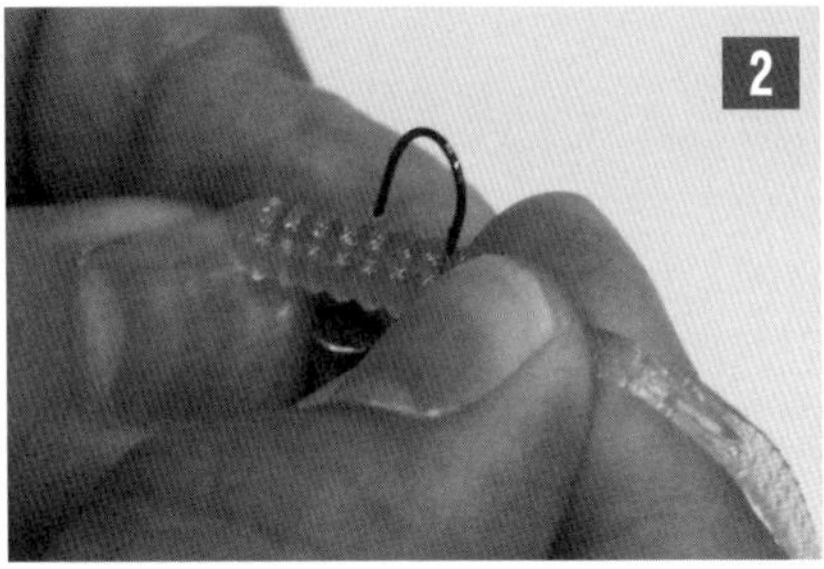

ハリ先を刺すなどして、目印を付けておいてもよいでしょう。

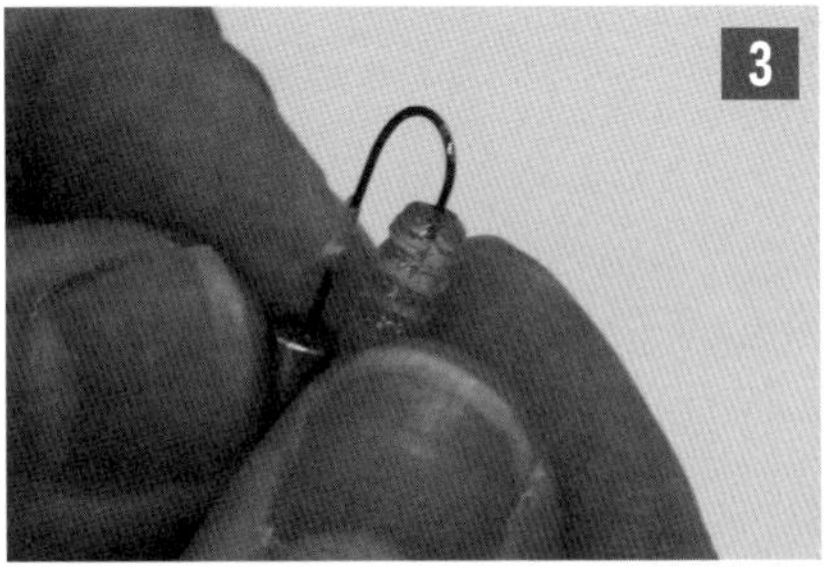

ワームの中心にハリ先を刺します。

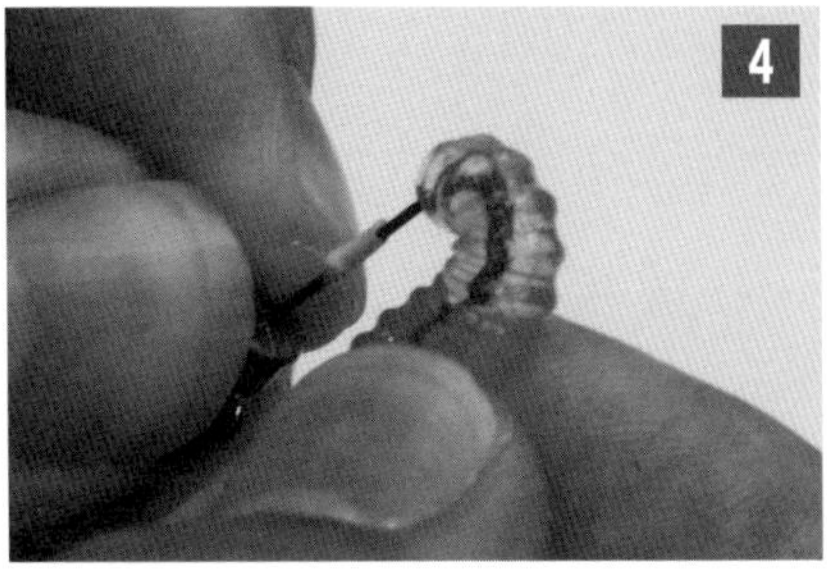

ワームの中心からズレないように差し込んでいきます。

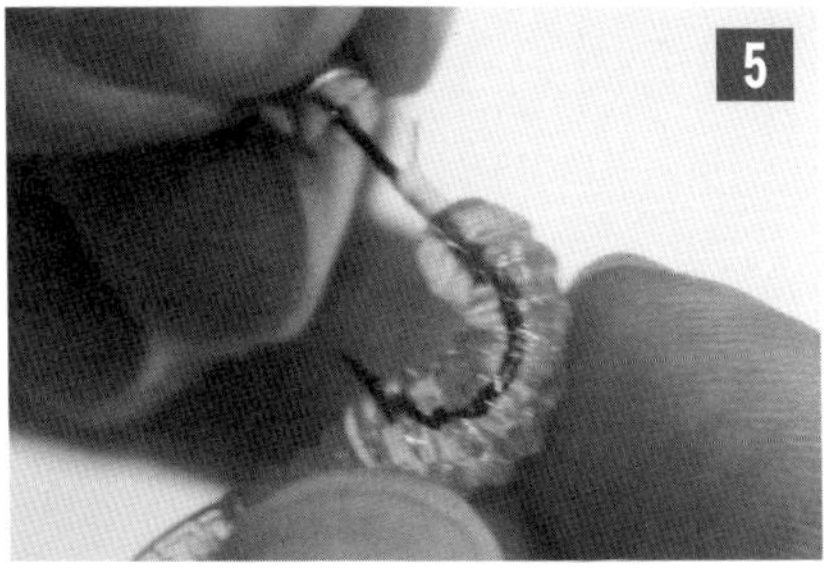

予め、見当を付けていた場所からハリ先を抜きます。

ワームをしっかりとジグヘッドの根元まで差し込みます。

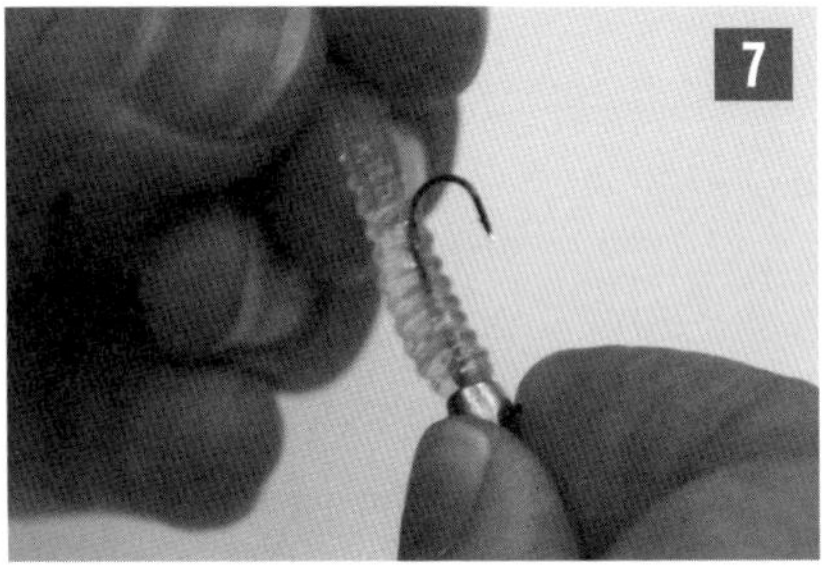

ワームを伸ばしながら、真っすぐになるように整えます。

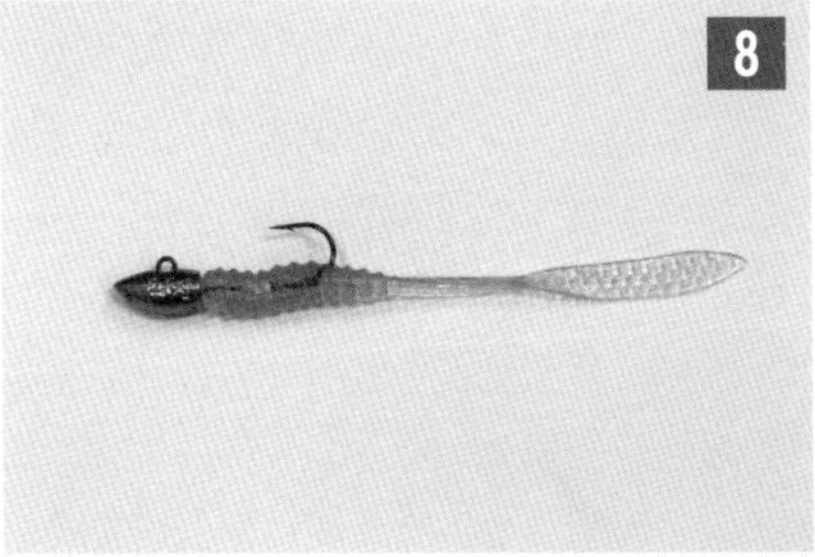

セット完了。真っすぐにセットできているかを必ず確認しましょう。

ターゲット別狙い方

同じジグヘッドリグを使っても
狙うターゲットによって、使い方が異なる場合もあります。
それはジグヘッドリグが、さまざまな使い方に対応できる
万能なリグだからです。

アジ

メバル

アジ・メバル

数ある堤防からのルアー釣りの中でも、近年特に人気が上昇しているのがアジをターゲットにしたアジングです。

アジはエサ・ルアー問わず、いろいろな釣り方ができますが、アジをルアーで狙うことをアジングと言います。

メバルをルアーで狙うことをメバリングと言います。

どちらも非常に軽量なルアー・ライトなタックルを使用します。

道具一式がコンパクトになるため、気軽に楽しめるというのが人気の理由の一つです。

また、アジはシーズンであれば釣れる可能性が高く、釣果を得やすいというのも魅力の一つです。

カウントダウン

アジもメバルもリトリーブ中心で狙っていきますが、魚がどのレンジにいるか、ということをいち早く見つけることが大切です。そんなときに有効になるのがカウントダウン。いわゆる「レンジを刻む」と言われる方法で、ルアーを通すレンジを少しずつ変えていく狙い方です。

例えば、最初はキャストしてルアーが着水したらすぐにリトリーブを開始します。次にキャストしてルアーが着水後、３秒数えてリトリーブを開始。次は着水後６秒数えてリトリーブを開始、というふうに少しずつルアーを通すレンジを変えていきます。何秒間隔にするかなどは、自分で決めればよいです。

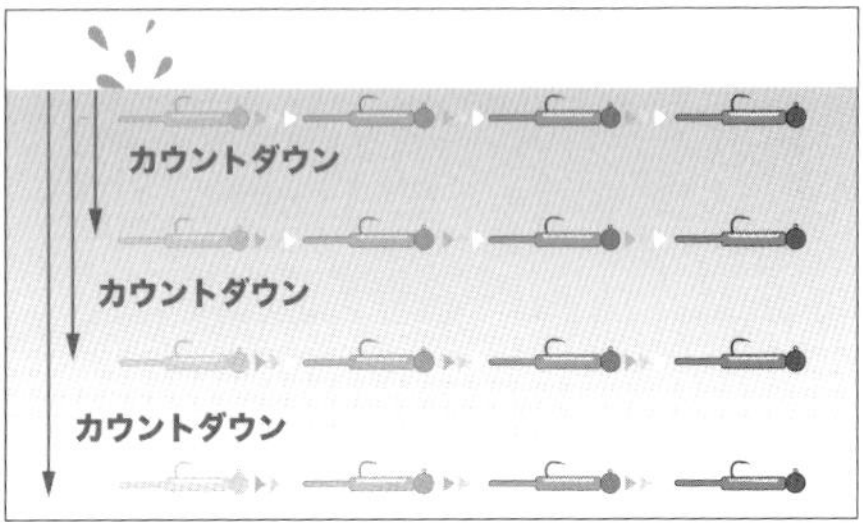

最初にルアーが着底するのに何秒かかるかを確認しておくと、今どのレンジにルアーを通しているかイメージしやすくなります。

アジもメバルも日が落ちてからの方が釣れやすくなるので、
ナイトゲームが主流になっています。

ナイトゲームが主流

アジは回遊魚のため、潮通しの良い場所をポイントに選ぶ必要があります。そのような場所で、アジのエサとなるプランクトンや小さな生物が溜まりやすい、潮のヨレが発生するポイントが狙い目です。具体的には堤防の先端や角など、何かしら流れの変化を生むものがあるところです。

メバルはストラクチャーに付く習性があるため、テトラや敷石、海藻、堤防のスリットなど、魚が隠れるものが多い場所が狙い目になります。また、堤防の足元にいることも多いです。

アジもメバルも完全に日が昇った日中は極端に釣れにくくなります。狙うのであれば、やはり朝・夕のまづめ時は外せないでしょう。じっくり釣りを楽しみたいのなら、夜間がおすすめです。

ナイトゲームで狙うべきポイントは常夜灯周辺です。

まずは光の当たっている明るい部分にルアーを通していきましょう。それである程度釣れるようなら、より大型を求めて、今度は光の当たっていない暗い部分も探ってみましょう。警戒心の強い大型は自分の姿が分かりにくい暗い場所に潜んでいることが多いからです。

メバルは身を隠すものがあるところにいるので、堤防では足元に潜んでいるケースが多く、常夜灯によって堤防の影が足元にできているような場所が狙いめです。

足元の影を探る場合は、堤防と平行にキャストして、光の当たっている部分と影の明暗の境目にルアーを通していきます。

まずは明るい方にルアーを着水させてから、少しずつ影の方に近づけていきます。

コツは境目の明るい方にルアーを通すということです。

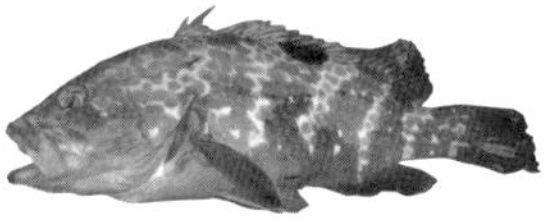

キジハタ

アカハタ

オオモンハタ

カサゴ

アイナメ

ロックフィッシュ

ロックフィッシュを狙う上でワームは欠かせないルアーです。

ロックフィッシュは、海底の岩場や敷石、テトラなどをすみかにしており、狙うためにはボトムを探るということが基本になります。

ほとんどのジグヘッドはハリ先が上向きに付いています。そのため、ボトムタッチさせたときも根掛かる確率がメタルジグなどに比べて低く、ボトムを果敢に攻めることができます。

本来はボトムを探りやすい、もっとロックフィッシュ狙いに適したリグがあります。

しかしキジハタを代表とするハタ類などは意外に遊泳力が高く、活性が高いときはミドルレンジで小魚を追い回していることも少なくはありません。

そのようなターゲットを狙う場合は、ボトム一辺倒ではなく、ミドルレンジも探っていくことが求められます。

まずはテンポ良く広範囲のミドルレンジを探り、怪しい場所はボトムを丁寧に探る。ジグヘッドリグであればこういった攻め方がマッチします。

まずはミドルレンジ。

自分の立っている場所からできる範囲で扇状にキャストしてなるべく広いエリアにルアーを通していきます。またテトラの脇や敷石の上、堤防のスリットの横など、ストラクチャー周辺も探ってみましょう。そういったストラクチャーの中から魚が飛び出してきてヒットする可能性も高いです。

ジグヘッドリグに食ってきたキジハタ。

ボトムを探る

ボトムはボトムバンプというアクションで探っていきます。ロックフィッシュ狙いの定番アクションなので必ず覚えておきましょう。

ルアーをキャスト後、ボトムタッチさせたら、ロッドを煽り、ルアーを軽く跳ね上げます。再びルアーがボトムタッチしたら、ラインスラックが少しでるので、それを巻き取り、また跳ね上げる、これを繰り返していきます。

跳ね上げは大きくする必要はありません。ロッドの先を軽く持ち上げる程度で、ルアーが海底で障害物を乗り越えていくようなイメージで操作します。

ときどき上方向に大きなジャークを入れて、フォールと組み合わせるとより効果的です。

ボトムを探るときは、必ずボトムタッチが確認できる重さのジグヘッドを使うことが重要です。

しかし、ゴツンと勢い良く落ちるよりもフワッと落ちた方がターゲットを警戒させないので、ボトムタッチが分かる範囲でなるべく軽いものを使うということが求められます。

ミドルレンジのスイムアクションとボトムバンプの両方をするのなら、ワームはパドルかグラブがよいでしょう。

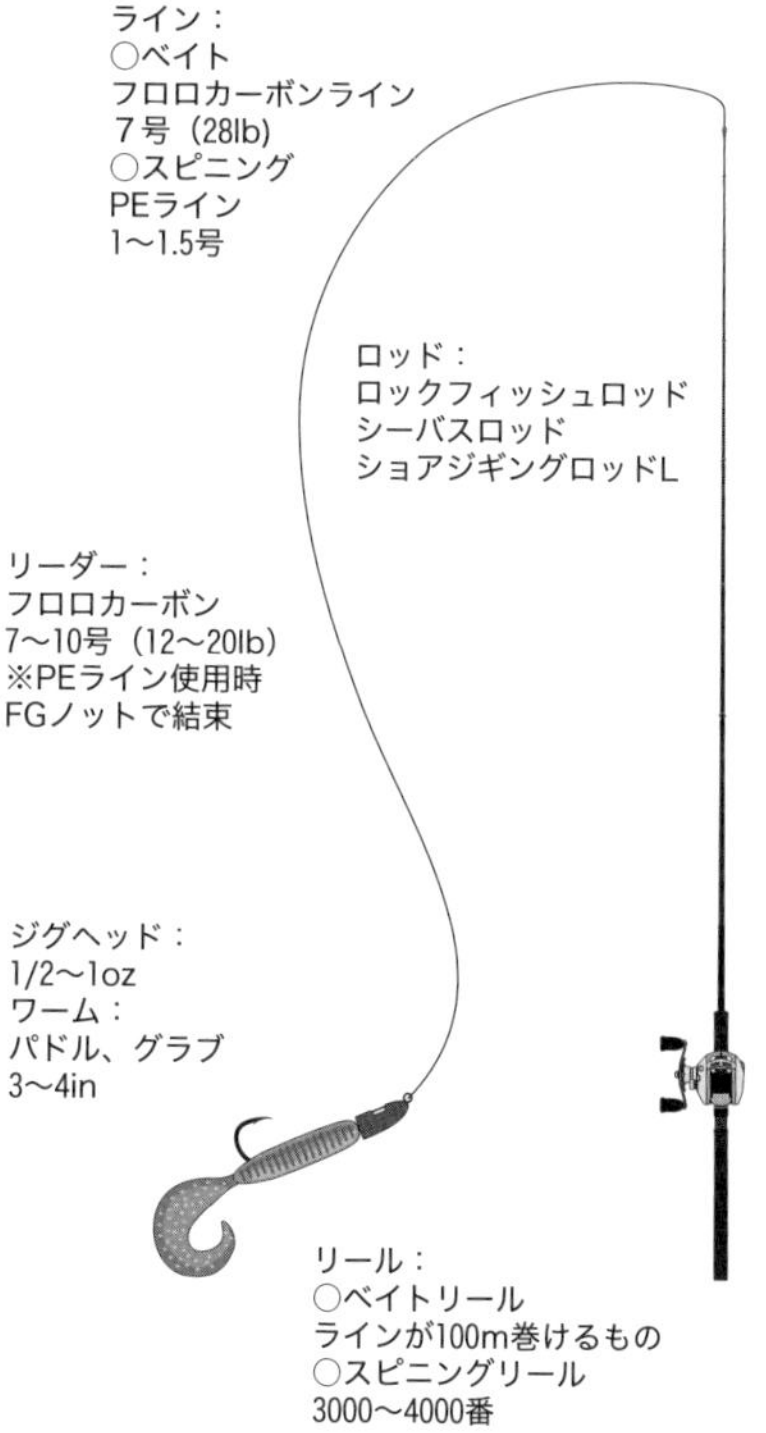

シーバス

シーバス（スズキ）

ジグヘッドリグはシーバス狙いでも定番のルアーです。しかし、シーバスの場合はワームをメインで使うのではなく、ハードルアーをメインでゲームを組み立て、ところどころにワームを投入するという使い方です。

使いどころとして、まずはルアーローテーションに組み込むということが挙げられます。

シーバスはいろいろなルアーを駆使して狙っていきます。

一般的にハードルアーの方が、キャストでの飛距離も伸びやすいし、上のレンジをゆっくり探ることができるので、出番が多くなります。

しかしハードルアーの強い波動に魚が反応しないことがあり、そういったときにジグヘッドリグを投入すると一発で食ってきた、ということも少なくありません。ワームのナチュラルな波動が魚に口を使わせる要因になることもあるのです。

次はストラクチャーをタイトに攻めるとき。

シーバスはストラクチャーに付きやすい魚です。堤防やテトラの際などをタイトに攻めるときはフックの多いハードルアーでは根掛かりすることもあります。

また、ギリギリ攻めようとキャストしてストラクチャーにルアーをぶつけ破損してしまうこともあります。

そんなとき、ジグヘッドリグであれば、コンクリートにぶつけてしまってもシンカーが少し変形するくらいで済みます。また、破損した場合も価格が安いので懐のダメージを軽減できます。

ジグヘッドリグを使った場合の狙い方はカウントダウンが有効です。

シーバスもレンジにシビアな魚のため、魚がいるレンジにルアーを通さないとなかなか食ってきません。

ナイトゲームでは上から、デイゲームでは下から探っていくのが基本になります。

スイムアクションオンリーで誘っていくので、ワームはシャッドテールがよいでしょう。

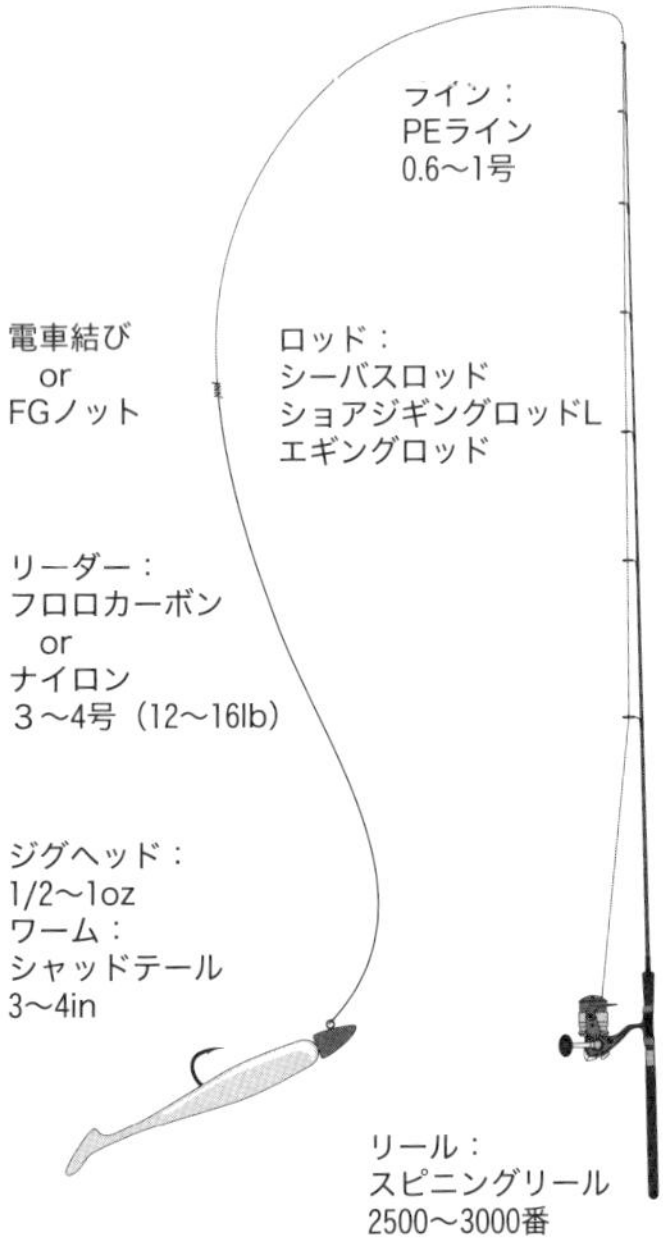

ワームはさまざまなリグ(仕掛け)を組むことで、状況にマッチした釣り方ができます。ジグヘッドリグをマスターしたら、他のリグにも挑戦してみましょう。

ワームを使った釣り

ジグヘッドリグ以外のリグを使う

一見すると複雑に見えるワームのリグですが、
基本的にはフックとシンカーの組み合わせに過ぎません。
さまざまな種類のシンカーやワームフックを使いこなすことで、
ジグヘッドでは攻略が難しいターゲットに挑戦しましょう。

ジグヘッドだけではダメ？

前の章で解説したジグヘッドは、初心者が簡単にワームの釣りを楽しむためにとても便利なアイテムです。

ジグヘッドはフックとシンカーが一体化しているので、それにワームをセットするだけで通称「ジグ単」と呼ばれる仕掛けが完成し、すぐに釣り始めることができます。

では、最もシンプルなリグ（仕掛け）は何かというと、ワームフックを直接ラインに結び、それ以外のパーツを使わないノーシンカーリグです。ワーム＋フックの自重で沈めていくノーシンカーリグは、淡水のバスフィッシングでは有効ですが、波や潮の流れがある海においてはまず出番がありません。

極論を言えば、全てのシチュエーションを各種のジグヘッドで攻略することも不可能ではないのですが、上級者は一般的に適材適所でリグを組んでいます。そうする理由はワームの動きをより自然に演出したい、根掛かりしづらくしたい、狙いの水深を効率良く探りたいといった頭に思い描く戦略があるからです。

各種リグを組む理由

ジグヘッドリグ以外のリグの多くに共通する特徴は、シンカーとフックが分離していること。

そのようにする最大のメリットは、ワームの動きをシンカーが妨げないということです。また、ボリュームのあるワームにマッチしたサイズのフックを選んだり、水深やポイントまでの距離に応じたシンカーを選んだりと、セッティングの自由度が高い点もメリットといえるでしょう。

この章で紹介する各種のリグを組むためには、フックとシンカーを別々に用意し、各種のパーツを所定の位置に取り付けなければなりません。そのため、手間がかかることは否定できませんが、各種のリグを上手に使いこなすことができれば、ストレスなく釣りを楽しむことができ、釣果アップにつながる状況があります。

フックとシンカー

フックのアイの部分が二つの角を組み合わせたような形にデザインされたオフセットフックは、ワームがズレにくく、ハリ先をワームのボディに隠せるというメリットがあり、根掛かりが多いチニング、ロックフィッシュ、フラットフィッシュ狙いのリグでよく使われています。

各社からリリースされているオフセットフックをよく見ると、フトコロ(ゲイプ)の幅が広いものと狭いものがありますが、これは組み合わせるワームの太さに適応させるためで、太いワームを使う場合はフトコロが広いフックの方がフッキングの成功率が高くなります。ただし、フトコロが広いフックは重量も増すので、ストレートワームなどの繊細なアクションには影響が出る可能性もあります。

シンカーの形状や素材の選択もリグを組む上では重要で、中通し式の定番であるバレットシンカーをはじめ、ダウンショットリグ用のタングステンシンカーなど、機能的なシンカーが店頭に並んでいます。リグを構成するさまざまなパーツには、それを考案した釣り人の工夫が込められているのです。

ラインアイからベントカーブまでが一直線となっているストレートフック。ワームに対してフックポイントが斜めに入るよう装着します。

アイからシャンクに至る部分にクランク(2カ所の角ばった部分)があるオフセットフック。ワームのボディにゲイブを貫通させ、フックポイントはワームのボディに隠すことができます。

ワームをチョン掛けして使用するマスバリ。ワッキーリグやダウンショットリグとの相性が良いフックです。

ワームフックの各部の名称

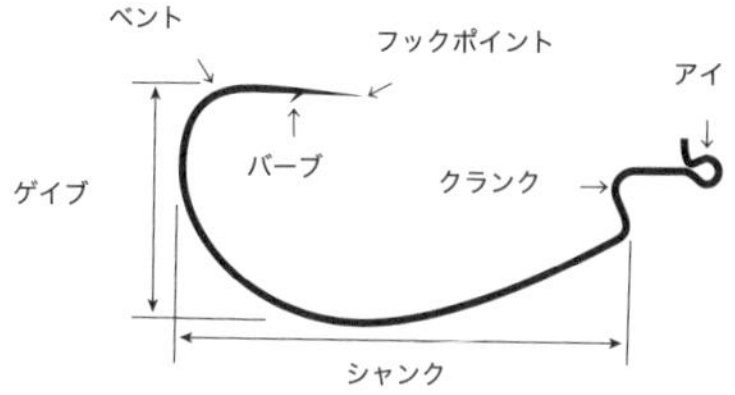

さまざまな形状があるシンカー(オモリ)。根掛かりのしづらさと、着底を教えてくれる感度の高さが求められます。

堤防からテキサスリグで仕留めたオオモンハタ。

フックポイントを隠すことで根掛かりが少なくなります。

テキサスリグとキャロライナリグ

数多くのリグの中でまず最初にマスターしたいリグがテキサスリグとキャロライナリグです。この二つのリグをマスターすれば、他のリグはその応用であることが分かります。

テキサスリグ

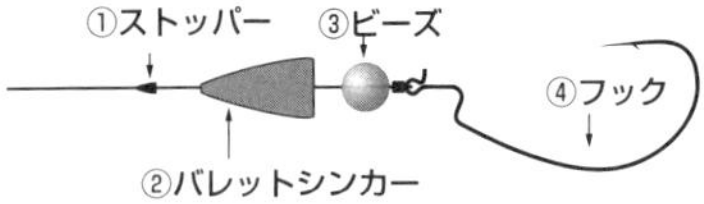

①→②→③→④の順にラインに通していく

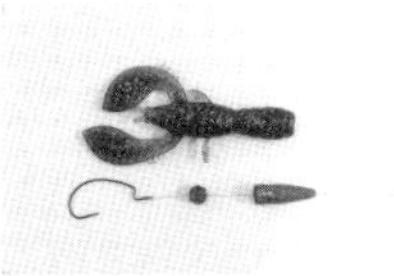

オフセットフックのゲイブの幅は、ワームのボディに対して一回り広いぐらいが目安です。ワームに対してフックが大きすぎるとワームのアクションを損ない、小さすぎるとフッキングしづらくなります。

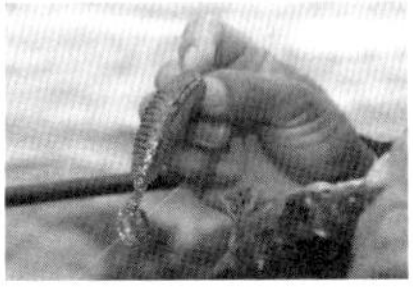

フックはワームのセンターからズレないようにセットしましょう。

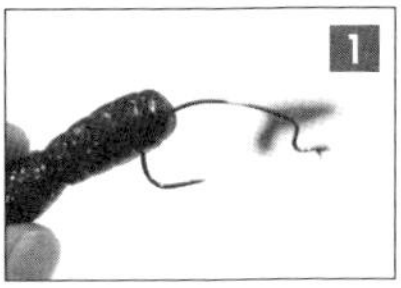

オフセットフックをワームに装着する最初の手順。ワームの先端部にハリを刺し、シャンクの形を意識して一度ハリ先を抜きます。

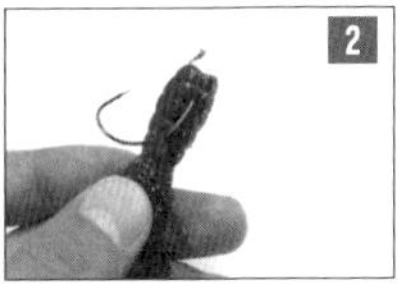

抜いたハリ先をワームのボディに向けて回転させます。

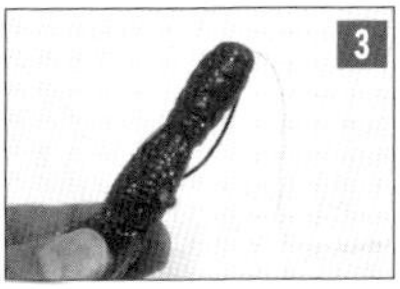

シャンクの長さを基準として、ハリを刺す位置を確認しましょう。

テキサスリグ

バレットシンカーと呼ばれる銃弾型のシンカーとオフセットフックを組み合わせたシンプルなリグ。ロックフィッシュ狙いでは欠かすことのできない基本中の基本といえるリグです。

バレットシンカーのセンター部にはラインを通すための穴があり、基本的には遊動式となっています。フックポイントをワームの中に隠すことができるので、根掛かり回避性能が高いリグだとされています。

このリグが得意とするアクションはズル引き、ボトムバンプ、スイミングです。ワームはカーリーテールやクロー系といった波動の大きいものと好相性。ウィードやストラクチャー周辺では最小限の根掛かりで攻めることができる反面、岩礁帯でズル引きをするとシンカー自体が岩の割れ目に引っ掛かりやすいので要注意です。

バレットシンカーの素材は安価な鉛製か、ブラス(真鍮)製が一般的。同じ重さでもシルエットの大きさを抑えられる高比重素材・タングステン製のシンカーもありますが、価格が高いのが難点です。しかしながら、高比重＝高感度＝根掛かりしづらいという理由から、タングステン製シンカーの愛用者も少なくありません。

シンカーとフックの間に、結束部の保護と音を発することを目的とした専用のガラスビーズを入れても有効です。ウィードの隙間を狙うケースのようにワームがズレやすい場面では、磯釣り用のウキストッパーを使ってシンカーを固定してもよいでしょう。

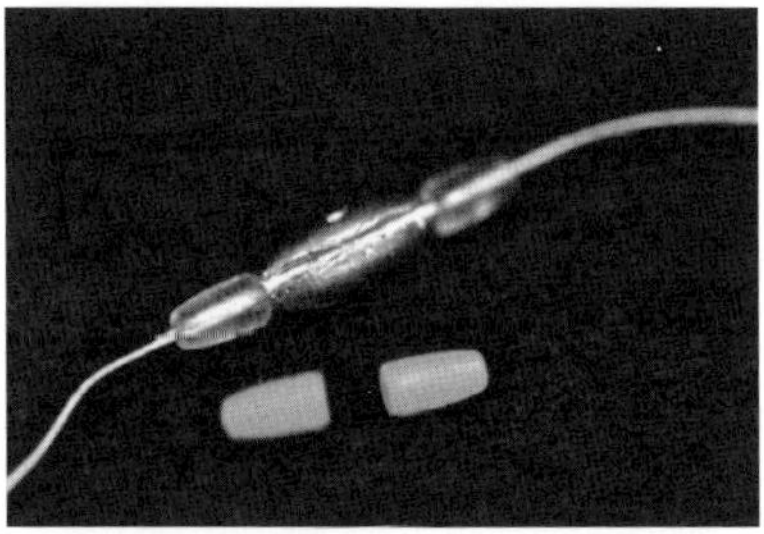

リーダーに取り付ける固定式のシンカー。このシンカーをセットしたリグはスプリットショットリグと呼ばれます。

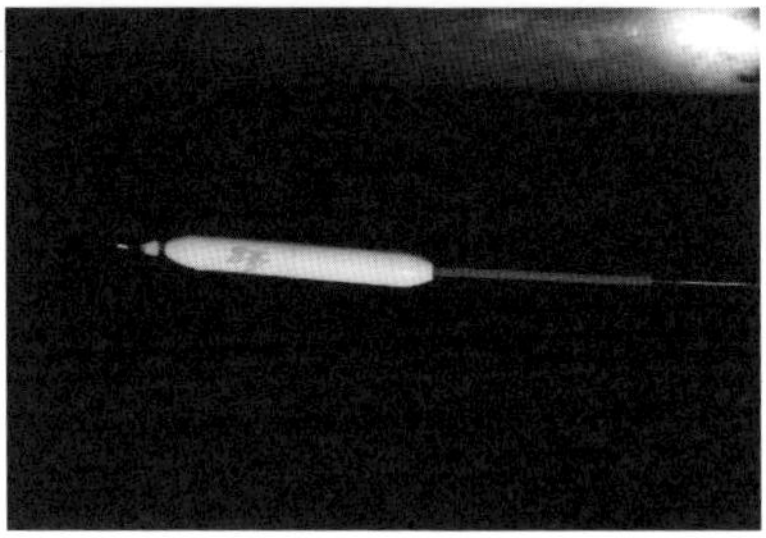

アジング用のキャロライナシンカーは、沖の中層にいるアジを狙うためのアイテム。

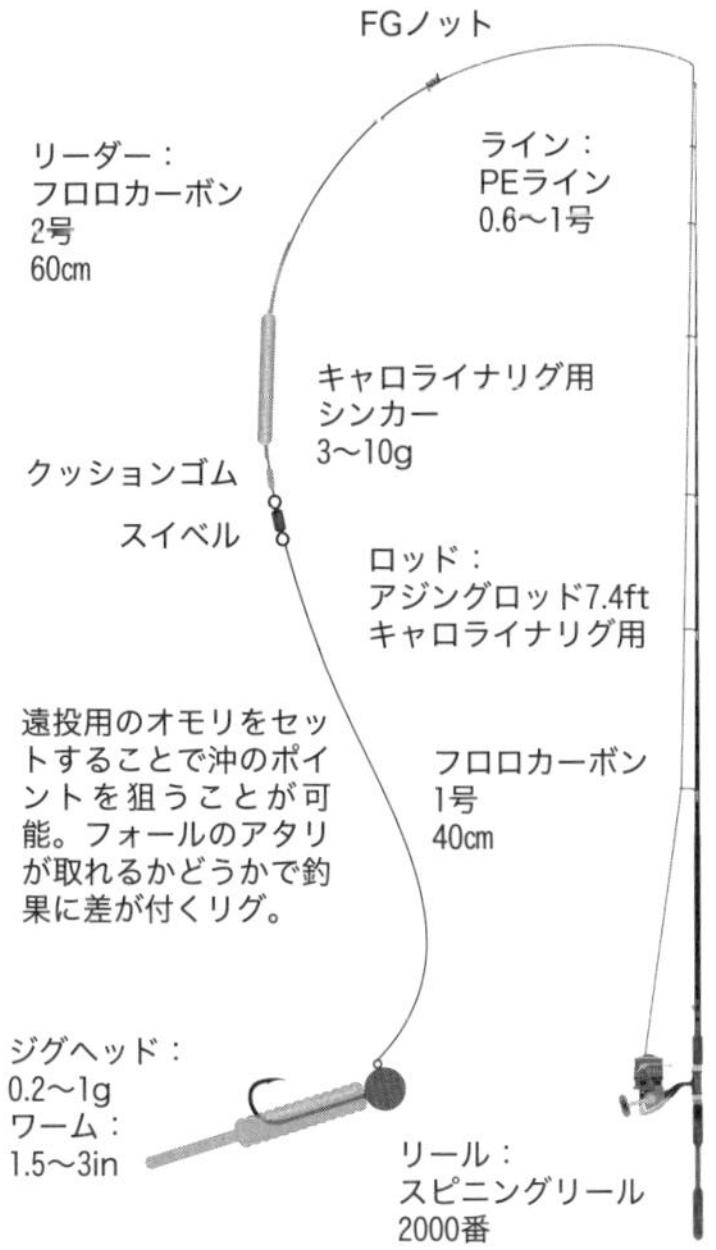

キャロライナリグ

リールに巻かれたメインラインにシンカー（バレットシンカーや中通し式の専用シンカー）とガラスビーズを通してスイベルを結び、スイベルの反対側にはリーダーを結束します。リーダーの先端にフック、もしくはジグヘッドを結べばキャロライナリグが完成。だいたい１／２oz以上のシンカーを使うとヘビーキャロライナリグ（ヘビキャロ）と呼ばれます。

フックはワームのホールド性が高くてズレにくいオフセットフックがおすすめ。ワームはストレート系、カーリーテール、シャッド系、クロー系などほとんどの種類で実績がある、自由度が高いリグです。

メインラインがＰＥラインで、リーダーがフロロカーボンラインという組み合わせのリグを長さが７ft以上、Ｍ〜ＭＨクラスのロッドで使用するのが一般的です。リーダーの長さに決まりはなく、長いほどワームが自然に動き、短いほど楽にキャストができます。

ヘビーキャロライナリグの強みは遠投が可能なことで、ズル引きしながら広範囲をスピーディーに探れます。なおかつシンカーとワームが離れているため、ワームの動きがよりナチュラル。重たいシンカーを使っているわりに魚に違和感を与えにくく、ワームを吸い込ませやすい点が強みです。

ズル引き以外のアクションでは、ここぞというポイントでのシェイキングも効果的。ただしリーダーがたるんでいる状態では、小さいアタリを見逃す可能性があります。

ダウンショットリグとフロートリグ

いざというときに頼りになるアイテムが
感度に優れたシンカーや遠投を可能にするフロート。
そのリグに特化したシンカーやフロートを使いこなすことで
より効率良く狙いたいポイントを攻めることができます。

ダウンショットリグ

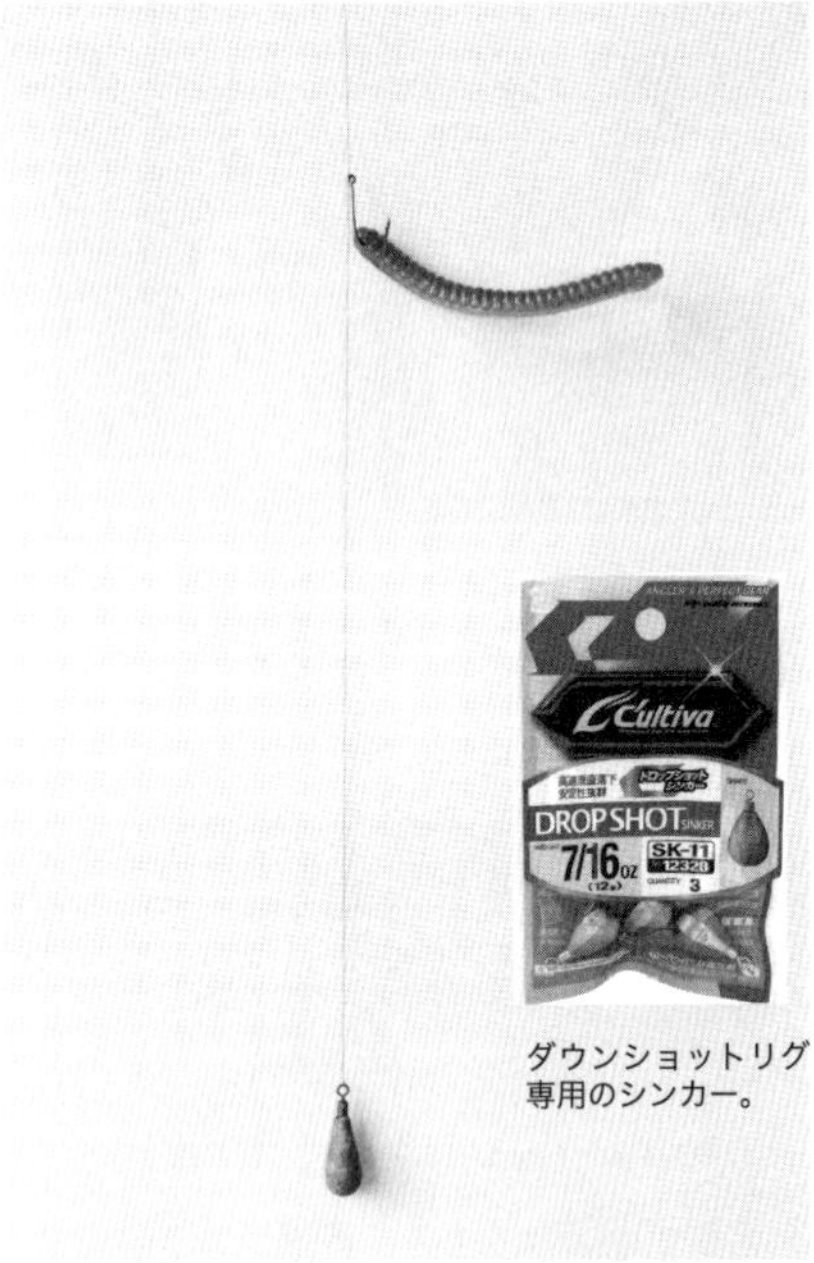

ダウンショットリグ専用のシンカー。

ワームよりもシンカーが下に位置するのがダウンショットリグの特徴です。

フックの下にシンカーがくる状態で使用するリグ。バスフィッシングでも人気の高いリグで、常吉リグとかドロップショットリグと呼ばれることがあります。フックはメインラインもしくはリーダーに直接結ぶか、枝スを介して結びます。このリグのメリットは、ラインの先端にあるシンカーがボトムとコンタクトするので、ボトム感知がしやすく、地形変化を感じながら釣りができること。また、フックの付いたワームはボトムから離れている状態なので、根掛かりのリスクが低く、一定のレンジで誘いをかけたいケースにも適しています。

フックはワームのサイズや対象魚によってマッチするものを選べばOK。細身のワームが持つアクションを活かすならワームの先端部をチョン掛けするマスバリ、根掛かり対策を重視するならオフセットフックを使用するとよいでしょう。

シンカーは安価な鉛製のナス型オモリでも対応できますが、ダウンショットリグ専用のシンカーとしてボトムを取りやすい丸型と、根掛かりしづらいスティック型があるので、特徴を理解して使い分けましょう。

得意とするアクションはズル引きと、ボトムの地形に変化がある場所でのシェイキング、一定レンジをキープしたスイミング。これらを組み合わせて広範囲を探るのも有効です。

ワームはストレート系、シャッドテールの組み合わせが定番で、ナチュラルなアクションで演出することを心掛けます。

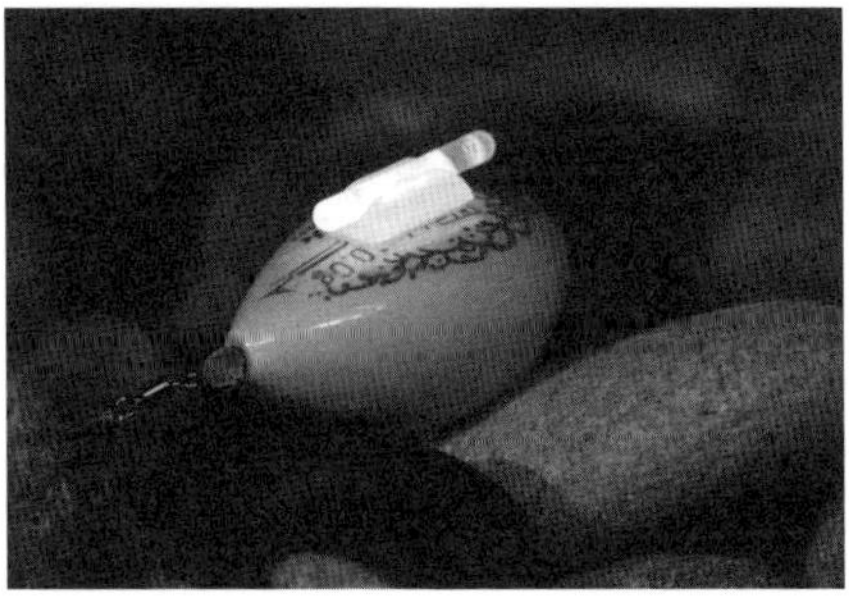

中通し式のフロート。真っ暗な夜の海でも見えるよう、化学発光体を装着しています。

環付タイプのフロート。リーダーの端糸を長く取り、その先端にセットします。

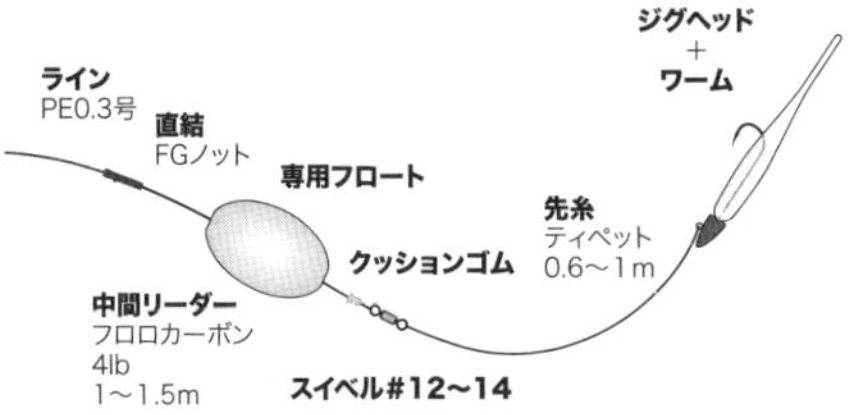

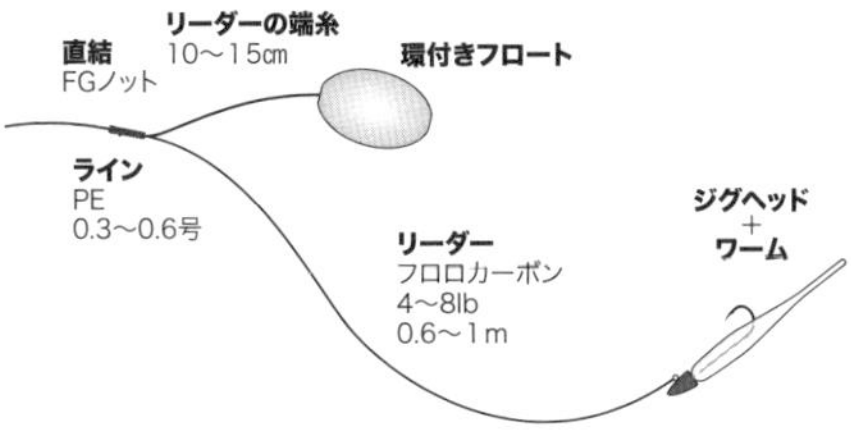

フロートリグ

主にメバリング・アジングで使われるリグ。ジグヘッドリグをベースにフロート(ウキ)をセットすることで、超遠投を可能にしてくれるリグです。このリグにはワームフックではなく、軽めのジグヘッドを組み合わせます。

有効な場面は、ジグ単では届かない沖のポイントが狙い目となっているケース。また、海面近くまで生い茂った藻場のように、ジグ単では根掛かりしやすいエリアをゆっくりと探るのことができる点もこのリグの強みといえます。

主役であるフロートの取り付け方は中通し式、直結式、ワンタッチ式の３通りがあります。フロートがワームのアクションに干渉しないのは中通し式と直結式ですが、ワンタッチ式のフロートを使えば、仕掛けを切らずにジグ単からフロートリグへの移行ができます。

中通し式フロートリグは、キャロライナリグのシンカーがフロートに代わったものと思えばイメージしやすいでしょう。直結式のフロートリグの作り方は、ＰＥラインとリーダーを結束するときに任意の長さの余り糸が出るようにし、その先端にフロートをセットします。

このリグを使う上での注意点は、バイトしてきた魚に対しフロートの抵抗が加わるため、やや食い込みが悪くなってしまうこと。ワームをよりナチュラルに動かすためにもジグヘッドは0.2〜0.5ｇとしましょう。それ以上重いジグヘッドは食いが悪くなるばかりではなく、絡みやすくなってしまいます。

直リグ、フリーリグ、ビフテキリグ

本来はテキサスリグで狙っていたシチュエーションで
直リグ、フリーリグ、ビフテキリグを使ってみると
アタリが多くなったと実感するアングラーが続出。
ロックフィッシュやチヌを狙うリグは進化し続けています。

直リグ（じかリグ）

　リーダーレスのダウンショットリグ(ゼロダン)とも呼ばれる直リグは、フックとシンカーを直付けして使うリグのこと。市販されているジカリグ(あらかじめシンカーとフックがセットになったもの)を購入すれば、ラインに結んでワームをセットするだけで釣りを開始できます。

　このリグは自作するのも比較的簡単で、必要なパーツはオフセットフック、スプリットリング(またはスナップ)、ドロップショットシンカーの組み合わせとなります。

　直リグの長所はウィードをすり抜ける能力とボトムの感知能力が高いことと、ワームの浮力を活かせるのでアピール力が高いということで、ズル引きからストラクチャー周りでのシェイキングまで効果的にこなしてくれます。ボトム付近をメインに攻めるチニングやロックフィッシュ狙いに適したリグの一つといえるでしょう。

　直リグと相性が良いワームはボトムに潜む甲殻類を演出できるホッグ・クロー系のほか、カーリーテール、シャッドテール、ストレート系などです。

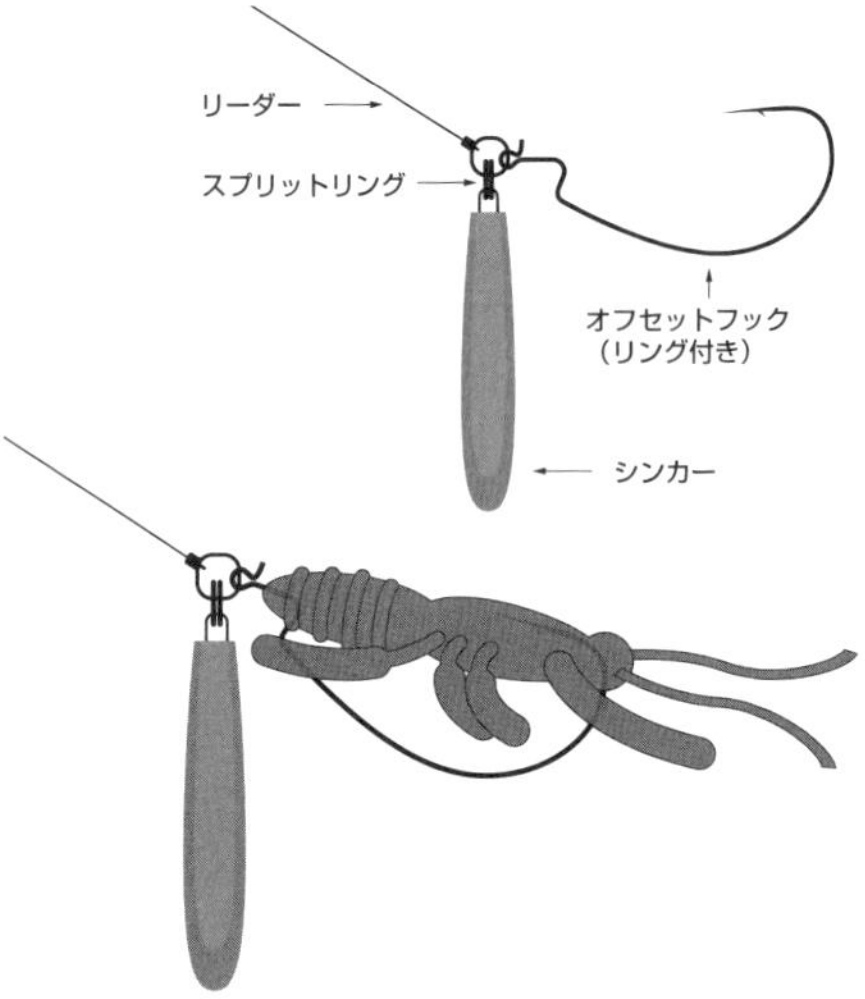

シンカーとフックがプリセットされた直リグが市販されていますので、まずはこれから試してみましょう。

フリーリグ

直リグと見た目はよく似ていますが、こちらはラインをシンカーのアイに通しただけの遊動式となっています。

フックとシンカーが離れることにより、直リグよりもワームがナチュラルな動きとなり、食い込みの良さも期待できます。また、掛けた魚とのファイト中にシンカーの重さがフックに影響を与えないため、バレにくいというメリットがあります。

シンカーは細身のフリリグシンカーがおすすめです。その理由はフォール時に垂直姿勢になるので着底が早く、なおかつ根掛かりが少なく、障害物の回避能力が高いからです。

このリグを組むために必要なパーツは、フリリグシンカー、オフセットフック、シンカーストッパーです。シンカーストッパーは、ワームがズリ上がるのを

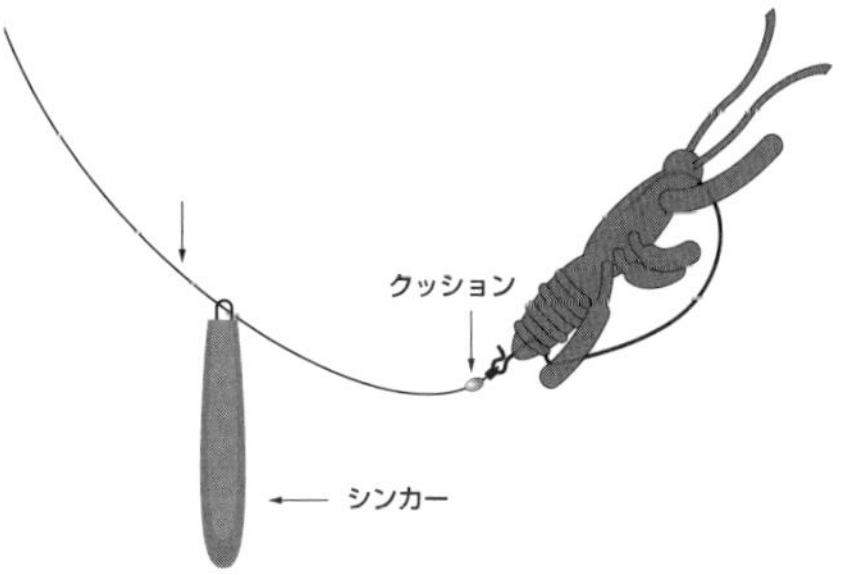

防いで直リグ的な使い方をする目的でも使えますが、これをシンカーとフックの間に入れることでシンカーがワームに干渉してズレるのを防止し、結び目の保護ができます。

組み合わせるワームは直リグと同様。フリーリグはシンカーの着底後にワームが水中を漂うので、直リグにスレた魚にもアピールすることができます。

ただし風が強かったり、流れの速い場所ではシンカーからワームが離れすぎて、イメージ通りのアクションをワームに与えられないケースもあります。

ビフテキリグ

ビーフリーテキサスを略してビフテキ。シンカーの穴が上方向を向いていて、なおかつ下膨れの形状の中通し式シンカー・ジャングルジム／ビーンズシンカーを使用したテキサスリグのことです。

このリグの長所は安定した飛距離と底取りの早さ。持ち上げたときの浮き上がりの早さです。有効なアクションはリグを持ち上げてフォールで食わせる釣り。リフト＆フォールやストップ＆ゴーで誘ってみましょう。

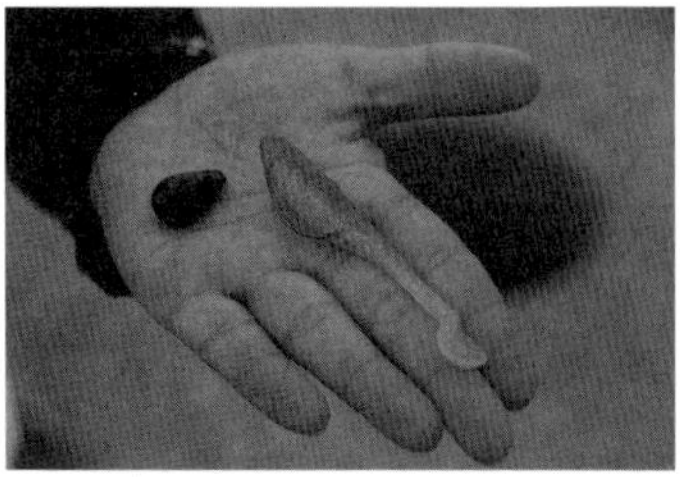

ビフテキリグはテキサスリグと構成は同じですが、専用のシンカーを使います。

ビフテキリグの優れた点は、シンカーの重心が下になりボトムを感知しやすいことです。

ターゲット別狙い方

チヌ、ロックフィッシュ、フラットフィッシュは
さまざまなワームのリグに反応を示す素晴らしいターゲット。
パターンにハマれば連発も夢ではありませんが乱獲はNGです。
基準のサイズを決めてリリースしましょう。

チヌ（クロダイ）

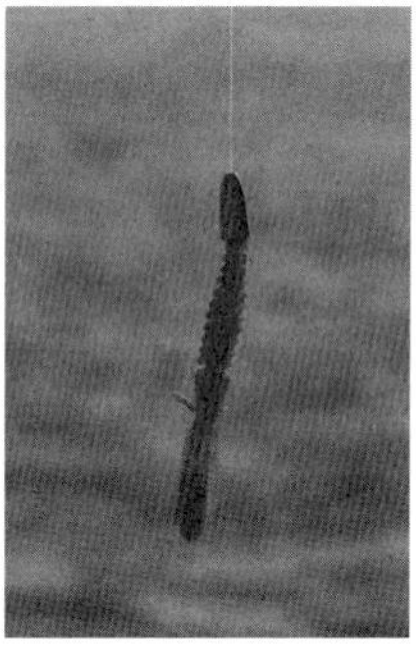

チヌ（クロダイ）は、エサ釣りの人気ターゲットとして古くから親しまれてきました。

チヌ狙いで実績が高いワームのリグはテキサスリグ、直リグ、フリーリグの3種類で、ワームはホッグ系がおすすめ。確実にボトムを取ることができ、じっくりと誘いをかけることができるリグが有利です。

チヌ（クロダイ）

チヌは汽水域から磯場、サーフにまで生息する魚で、エサ釣りのターゲットとして古くから親しまれてきました。プラグでもワームでも狙えるターゲットですが、ここではワームでの釣り方について解説します。

ワームでチヌを狙う場合に使用されるリグは、テキサスリグ、直リグ、フリーリグ。基本的にボトムを狙いやすいリグということです。

おすすめのワームは甲殻類をイミテートしたクロー・ホッグ系でサイズは２～３in。ワームのカラーに関しては、日中はグリーンパンプキン、ブラウン系、ウォーターメロン、スモーク系がおすすめ。ナイトゲームではラメ入りや、レッド、ブラック系のうち３種類くらいは用意したいところです。

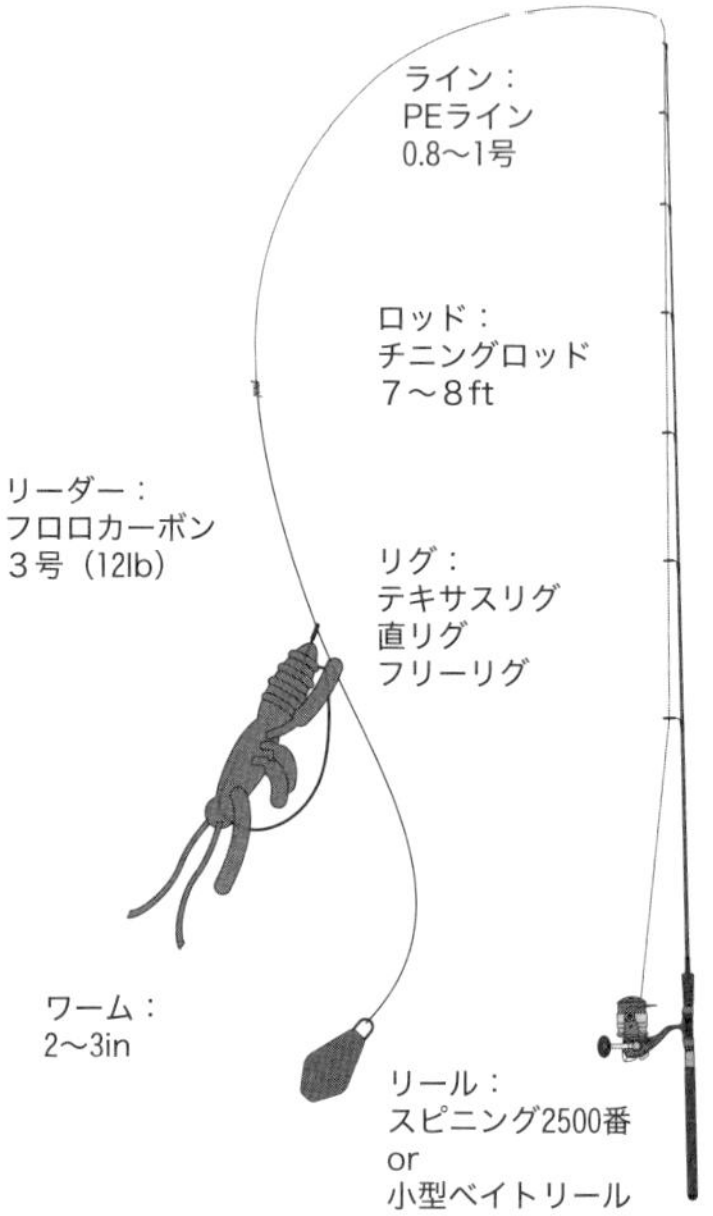

誘い方のコツ

アクションに関してはズル引きをメインに、ボトムバンプ、リフト＆フォール、シェイク、ステイをポイントの状況に使い分けます。

①ズル引き

ボトムが取れている状態で竿先を見ながら、リールのハンドルは２秒に１回転ほどのペースでリーリングをします。大場所を広く探る場合に有効な方法ですが、これで反応が悪い場合はさらにゆっくり巻きます。

②リフト&フォール

竿先を小さく上下させて、シンカーでボトムを叩くイメージでリグを操作します。アタリはアクションを与えている最中よりも、アクション後のステイ中やステイ後からアクションを入れたタイミングに集中します。

③シェイク、ステイ

竿先を小刻みに動かすことでワームを震わせるシェイクは、マンメイドストラクチャーの付近など、チヌがいる確率が高そうなピンスポットで特に有効な誘い方です。ワームを移動させずに一点でアクションを与えたり、シェイクしながらゆっくりリーリングをすることでチヌの注意を引きますが、こうしたアクションを見せた後にステイを入れると反応するケースが少なくありません。

釣果アップのコツ

シンカーは３～10ｇの範囲で、ボトムが取れるギリギリの軽さとします。その理由はシンカーが重いとワームのアクションに違和感が出やすく、根掛かりも多くなるからです。この釣りで結果を出すコツは、潮の流れや水深の変化に応じて、小まめにシンカーのサイズをチェンジすることです。

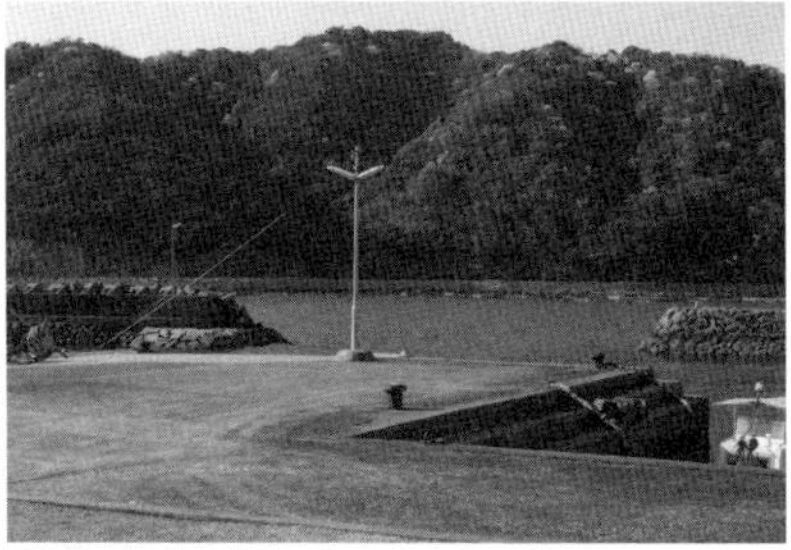

チヌは人間の生活圏でも大物が狙えるターゲット。ホームグラウンドを作って、何度も通ってみましょう。

タックル

タックルは各メーカーよりロックフィッシュ専用の機種が出ているので、これをチニングに流用するとよいでしょう。３～10ｇのシンカーに対応していれば、スピニングタックルでもベイトタックルでもＯＫです。

海面からの足場の高さを考慮して、掛けたチヌを確実に取り込めるランディングツールを用意しておきましょう。

比較的重量があるリグにメリハリのあるアクションを与えることができるベイトタックルは、チニングでもロックフィッシュ狙いでも愛用するアングラーが増えています。

キジハタ

アカハタ

オオモンハタ

カサゴ

アイナメ

ロックフィッシュ

ロックフィッシュとはカサゴ、キジハタ、オオモンハタ、マハタ、ソイ、アイナメといった根に付く魚の総称で、いずれの魚もベイトが回遊してきやすい潮通しが良い場所や、地形の起伏変化に富んでいるポイントを好みます。

堤防では沖のブレイク（カケアガリ）、敷石の際、ケーソンのスリット、隣接する藻場やゴロタ場など、明確な地形の変化があるところが狙い目となります。

ワームはロック専用として開発された製品が各社からリリースされています。基本的にボトム中心の釣りとなりますので、使うリグはテキサスリグ、直リグ、フリーリグがメイン。例外的にウィードエリアでは海藻の中に潜んでベイトを待っているので、軽いシンカーで食い上げさせるパターンも成立します。

ロックフィッシュ狙いで最も一般的なリグはテキサスリグ。シンカー、ビーズ、フック、ワームの4点があれば、いつでも思い立ったときにチャレンジできます。

釣りの対象魚として人気が高く、専用アイテムも充実してきたキジハタ（アコウ）。大切な漁業資源となっている魚なので、30cm以下はリリースしましょう。

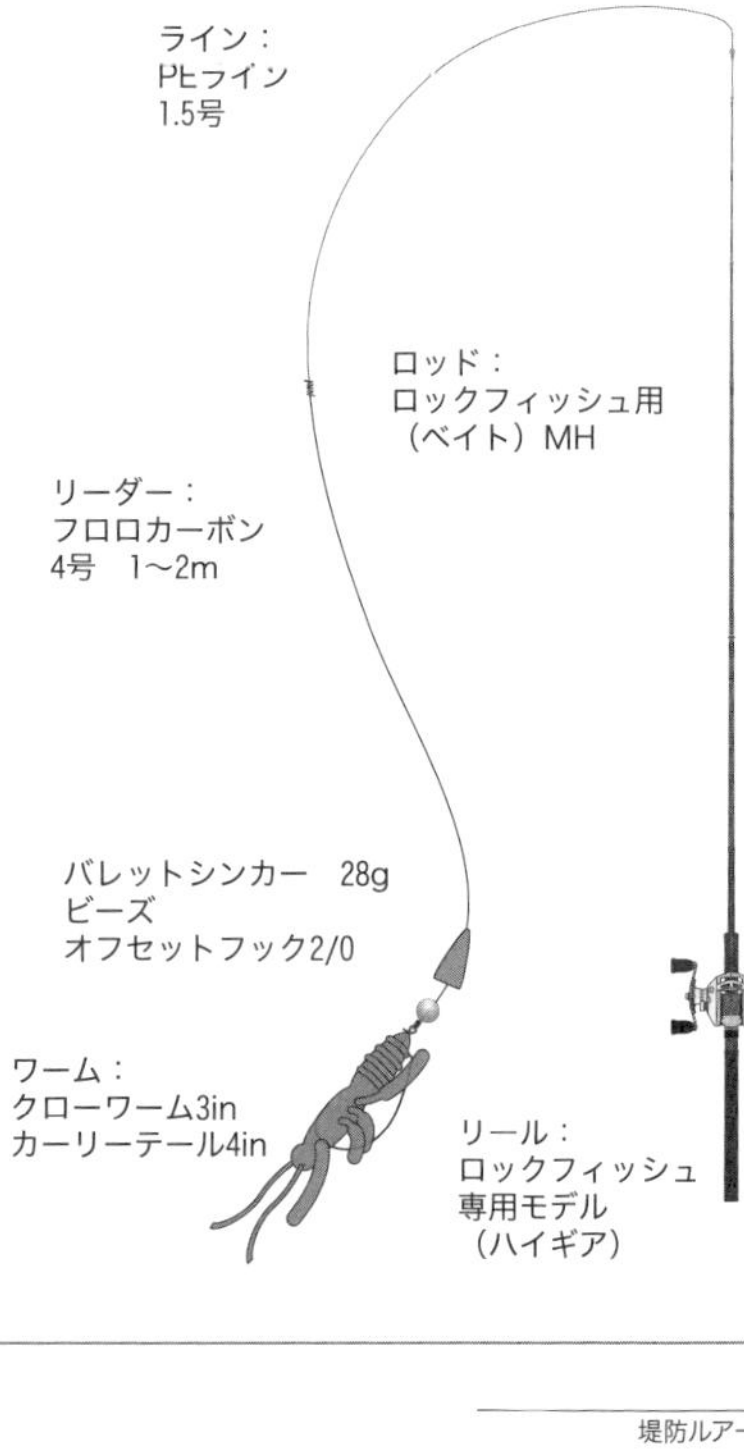

有効な釣り方

リフト&フォール、ズル引き、シェイキングといった、ボトムでのアクションが主体となりますが、夜間はスイミングにも高確率でバイトしてきます。狙い所となるストラクチャーやウィードのある位置を意識して攻めましょう。

①リフト&フォール

海底の障害物に付いていることが多いロックフィッシュに対し、最も効率良くアピールすることができるのが、海底のワームを持ち上げて落とす、リフト&フォールです。

前方に向けてロッドを構えた状態で、手首を軽く返して竿の角度をそっと起こすことで、着底しているルアーがわずかに底を切ります(リフト)。そのままの状態をキープしていると、ワームは再び落ちていくので、確実に着底の瞬間を感じ取りましょう(テンションフォール)。広範囲を探る場合は、沖から足元までこの動作を繰り返します。

フォール中に出るアタリに対して、素早くフッキングを決めることで釣果を伸ばせます。

②ズル引き

ロッドを水平付近の位置に構えて十分に糸フケを取り、そこからゆっくりとサビくことで、海底のリグをズル引きします。この誘い方は、低活性の魚にも効果的ですが、フグが多い場所ではワームの消耗を覚悟しなければなりません。

海底の地形変化を狙うため、根掛かりはつきものですが、根掛かりしそうな気配を感じたときはロッドの角度を立て気味にして、すぐロッドを煽ることができる状態にしておきます。

カサゴが好むのは物陰。敷石の隙間に潜んでいることも多いので、その周辺を狙ってみましょう。

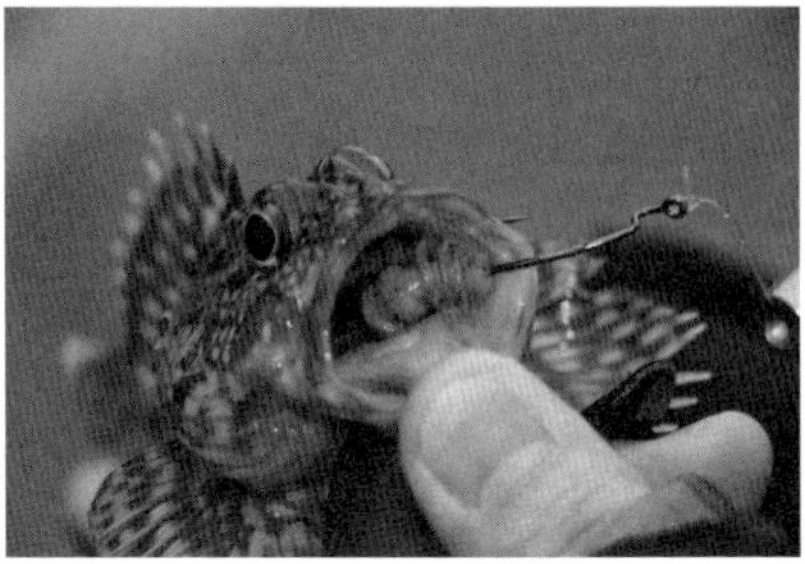

テキサスリグでキャッチしたカサゴ。大きな口でワームを丸飲みにしていました。

③シェイキング

狙ったポイントの海底にワームを置いた状態で、ロッドを小刻みに動かすことでターゲットにアピールする誘い方。魚が付いている可能性が高いと思ったら、ぜひ試してみたいアクションです。

④スイミング

夜間の釣りで有効なアクションがスイミング。魚種によっては広範囲でルアーをチェイスしてきますので、まず1度ボトムを取ってからスイミングで誘ってみましょう。広範囲を攻める場合は、途中で2～3回ボトムを取り直しながらのスイミングが効果的です。

ヒラメ

マゴチ

フラットフィッシュ

砂地を好むヒラメと泥底地を好むマゴチを総称してフラットフィッシュと呼んでいます。ヒラメは、その平べったい体型から受ける印象とは違って泳ぎが上手。一方のマゴチは尾ビレが小さく、海底からあまり離れずに泳ぎます。

ヒラメ狙いの好期は、産卵に向けて積極的にベイトを追う春から初夏と、越冬に向けて捕食活動が盛んになる秋の年２回といわれています。海の状況によっては、それ以外の時期でも十分に釣れる可能性はありますので、周辺エリアの釣果情報には常に注目しておきましょう。

ヒラメは変化があるところでベイトが回遊するのを待って潜んでいる魚で、地形に変化がある場所が有望。堤防からの狙い目となるのは沖目のブレイク、カケアガリ、船道、堤防付近、ベイトが回遊する潮通しの良いスポットです。

マゴチは高水温期に活発になる魚で、汽水域にも生息するため、ヒラメと釣り分けたいときは河口を狙うとよいでしょう。

ヒラメもマゴチも基本的な釣り方は同じですが、マゴチはカニやエビなどの甲殻類も活発に捕食するので、ボトムのズル引きで狙うのが最も効果的なアクション。ヒラメほどベイトを積極的に追わないので、スローなリトリーブスピードにバイトが出やすい傾向が見られます。

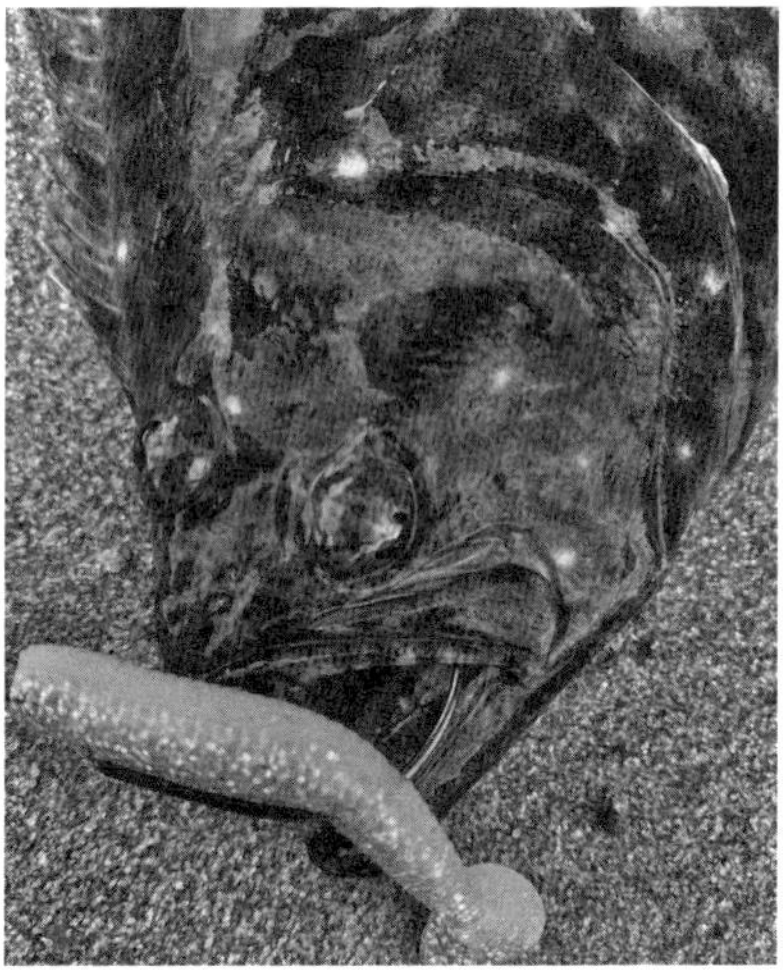

一見すると速い動きをするとは思えないヒラメですが、エサとなる小魚を見つけると猛然とアタックしてきます。

大きな口を持つマゴチ。海底が泥質の堤防では意外とよくアタってくる魚です。

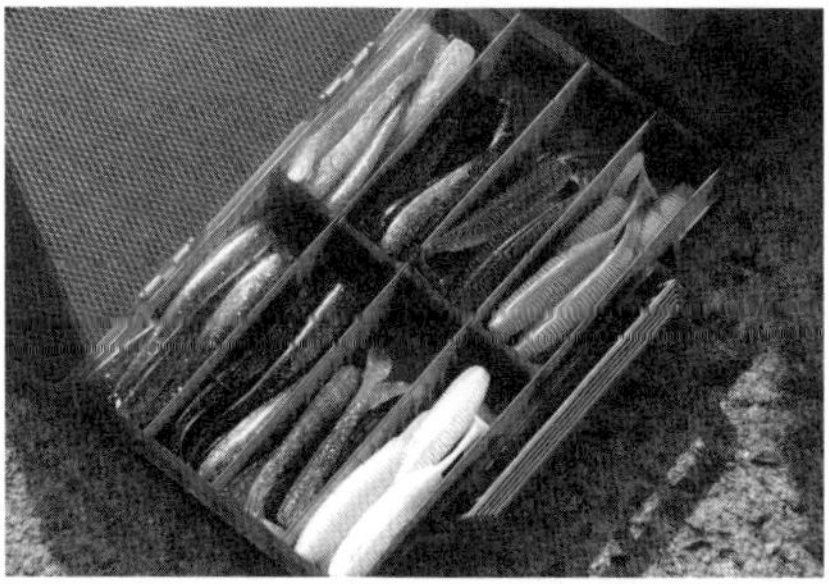

フラットフィッシュ狙いに使われるワームは、シャッドテールやピンテールのようなミノーライクなものがメインとなります。

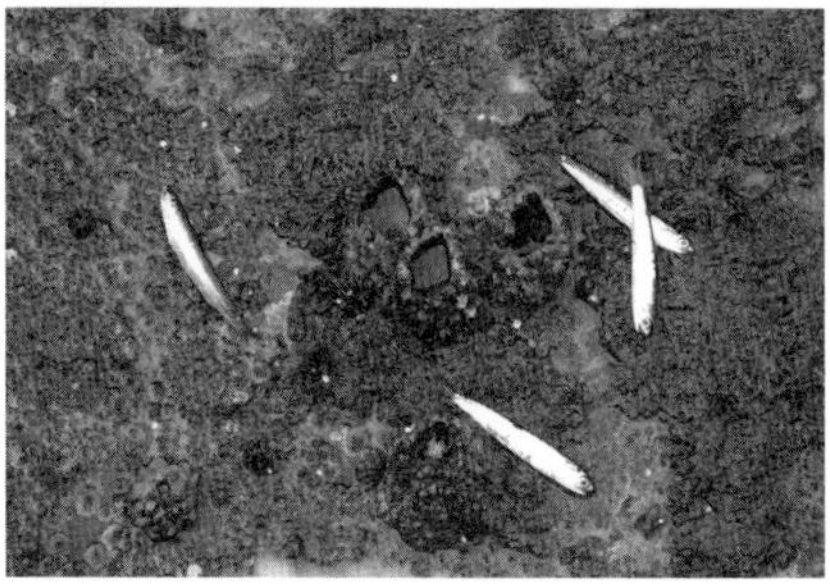

心掛けたいのはマッチザベイト。ヒラメやマゴチが食べているベイトが分かればワーム選びのヒントになります。

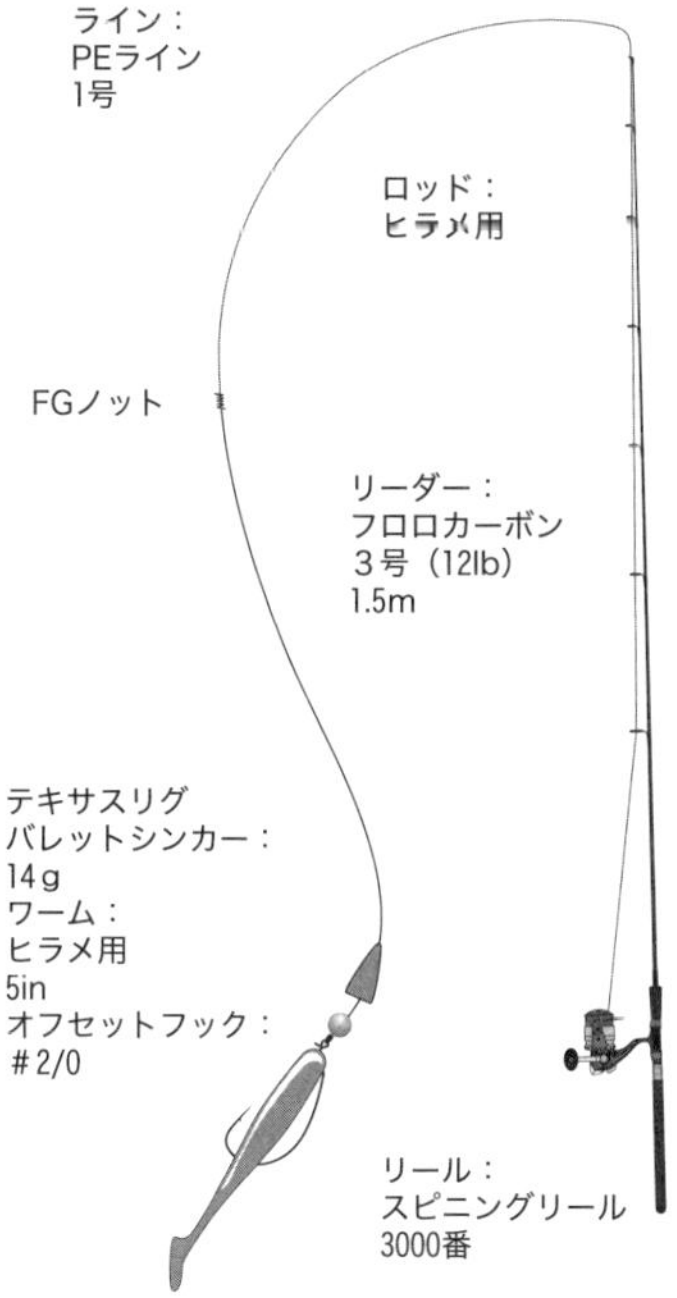

ワームでの釣り方

ヒラメ・マゴチを狙うために有効なリグはテキサスリグ、キャロライナリグ、ダウンショットリグで、ワームはシャッドテール、グラブ、ピンテールが定番です。

アクションはキャストして一旦ボトムを取ったら、スローに一定のスピードでレンジをキープするイメージでリトリーブするタダ巻きが基本となります。余計なアクションは付けず、ワーム本来のナチュラルなアクションを出すのがコツです。

この応用として、ハンドルを10回転ぐらい巻いたところでフォールをさせる、ストップ＆ゴーに反応してくれることもあります。フォール中とリフト開始時にアタリが集中しますので即アワセをしてください。

タダ巻き、ストップ＆ゴーに反応しない場合はリフト＆フォールを試してみましょう。フラットフィッシュにアピールするためのリフト＆フォールは、一旦ボトムを取って、ロッドを大きくゆっくりシャクります。ワームを跳ね上げたら、再度ボトムを取るの繰り返し。ワームの移動距離が少なく、ボトムを重点的に狙うことができます。

活性が低いヒラメにアピールするための最終手段はボトムバンプ。リフト＆フォールのようにワームを大きく跳ね上げず、ワームがボトムをつついているようなイメージでアクションさせてください。

シンカーの重量の選び方

釣果に差を付けるのはリグのバランス。
どのようなリグを使う場合でも、
シンカーの重さは釣りやすさと釣果に直接影響を及ぼす重要事項だといえます。

シンカーの重さについて

シンカーが軽すぎるとボトムが取れないために手返しが悪くなり、重すぎると根掛かりの多発により、やはり手返しが悪くなります。それ以上に問題なのは、魚が違和感を覚えてルアーを見切ってしまうことです。

同じレンジをワームでトレースしようとした場合、セットしたシンカーが重ければ、それだけ速く引かなければならないということも重要な事実。ターゲットのコンディションにもよりますが、リグを泳がせるスピードでアタリが出る、出ないという状況は明確にあります。

シンカーのサイズはボトムがギリギリ取れる範囲で、最も軽いシンカーを選ぶことが基本とされますが、初めて訪れる場所でのスタート時は、投げ慣れた重さのシンカーから試すとよいでしょう。

まずは飛距離を出せなければ、効率良くボトムやレンジを探ることもできませんので、無理をして軽いシンカーを使う必要はありません。

水深１ｍにつきシンカーの重さが１～２ｇという目安もありますが、それも潮の流れ方次第で、常に成立する方程式ではありません。

よく行く釣り場があるなら、その日の海の状況に対し、どのワームとどのシンカーの組み合わせが良いか、いろいろと試してみてください。狙ったターゲットからの反応が正解を教えてくれるはずです。

シンカーの重さは、ボトムを感じることができる範囲で最も軽いものを選びましょう。

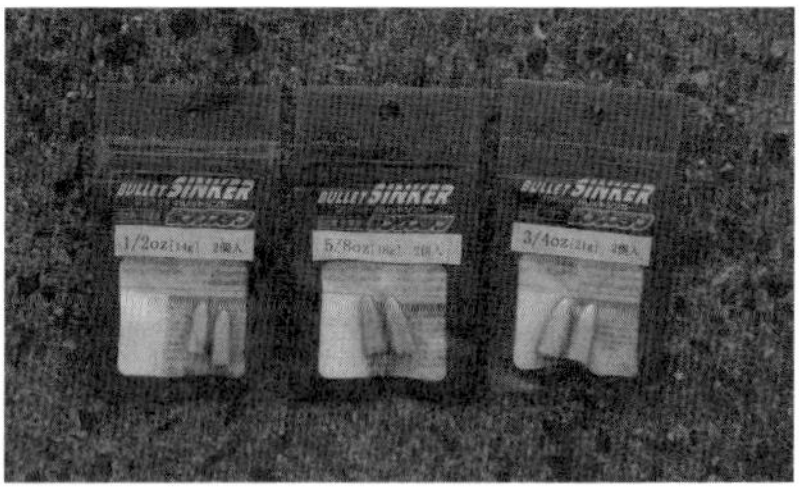

比重が大きいため、同じ重さだと鉛よりもコンパクトサイズになるタングステンシンカー。

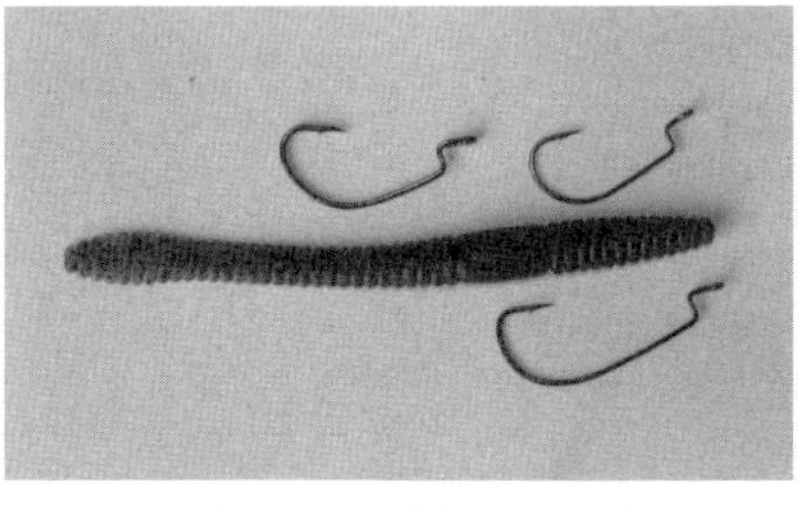

フックのサイズもバランスが重要。小さすぎるフックでは、掛かりが悪くなってしまいます。

プラスチックや金属でできたハードルアーは食わせるのが難しそうに見えますが、そんな心配は無用。プラグは引いてくるだけで魅力的なアクションを起こしてくれます。

【プラグ】ハードルアーでエキサイティングな釣りをしよう

プラグの種類と使い分け

**プラグはプラスチックやウッドなどの素材で作られたハードルアーの総称です。
形状は小魚を模したものが多く、
サイズは5～20㎝と幅広いアイテムがあります。**

プラグが動く仕組み

現在店頭に並んでいるほとんどのプラグはプラスチック製で、バランスを取るためのウェイトが内蔵されています。プラグにはそれぞれ得意とするアクションがあり、一定のスピードで引いてくるだけで魚のように泳ぐものと、釣り人が積極的にロッドの操作を加えることで艶めかしいアクションを起こすものがあります。

リトリーブされたプラグは、ルアーの先端やボディ全体で水流を受けます。この水流を受け流すときに生じる力により、ボディを揺さぶるようなアクションが起こるのです。

釣具店のルアーコーナーに並ぶ膨大な数のプラグの中から、自分が使いたい1本を探すのも釣りの楽しさの一つです。

ミノー

英語のMINNOWは小魚という意味。ルアーの中でミノーにジャンル分けされているプラグは、小魚そっくりのシルエットを持つスリムタイプで、先端部に水流を受けるリップと呼ばれるパーツが付いています。

このリップがないルアーは、ペンシルベイトというタイプのルアーに分類されます。

ところがパーツとしてのリップが存在しなくても、先端部のエグレ形状がリップの役割りを果たしているタイプがあり、これらはリップレスミノーと呼ばれているので紛らわしいところです。

クランクベイト

ミノーよりも球形に近い高浮力のボディに、長いリップを組み合わせたプラグ。リップの長さによって潜行レンジが異なり、数10㎝しか潜らないものや、３ｍほど潜るものもあります。

長いリップのおかげで根掛かりの回避力が非常に高く、お尻を激しく振るアクションが持ち味。

引いてくるのを止めると、浮かび上がります。

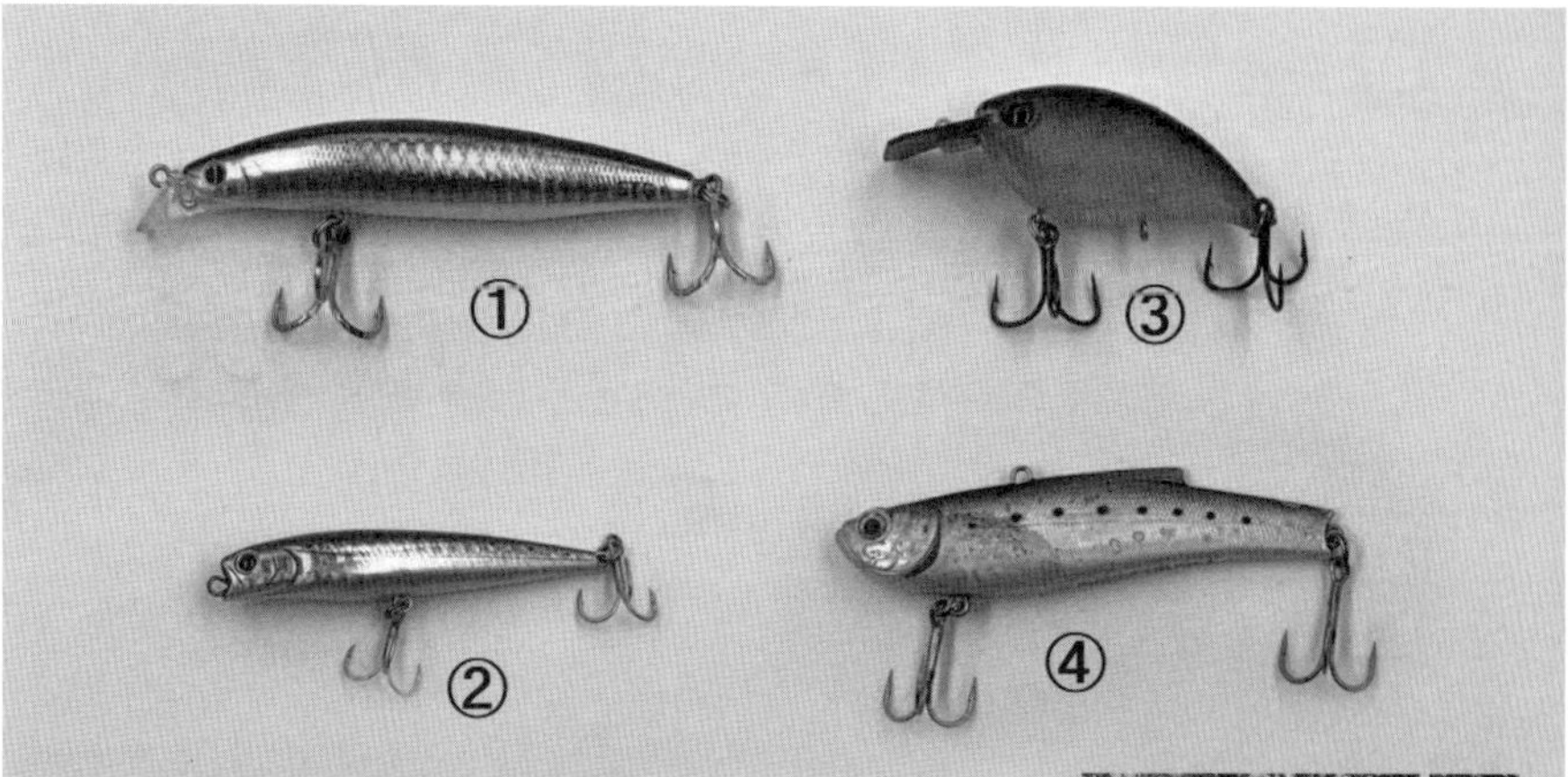

代表的なプラグ。①ミノー、②ペンシルベイト、③クランクベイト、④バイブレーション、⑤ポッパー。

プラグはターゲットに対するアピール力も大事ですが、捕食しているベイトにサイズや色を合わせることを意識すると釣果に結びつきます。

ペンシルベイト

前述したミノーからリップが取り除かれたような形状で、水面に浮かぶペンシルベイトと、沈むペンシルベイトがあります。

フローティングタイプのペンシルベイトは、魚を水面まで誘い出すルアーです。リールを巻いただけではほとんどアクションしませんが、積極的にロッドワークを行うことで、ドッグウォークやダイビング、スケーティングといったアクションを引き出すことができます。

シンキングタイプのペンシルベイトは、ゆっくりとリトリーブするとS字、もしくはI字を描くように泳ぎます。

バイブレーション

アイがボディの頂上にあるのが特徴で、リールを巻いて引いてくるとボディ全体がはためくように振動します。自重があるシンキングタイプのルアーなので広範囲を探ることができ、中層からボトム付近を狙いたい場合にも重宝するルアーです。

ポッパー

水を受けるカップが先端部にある水面に浮かぶルアーで、引くと水しぶきとともにコポコポというポップ音を立てます。小魚が逃げ惑うような音と気泡が水面に魚を誘い出します。

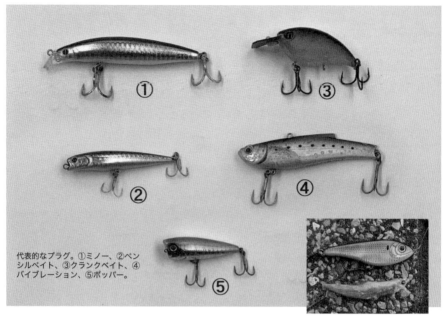

フローティング、サスペンド、シンキングの使い分け

同じように見えるミノーでも、水面に浮かぶもの、水中で静止するもの、沈んでいくものの3種類が存在します。これらを上手く使い分けましょう。

プラグは水面に浮かぶものと沈むものがあります。ボディに記載された表示を見なければ分からないものがあるので、間違えないように注意しましょう。

フローティングミノー

フローティングミノーは何もしなければ水面に浮くルアーで、リトリーブすると設定された一定のレンジをキープするように作られています。

基本的な使い方はタダ引きで、1秒1回転ぐらいを目安にしてリールのハンドルを回します。

このとき、ロッドによるアクションは付けずに巻き続けた方が、ルアーを無防備に泳ぐベイトに見せかけることができます。

小刻みなロッド操作でキビキビとした動きを加えるトィッチング、より大きくロッドでシャクるジャークによる誘いもフローティングミノーの効果的な使い方です。

サスペンドミノー

シマノのミノー、エクスセンス サイレントアサシン。同じデザインでフローティングタイプ、サスペンドタイプ、シンキングタイプがラインナップしています。

水中で浮きも沈みせずに一定のレンジで漂っている状態のことをサスペンドといいます。シーバス用のサスペンドミノーの潜行レンジは30〜80cmほどですが、そのレンジをキープしたまま、ゆっくりとアクションさせることができます。

有効なアクションはドリフトというリールをほとんど巻かないテクニックで、ルアーを流れや風に乗せて流し、ラインスラックだけを巻き取るイメージで操作します。弱って流されているベイトを演出すれば思わず食ってくるという狙い方です。

シンキングミノー

ヒットルアーは沈めることで深いレンジを探ることができるメタルバイブ。

シンキングとは沈むという意味。シーバス用のシンキングミノーはフローティングミノーよりもリップが長い製品が多く、深いレンジを探りたいケースで有効です。また自重があるため飛距離が稼げる点も長所です。

シンキングミノーのアクションはタダ引きを基本として、トゥイッチングやジャークも有効です。浮上しにくいことから、足場の高い釣り場や、波の荒れた日にこのルアーを選んでもよいでしょう。アクション自体はフローティングミノーよりも抑えめで、スレたシーバスにも効果的です。

シンキングミノーやバイブレーション、メタルジグといったシンキングタイプのルアーに共通する基本的な使い方はカウントダウンです。カウントダウンは特に難しいテクニックではなく、自分が探りたいレンジまでルアーを沈めてからラインを巻き始めるということ。キャストしたルアーが着水したらカウントをスタートし、そこから何秒が経過して巻き始めるかで、狙いたいレンジを通すことができるということです。

ターゲット別狙い方

引いてくるだけで魚のような動きを見せるものや
自分のテクニックで生命を吹き込めるものなど
プラグを使った釣りは「これぞルアーフィッシング」という
ワクワクするような楽しさを感じることができます。

ブリ（小型）

ヒラマサ

サワラ

青物

青物狙いに欠かせないルアーは、S字アクションで弱ったベイトを演出できるダイビングペンシルです。サイズは長さ130〜180㎜、重さ30〜80ｇが基準となります。

ダイビングペンシルの操作方法はジャーキングがメインで、ルアーが水面直下を逃げ惑っているように動かすことにより、深いレンジにいる青物も水面まで誘い出せます。より広範囲の青物に視覚的、聴覚的にアピールしたいならポッパーを使うとよいでしょう。

トップで反応が見られない場合や、風や波の影響でルアー操作が難しいケースではミノーの出番となります。青物狙いで使用するミノーは飛距離が出るシンキングタイプがおすすめで、青物対応をうたった強度重視のものを選ぶのが無難です。基本の使用方法はカウントダウンからの定速リトリーブで、まずは速めのリトリーブスピードで誘ってみましょう。

歩いて行ける地磯でキャッチしたブリ。青物は群れが回ってくれば堤防からでも狙えます。

青物狙いのルアーはトップウォーター系だけでなく、飛距離が出るミノーも有効です。

シーバス（スズキ）

ナイトゲームでヒットしたシーバス。使用したルアーはリップ付きのシンキングペンシルです。

堤防で大型を期待できるのがシーバスゲームの魅力。

シーバス

シーバス用のプラグは種類が豊富で、状況によっては長さが160mmもあるビッグベイトと呼ばれるものまで使用されます。ルアーのサイズを選ぶ基準はマッチ・ザ・ベイト。シーバスが捕食しているサイズに近いルアーを選びましょう。

小型のベイトはイワシ、サバ、サヨリ、ハクなど。大型のベイトはコノシロ、ボラです。

最も使用頻度が高いルアーはミノーで、リップがあるミノーのフローティング、サスペンド、シンキングは各種を揃えておきたいところ。ナチュラルなアクションでシーバスにアプローチできるリップレスタイプのミノーもあると心強いでしょう。

シンキングペンシルは飛行中の空気抵抗が少なく、自重もあるのでミノーよりも飛距離が出ます。着水後にすぐリトリーブを開始すれば水面付近を、カウントダウンすれば任意のレンジを探れることもメリット。S字やロールのアクションはスレたシーバスに効果的ですが、アピール力自体は低いので、魚がいるであろうピンスポットを通すイメージで使うとよいでしょう。

活性の高いシーバスが水面のベイトを意識している状況ではトップウォータープラグが有効です。中でも実績が高いのはペンシルベイトとポッパーで、連続トゥイッチによってリアクションバイトを誘発できます。

アジ

メバル

アジ・メバル

ライトゲームといわれてイメージするのは、ジグ単＋ワームの釣りですが、ターゲットが小魚を捕食しているケースでは、プラグに好反応を示してくれます。

フローティングミノーにヒットしたメバル。プラグのメリットは投げて巻くだけで簡単に釣れることです。

フォールへの反応が良いアジは小型のメタルバイブレーションで狙ってみましょう。

プラグを使うメリット

　アジ、メバルなどをターゲットとするライトゲームにプラグを使用するメリットは少なくありません。

　まずは手返しの早さ。

　ワームのようにフグの被害でルアーをロストすることもなく、引くだけで一定のレンジをキープしてくれるので、ロングキャストで広い範囲を探ることができます。

　また、プラグが発する波動は、捕食しているベイトが出す波動に近いためにアピール力が高く、ヒットしてくるアジやメバルの型が良いことを期待できます。しかもトレブルフックが2本装着されているのでフッキング率が高い点も見逃せません。

使用するプラグ

主に使用するのは、アジングタックルやメバリングタックルで扱えるサイズのミノー、シンキングペンシル、バイブレーションの3種類です。

おすすめしたいのは、表層付近にいる活性の高い魚を、タダ引きするだけで効率良く釣ることができるフローティングミノー。これに反応がなければ、シンキングミノーにチェンジして、徐々に深いレンジを探っていきます。

バイトを得られないときはリトリーブスピードに変化を入れてみるのも一手ですが、アジは横の動きよりフォールに反応をすることが多いので、フォールを混ぜてみましょう。

シンキングペンシルとバイブレーションはミノーよりも飛距離が出るので、リールのタダ巻きで広範囲をサーチするのに適しています。シンキングペンシルはゆっくり引くことでルアーに興味を持たせ、フォールで食わせるアクションが効果的。まずは浅いレンジから探っていき、反応が得られない場合はレンジを下げていきます。

ストップ&ゴーやフォールを交えながら中層くらいまでを探ると効果的。潮の流れが速い場所ではリトリーブを止めて、ドリフトさせるとバイトに持ち込めることがあります。

使用するロッドは胴に乗るアクションがおすすめで、アタリが出た場合、基本的に向こうアワセでフッキングします。

活性が高い状況ではフローティングミノーやシンキングペンシルで効率良くヒットに持ち込むことができます。中層狙いにはシンキングミノー、底付近ではメタルバイブレーションが有効です。

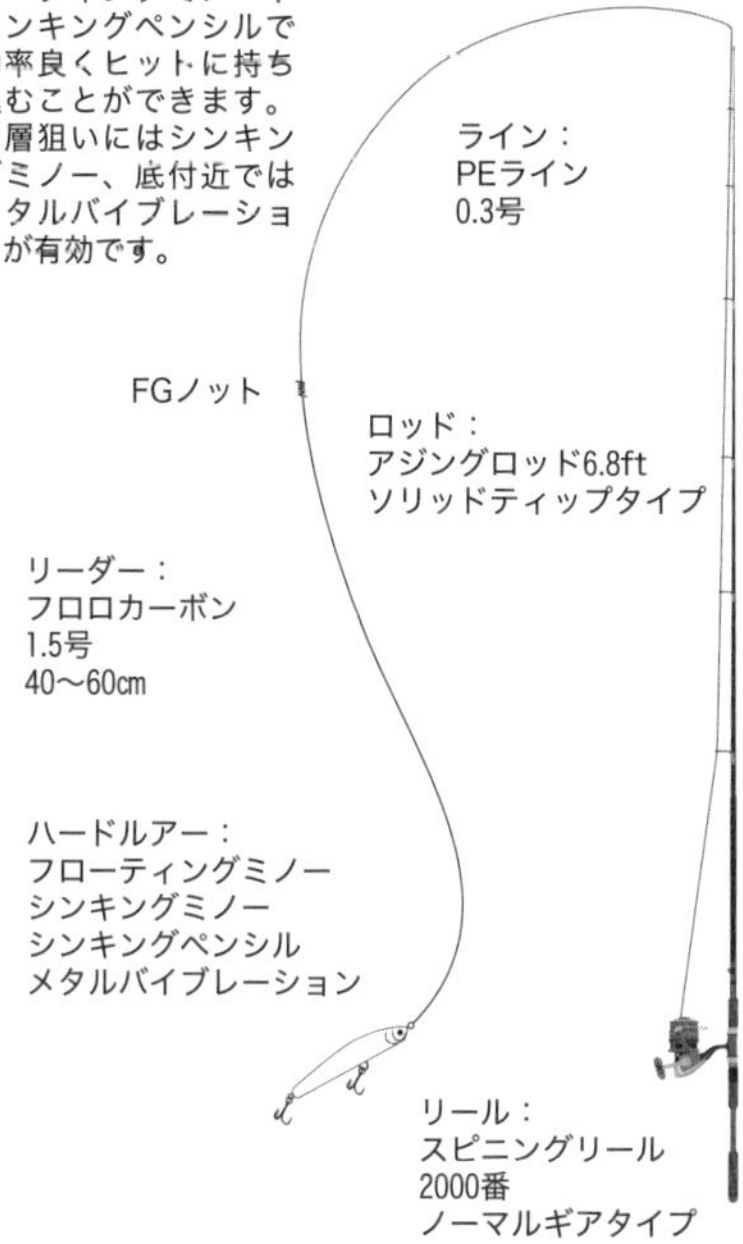

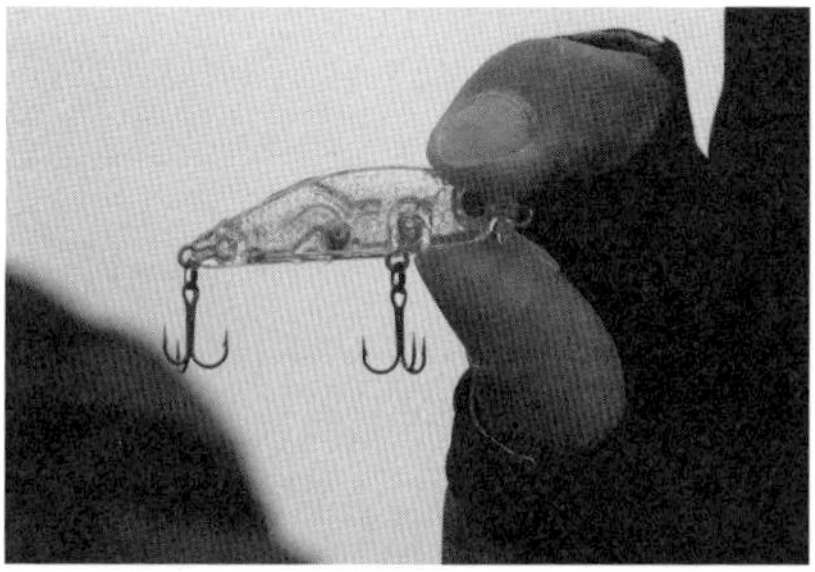

クリアーボディに赤いラメ入りのプラグは、海中を漂うアミの群れを演出できます。

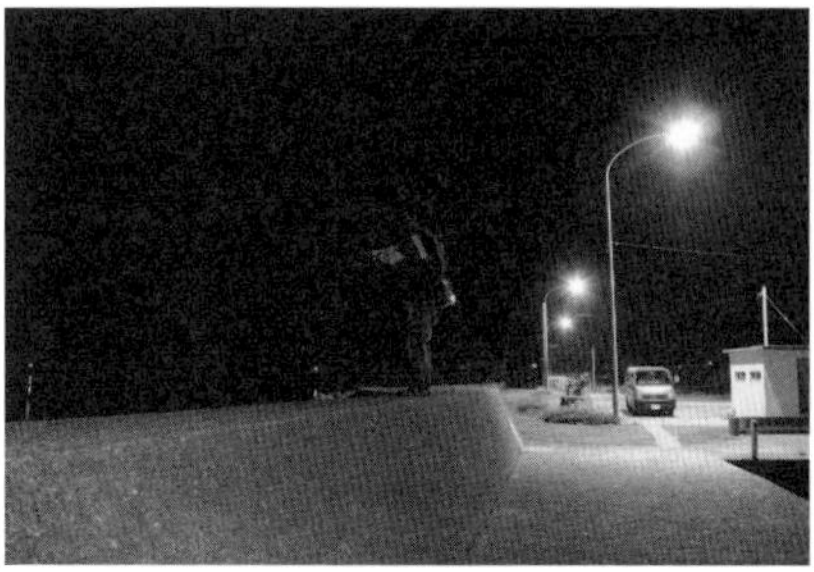

メバルが表層に浮いている可能性が高い夜は、フローティングミノーの出番。外灯が海面を照らしている場所では、明暗の境目を通すように引いてきましょう。

チヌ（クロダイ）

夏のチヌはアクティブで、プラグにもよく反応してくれます。トップで狙うもよし、ボトムで狙うもよし。いろんなルアーで反応を探ってみましょう。

チヌ（クロダイ）

ペンシルベイトに飛び出してきたチヌ。ナイトゲームではトップウォータールアーにもよく反応してくれます。

夏はトップが面白い

初夏から秋口にかけての水温が高い時期のチヌは、浅場をウロウロしていることが多く、夜間や朝夕のまづめ時は水面を意識していることも珍しくありません。そんな状況ではトップウォータープラグでのゲームを楽しむことができます。

おすすめのルアーはペンシルベイトとポッパーで、サイズは7㎝前後。活性が高いチヌに対しては連続的なアクションが有効なので、広い範囲をテンポ良く探ってみましょう。

チヌはルアーを見切ることが多いので、ルアーに近づいてきたチヌが見えても慌てて止めたりせず、同じリズムでアクションを続けた方がバイトに持ち込める確率が高くなります。

何らかの理由でトップに出るまでには至らなかったとしても、フローティングミノーのキビキビした動きが効くこともあります。

バイブレーションにヒットしたキビレチヌ。背びれと尾びれの先が黄色いキビレチヌは汽水域に近い場所でよく釣れます。

バイブレーションはリアクションバイトを誘発できるルアーなので、高速巻きも試してみましょう。

中層からボトムを攻める

トップで反応が得られないときは中層を狙います。中層をトレースするのに最適なシンキングミノーは、少しスローなリトリーブが効果的。トゥイッチングやジャークを入れた後のストップ＆ゴーも有効なテクニックです。

堤防に付着する貝類、海底に潜むカニ、エビなどを好んで捕食しているチヌには、高い潜行能力でボトムをノックできるクランクベイトも有効です。誘い方はタダ巻きでＯＫですが、クランクベイトの特徴である大きなリップが障害物に当たった瞬間に、ピタリとリトリーブを止めるのがキモ。ルアーが浮上を始めたタイミングが食わせの間となります。

同じくボトム付近を効率良く探れるルアーとしてバイブレーションがあります。バイブレーションの長所は抜群の飛距離とアピール力の高さ。手返しの良さが持ち味のルアーです。

使い方は簡単で、フリーフォールで着底させたら、なるべくボトムから離さないよう心掛けながらタダ巻きしてくるだけ。高速リトリーブでリアクションバイトが発生することがあるので、さまざまなリトリーブ速度を試してみましょう。

バイブレーションを使ったリフト＆フォールも有効で、フォール中とボトムを取った後のリフト時にバイトしてきます。リフトするときはルアーの振動を感じられるぐらい大きく煽ってやるのがコツです。

ルアーのカラーはクリア系が定番で、光量が多いときはメッキカラーやナチュラル系で良い反応を得られます。水が濁っていたり光量が少ないときはチャート系、パール系といった派手めのカラーがおすすめです。

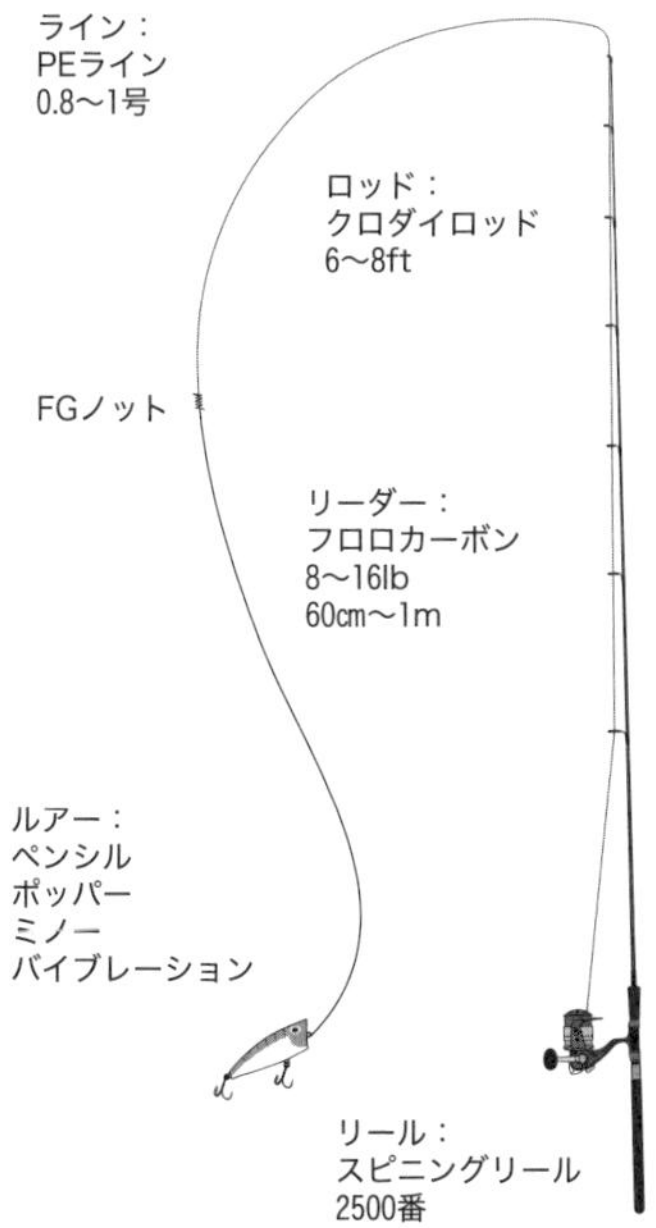

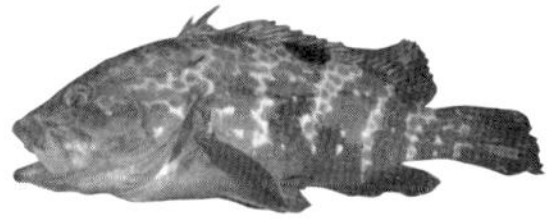

キジハタ

アカハタ

オオモンハタ

カサゴ

アイナメ

ロックフィッシュ

ワームを使った釣りの対象魚として主役級のターゲットとなっているロックフィッシュ。あえてプラグで狙うのは難易度が高いのですが、それが釣りの楽しさでもあります。

堤防でロックフィッシュが潜む場所は敷石の隙間など、人工的な構造物がメインとなります。

ミノーで狙えるタイミング

ロックフィッシュ(根魚)は根にベッタリと張り付いている魚で、寄ってきた小魚、カニ、エビなどを捕食している……というイメージは間違ってはいませんが、必ずしも正解ではありません。遊泳力が高いキジハタやオオモンハタは、朝夕のまづめ時や夜間は上層で捕食することがあるからです。ベイトの気配が感じられる状況は、高確率でロックフィッシュをキャッチできるチャンス。手返し良く釣ることができるプラグを積極的にキャストしてみましょう。

ベイトフィッシュの種類が分かれば、ミノーやシャッドを使ってマッチ・ザ・ベイトを実践します。これらはタダ巻きでも十分に釣れるルアーですが、リトリーブスピードの変化やトゥイッチを入れることで食わせの間を作ったり、ストップ&ゴーでリアクションバイトを誘うといった、テクニックを駆使できるルアーでもあります。

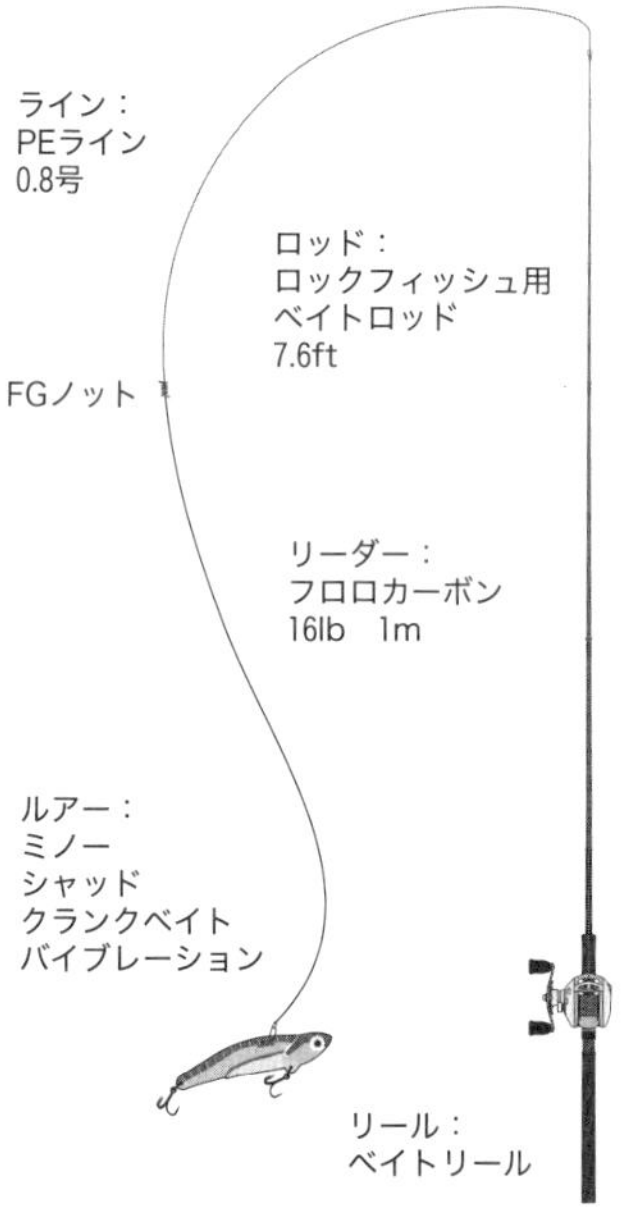

クランクベイトにヒットしたカサゴ。

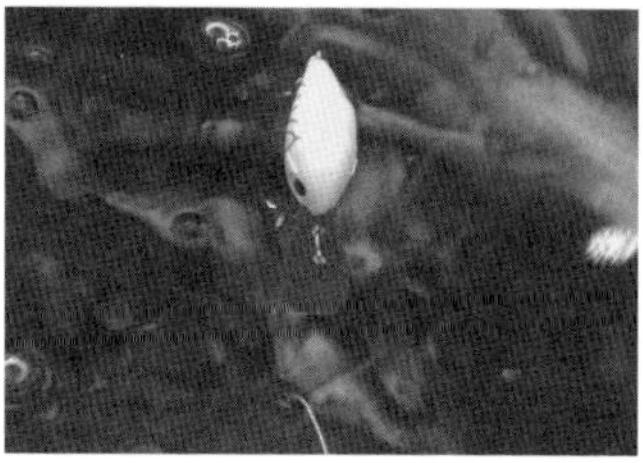
クランクベイトは見かけによらず、根掛かりしづらいルアーです。

クランクベイトで狙う

このところ一気に注目度が高まっているのは、高い潜行能力でボトムを直撃できるクランクベイトです。クランクベイトはバスフィッシングでは一般的なルアーですが、ロックフィッシュ専用モデルもあります。

クランクベイトの使い方には若干のコツがありますが、慣れてしまえば根掛かりのリスクはある程度軽減できます。

まずは投じたクランクベイトが着水したら、一気にリーリングしてボトムまで到達させることからスタート。そこからは同じ速度でリールのハンドルを回し続けます。

明らかに魚の反応ではない違和感を感じたら、根掛かりが発生する前にリーリングをストップ。その瞬間からルアーは浮上を始めて障害物を離脱します。また、このタイミングでアタリが出ることも少なくありません。

リップがコツコツとボトムを叩いているのを感じながらリーリングを続けていると、いきなりガツンと大きなアタリが出ます。トリプルフックをセットしているプラグは、ワームよりも圧倒的にフッキング率は高いので向こうアワセが決まりますが、ここで注意すべきは掛けた魚が根に逃げ込もうとすること。そうさせないために、一気にゴリ巻きしましょう。

さらに有効な釣り方は、リトリーブではなくロッドを水平方向にサビいてクランクベイトを泳がせる方法です。一度ボトムに到達したクランクベイトは、かなりスローなサビき方でもしっかりとボトムを叩いてくれるので、より丁寧な釣り方となります。

バイブレーションで狙う

中層からボトムを探るのに効果的なプラグといえばバイブレーション。バイブレーションは飛距離が出て、なおかつ波動やフラッシングによるアピール力が高いルアーなので、状況をチェックするためのルアーとして優秀です。

バイブレーションの使い方はタダ巻きが基本ですが、ロックフィッシュ狙いの場合は引いては落としを繰り返してボトムを攻めていきます。どうしても根掛かりが多くなる釣り方なので、フックはシングルフックかダブルフックに交換しましょう。

ヒラメ

マゴチ

フラットフィッシュ

ヒラメは全長80cm級にもなる肉食魚で、大型のヒラメは座布団級と表現されます。刺身が絶品の高級魚なので、食べる楽しみも大きな魚です。

狙う場所

チェックすべきポイントは船道、捨て石周り、消波ブロックの近く、カケアガリなど。船だまりや漁港の奥にも居着きのヒラメ・マゴチが潜んでいる可能性がありますが、まずは明確な地形変化がある場所を狙ってみましょう。

ヒラメは、その時々の自然条件に敏感で、天候や海の状況が釣果を大きく左右します。例えば同じようなナギであっても、晴れている日よりも曇っている日の方が好条件で、潮の色に関してはニゴリ潮より澄み潮が有望です。

外海に面した潮通しの良い堤防はベイトが多く、イワシ、ボラの稚魚、グチ、小サバ、アジ、サヨリ、ピンギスと呼ばれる小型のシロギスなどが季節ごとに回ってきます。ベイトの気配がある日は期待度が高く、特にカタクチイワシが大量に接岸してきたらビッグチャンスです。釣果情報にアンテナを張り巡らせ、釣れるタイミングを逃さないようにしましょう。

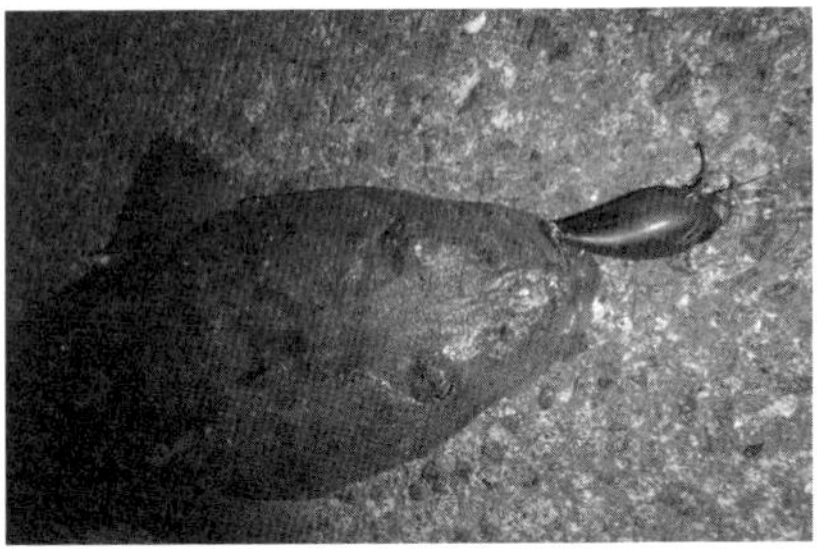

ボトムを叩かせていたクランクベイトを襲ってきたマゴチ。フラットフィッシュは海底付近を狙うのがセオリーです。

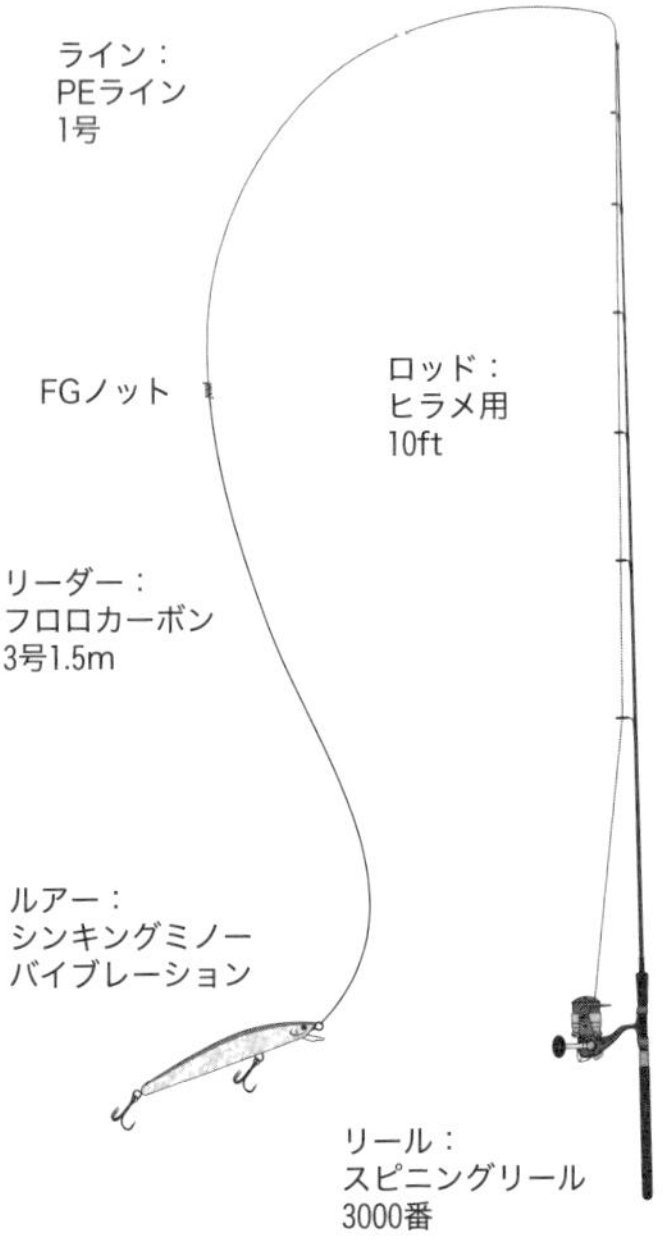

ミノーでの狙い方

堤防は一般的に足場が高く、水深が深いポイントも多いのですが、ヒラメ・マゴチが捕食しているレンジは主にボトムから中層までの範囲内。そのような条件を考慮すると、シンキングタイプのプラグが有利です。

主力となるルアーはタダ巻きでレンジをキープできるシンキングミノー、もしくはヘビーシンキングミノー。ミノーは速く引いたり、ロッドをサビくことでリアクションバイトを誘うこともできますが、泳ぎのバランスを崩すと逆効果となります。基本的な使い方はタダ巻きで、竿先を下げることによって深いレンジを引いてきます。手前のカケアガリでヒットすることが多いので、確実に足元まで引いてくるよう心掛けましょう。

サーフでの釣果で、使用したルアーはフローティングミノー。堤防は水深があるので、シンキングミノーの方が有利です。

バイブレーションでの狙い方

活性が高い個体から効率良く狙っていくのなら、遠投が可能で広範囲を探れるバイブレーションが威力を発揮します。ヒラメ・マゴチはバイブレーションのような単調なアクションのルアーにもよく反応してくれますが、根掛かりしやすいルアーなのでダブルフックに交換しておくことをおすすめします。

バイブレーションのアクションの付け方は基本的に同じ速度をキープしたタダ巻きです。高活性のヒラメに関しては、ルアーをやや速めに引いた方が反応が良く、フッキングも決まりやすいでしょう。

縦方向の誘いで狙う場合は、ボトムから中層まで巻き上げて再びフォールするリフト＆フォールが有効です。ヒラメ・マゴチは弱って上から落ちてくるベイトを捕食するので、ぜひ試してみたいアクションです。

確実にボトムを攻略できるバイブレーションは欠かせないルアーといえるでしょう。

プラグを使うために必要な知識

**プラグを使った釣りを楽しむために、
おろそかにできないのがラインとの接続です。
ルアーのアイに直接リーダーを結ぶより、
もっと有効な方法があります。**

ラインとプラグの接続

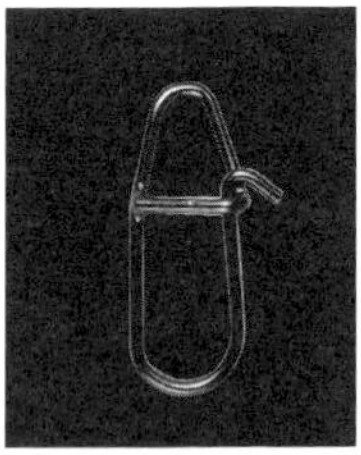

高い強度と耐久性を誇るima／パワフルスナップ。上の部分にリーダーを結び、下の部分はルアーのアイに通す構造です。

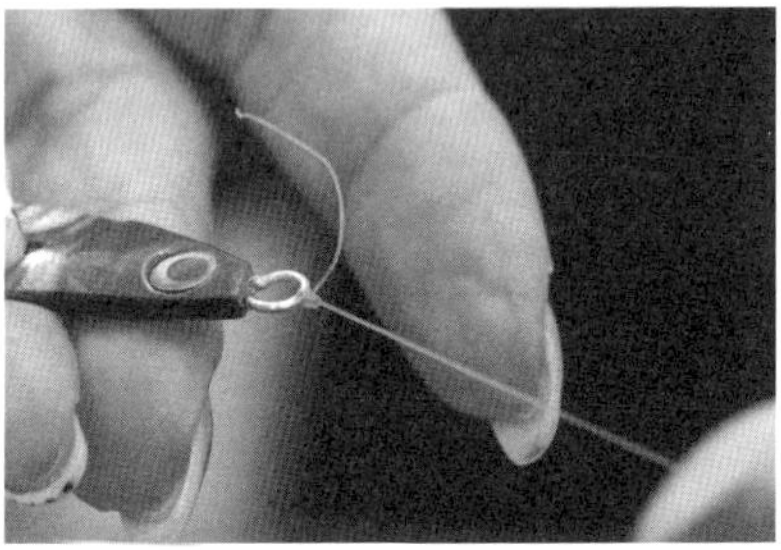

アイに直接リーダーを結ぶパターンからは卒業しましょう。

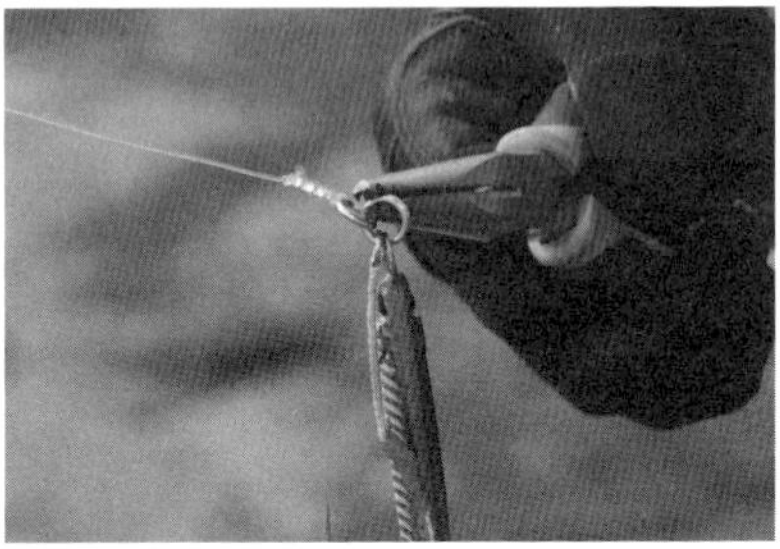

大型の青物を狙うショアジギングでは、スプリットリングが必需品です。

　多くのアングラーに愛用されているスナップは、針金を丸めたような形をした小さなアイテム。ラインとプラグの接続にスナップを使うメリットは、何といってもルアーの交換がスピーディーにできることです。

　スナップは簡単に開閉できる構造となっていて、そこにルアーのアイを通すという仕組み。シーバスのように小まめにルアーを交換する釣りでは必需品で、急にナブラが出てルアー交換をしたいケースでもすぐに対応できます。結び直す必要がないということは、何回ルアーをチェンジしてもリーダーが短くならないということで、使わない手はないでしょう。

　実はスナップを使う最大のメリットは、ルアーのアクションを最大限に活かせるという点。リーダーをルアーのアイに直接結ぶと、結んだ箇所の遊びがなくなり、ルアー本来のアクションを損なってしまう恐れがありますが、スナップを介することにより遊びが生まれ、本来のルアーのアクションが活かせるようになります。

　大型の青物を狙うショアジギングやキャスティングゲームでは、スナップではなくスプリットリングを介してリーダーと接続します。その理由は、やりとりの最中にスナップが開いたり伸びたりする可能性があるから。強度重視の選択がスプリットリングということです。

エギはもともと漁師がイカを捕るために使う漁具でしたが、エギを使った釣りは現在では全国的に大人気。イカ釣りには魚釣りとは違う面白さがあります。

【エギング】エギでイカを狙ってみよう

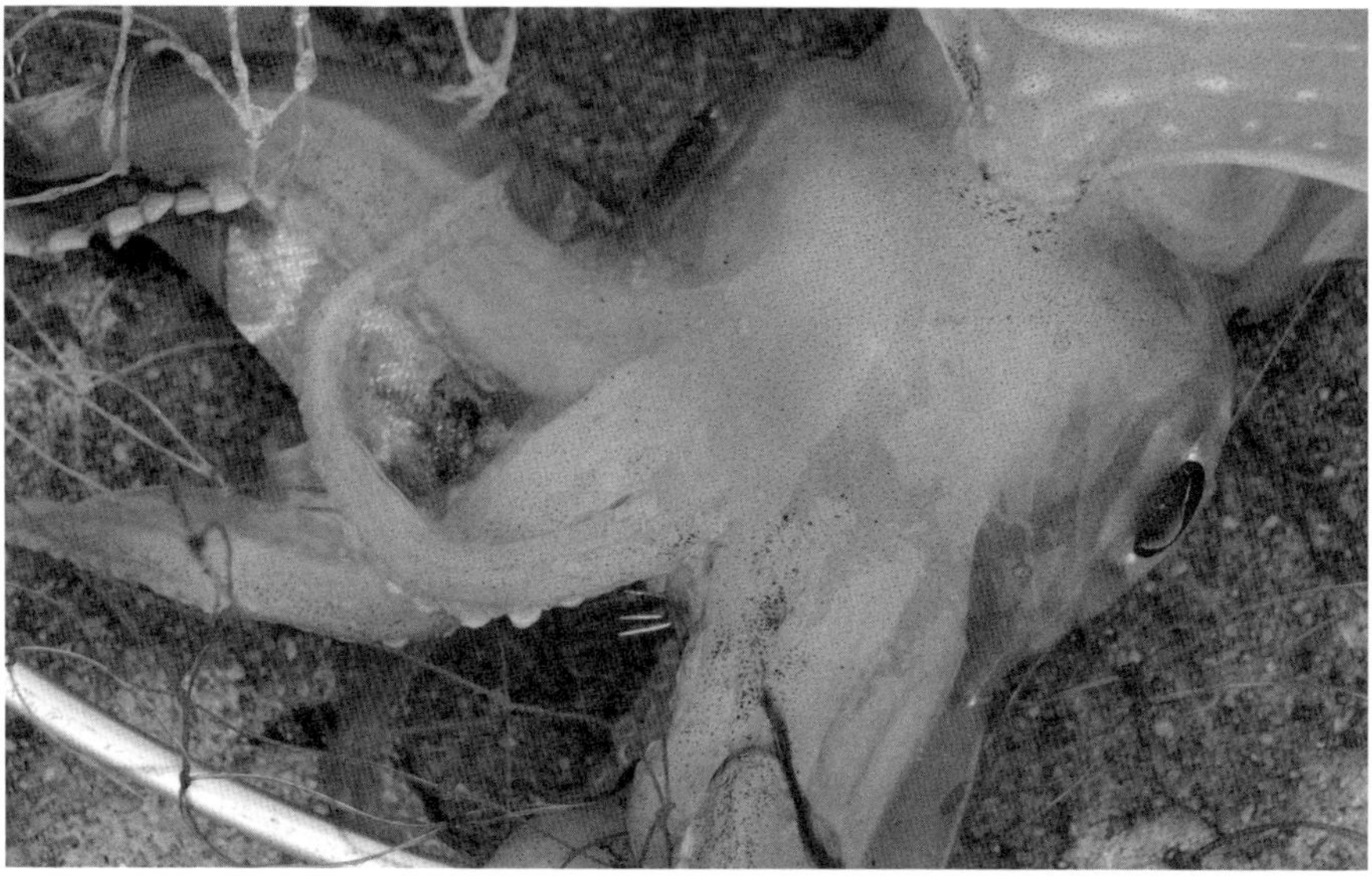

エギとは

**エギは、約300年前に誕生したといわれる日本の伝統的な漁具。
今ではエギングというゲームへと発展を遂げ、
堤防から楽しまれています。**

アオリイカに何度も襲われて上布がボロボロになったエギ。
この傷こそ釣れるエギの証です。

エギの歴史と形状

　日本最古のエギとして鹿児島県の西表島、屋久島、種子島で江戸時代に作られたものが発見されています。その後エギのデザインは、大分型、山川型、五島型、山陰型、紀州型などに分かれていき、現在でも残っているエギの形状は大分型、山川型の2種類です。

　現在、エギの主流派となっている大分型は、ヘッドがスリムでボディのシルエットがシャープ。そのためシャクリの軽さとキレの良いダートアクションが特徴となっています。

　山川型はエギの中心部から後方にかけての浮力が高いのが特徴で、縦方向に跳ねるアクションを得意としています。潮乗りが良く、流れの速い場所でも操作性が高いデザインです。

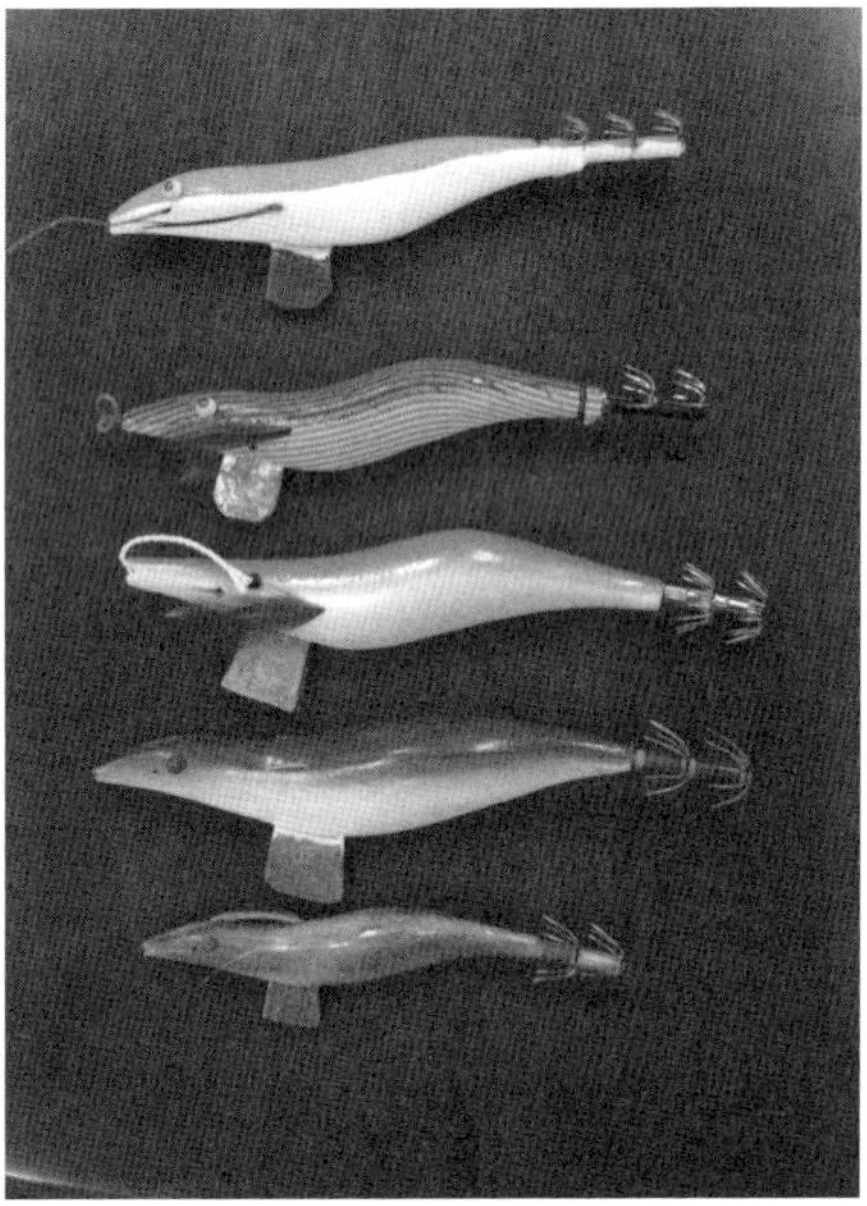

日本の漁具である餌木がエギになり、誰もが手軽にイカ釣りを楽しめるようになりました。

エギの構造

市販されているエギのボディ本体は樹脂製のものが主流で、一部の製品は木材にこだわって作られています。樹脂製エギは耐久性に優れ、ルアーで培われた技術を取り入れるなどして、アクション自体もここ20年で大きく進歩しています。

そのボディに赤や金のテープを巻き、さらにその上に色の付いた布を巻いた構成が一般的。上布の定番色は視認性が高いピンクとオレンジです。

ボディの側面に取り付けられているのは、姿勢を安定させる鳥の羽根。これはシャクられたエギの勢いを制御する大事なパーツです。

ラインは金属製のアイに結ぶパターン

現在のエギはボディが樹脂製になり、ますますよく釣れるアクションが追及されています。

が主流になっていて、かつての紐式は淘汰されましたが、フックは昔ながらのカンナ（傘バリ）と呼ばれるイカ専用のものが付属します。

最終的にエギのアクションを決定する重要なパーツがシンカーです。仮にボディが全く同じであっても、どの位置にどんな形状のシンカーがセットされるかで、アクションや沈下速度に違いが生じます。

重要なのは沈下速度

キャスト後、まずは海底までエギを沈めて、シャクリによる激しいアクションでイカをやる気にさせ、フォールで抱かせるのがエギングの基本。そんなエギングにおいて、エギの沈下速度の使い分けは非常に重要で、状況にマッチした沈下速度のエギを選ぶことが常識となっています。

エギのパッケージには○秒／mという表記がありますが、これは1m沈下させるのに何秒かかるのかの目安です。なおかつ、メーカーによってはディープ（2秒/m程度）、ノーマル（3秒/m）、シャロー（6秒/m）、スーパーシャロー（8秒/m）といった表記もあるので、それを参考にエギ

攻撃態勢のアオリイカ。フォール中のエギに近づいてくるアオリイカに対し、違和感を与えないのがエギングのコツです。

を選びましょう。

誤ったエギチョイスの一例として、水深が浅いポイントで沈下速度が速いエギを使うと、あっという間に着底するためイカがエギを抱く間がないばかりか、逆に違和感を与えたり、根掛かりが多発することになりかねません。

また反対に、潮が速いディープエリアで沈下の遅いエギを選んでしまうと、潮に流されていくばかりで、いつまでたっても着底させることができません。

エギのサイズについて

アオリイカの一生は、個体差はありますがわずか1年ほど。
秋にはコロッケサイズだった個体が春には2kg級にまで成長します。
エギのサイズは季節によって使い分けましょう。

3.5号のエギにヒットした100g級のアオリイカ。エギが大きいからといって、小さいイカが釣れないわけではありません。

標準は3.5号

エギのボディの大きさは号数で表され、1号は1寸（約3cm）で換算されています。メーカーによっては2.8号や3.8号という特殊な規格のエギもありますが、一般的なエギのサイズは2.5号（7.5cm）、3号（9cm）、3.5号（10.5cm）、4号（12cm）と0.5号刻み。

ヒイカ、ツツイカ用には1.5号、1.8号、2号、2.2号と極小サイズがあり、離島の大物狙い用として4.5号や5号のエギもあります。要するにエギは、狙うイカのサイズに合わせて、さまざまな号数が使い分けられているということです。

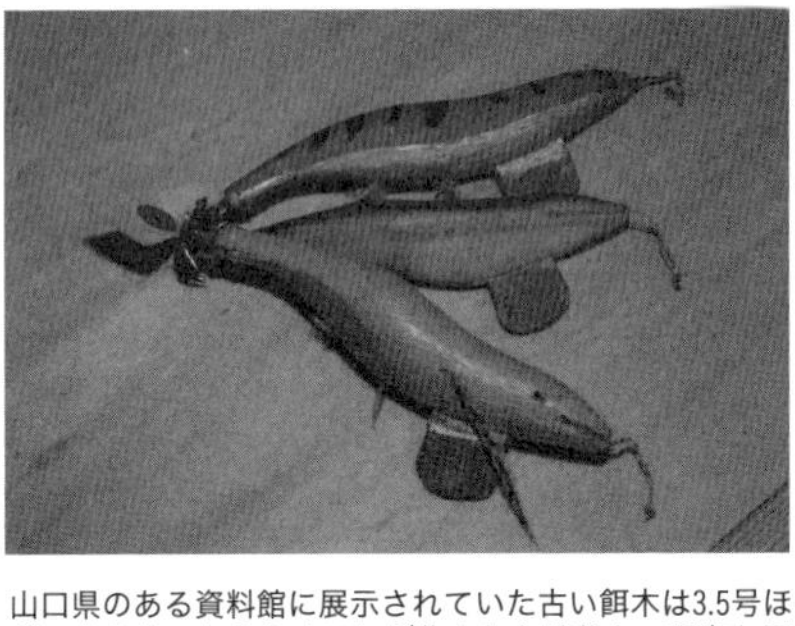

山口県のある資料館に展示されていた古い餌木は3.5号ほどの大きさ。おそらくこれが作られた時代も、現在と同じ大きさのアオリイカを狙っていたはずです。

アオリイカ狙いで使用されるエギの標準サイズは3.5号となっています。これはアオリイカのサイズが500gを超えてくる晩秋から、親イカとなる春まで使用できる号数だからです。

例年9〜10月ごろになると、漁港周辺でも見かけることができるコロッケサイズのアオリイカ。このサイズと遊ぶなら2.5号のエギが最適です。

号数の選び方

標準サイズよりも小さい3号は3.5号のエギを抱ききれないケースで使われますが、2.5号は、秋イカシーズン序盤のまだ小さいイカにマッチする期間限定のサイズです。逆に大型の4号エギは、大物を狙うためということもありますが、超遠投が必要な釣り場で選ばれているケースも少なくありません。

イカの反応がないときはエギを小さくしたり、大きくしたりすると、沈下速度やシルエットの違いもあって釣れる可能性はあり、カラーローテーションとともに、サイズローテーションも戦略の一つとして持っておいてもよいでしょう。

通常のエギングタックルではキャストできない2号のエギですが、ダウンショットリグを組めば遠投が可能。コウイカ狙いには有効なリグです。

エギの自重は各メーカーとも製品によって異なりますが、沈下速度がノーマルの場合2.5号は約10g、3号は約15g、3.5号は約20g、4号は約25g。異なるジャンルのロッドをエギングに流用する場合は、この数字を目安にします。

アピールカラーとナチュラルカラー

イカは色盲で、モノクロの世界で生きているというのが有力な説となっています。しかしそれでもエギのカラーにこだわるのが釣り人です。

見逃せない下地テープ

釣具店の店頭には多くの種類のエギが並び、それぞれに多彩なカラーバリエーションが展開されています。その理由は釣り人の要望。より釣果が上がるカラーが求められてきた結果と言えるでしょう。エギのカラーを構成するのは上布と、下地となっているテープです。

上布の隙間から覗いてみると、下地となっているテープのカラーが見えますが、このテープは反射をしたり発光をする役割を果たしています。夜光ボディやケイムラボディなどと表記されているのは、テープのカラーのことを指しています。

主要なテープの色は金、銀、マーブル、ホロ、赤、ケイムラ、グロー(蓄光)など。フラッシングの違いによるアピール度の強弱はプラグでも重要視されているように、決して見逃せない要素となっています。

テープの色は、そのときの明るさによって使い分けるのがセオリーで、例えばピーカンの日中ならしっかりと光る金テープの実績が高く、夜間ならシルエットが明確になるレッドが良いとされています。

日中に最も目立つ下地テープの色は銀テープですが、ハイアピールだからといって、イカに好まれるとは限りません。警戒されては逆効果なので、さまざまなテープがあるというのが実情。そうした意味では、何色かのカラーが入り混じっているマーブルテープは、何が正解か分からない状況で頼りになるカラーといえるでしょう。

ケイムラは紫外線による発光が特徴ですが、フラッシングによるアピールはできないので、イカがスレている状況でも効果を期待できます。グローはUVライトを当てると、ボディが蓄光して発光するので闇夜の中でアピール力を発揮します。

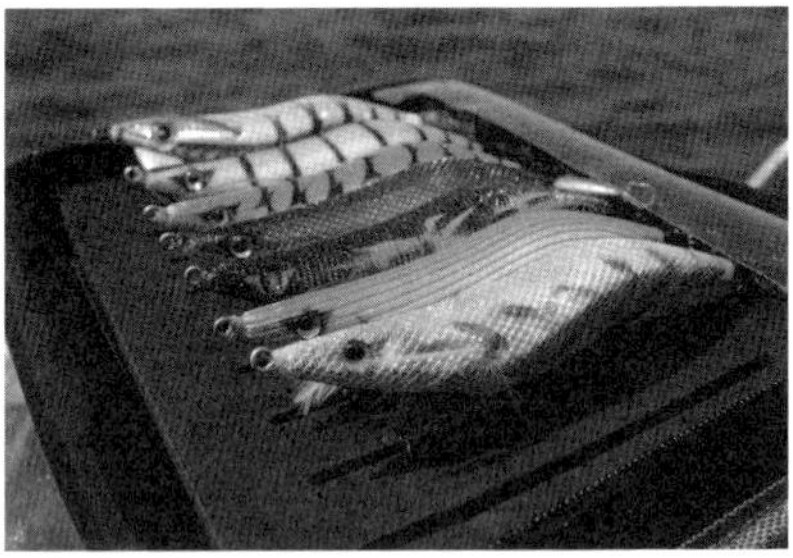

カラーローテーションもエギングの楽しみの一つです。どのカラーがアタリなのかを試してみましょう。

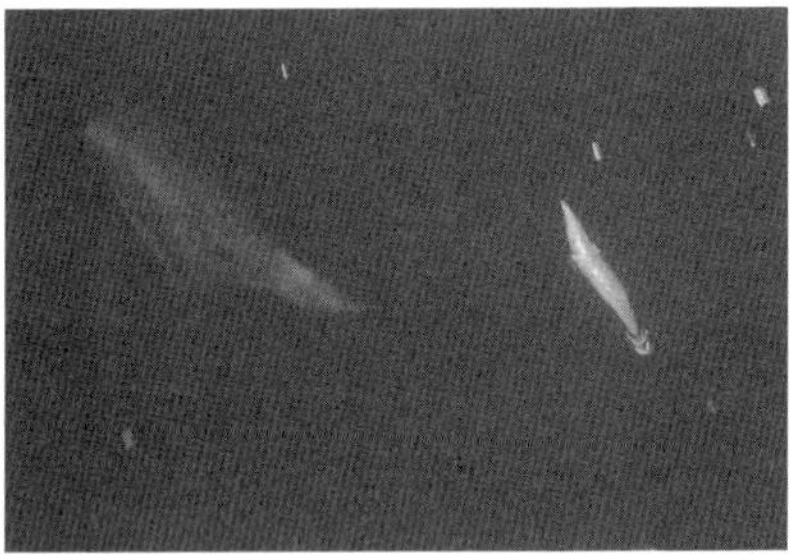

エギのカラーとして一般的なのは視認性が高いオレンジとピンク。何といっても見やすく、エギの位置を見失いません。

ナチュラル系のカラーを主体に整理されたエギケース。

上布について

上布を選ぶ基準は潮の色とされています。海が濁っているときはオレンジやピンクなどのアピールカラーを、潮が澄んでいたら違和感を与えないようにブラウン系、グリーン系、ブルー系といったナチュラルカラーをチョイスするということです。

ただし天候や時間帯、釣り人の多さによるプレッシャーなども考えてカラーをチョイスする必要もあり、何が正解なのかは難しいところ。

仮にカラーローテーションという戦略を組み立てるなら、その日の1投目は、エギの存在に気付いてもらうためにアピールカラーから投げてみます。これで食い気があるイカがいれば抱いてくる可能性は高いのですが、しばらく同じエギで誘っても反応がないなら、次の一手を考えなければなりません。

アピール力が高いカラーを投げ続けるとスレてしまうので、ナチュラル系のエギにチェンジするということになります。

同じ釣り場でも明るさによって有効なカラーが異なってきます。夜間のエギングではグローの下地が有効。

海中での視認性が高くシルエットが強めのアピール系、ダイワ／エメラルダス フォールLC ラトル赤-ピンクイエローアジ。

澄んだ水の中で違和感を与えづらいナチュラル系、ダイワ／エメラルダス フォールLC 金-キン&オレンジアジ。

ターゲット別狙い方

**エギを抱いてくるイカはアオリイカだけではありません。
イカの種類ごとに有効なエギのアクションがあることを知れば、
エギングがもっと楽しい釣りとなるでしょう。**

アオリイカ

甘くてねっとりした食感からイカの王様と呼ばれるアオリイカはエギングの主役。大きなものは2kgを超え、そのファイトも強烈です。

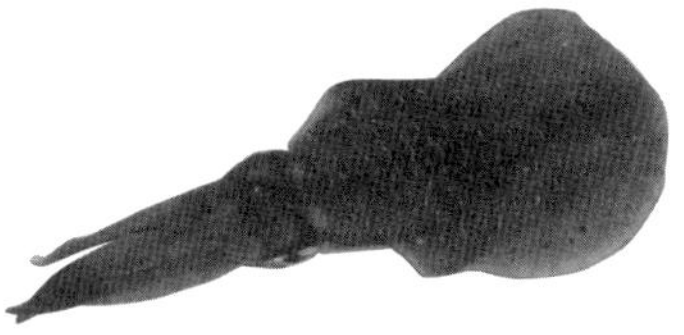

アオリイカ

釣れる時期と狙う場所

アオリイカは暖かい水を好む傾向があり、海水温が20〜25℃の範囲で活性が高くなります。エギングの好期となるのは、親イカが産卵のために岸に近づいてくる春と、その年に生まれた子イカが釣りの対象となるリイズまで成長してくる秋。春は大物、秋は数釣りを期待できます。日中でも夜間でも釣れますが、活発に捕食を行っている時間帯は朝まづめと夕まづめです。

春は産卵場所となる藻場の周辺や、その沖のカケアガリ、ベイトが豊富な潮通しの良い場所が狙い目。遊泳能力が未熟な秋の小型は、流れ藻の下や港内のロープの周辺、テトラ付近など、身を潜められる場所を好む傾向があります。

エギを抱いてきた2kgオーバーのアオリイカ。

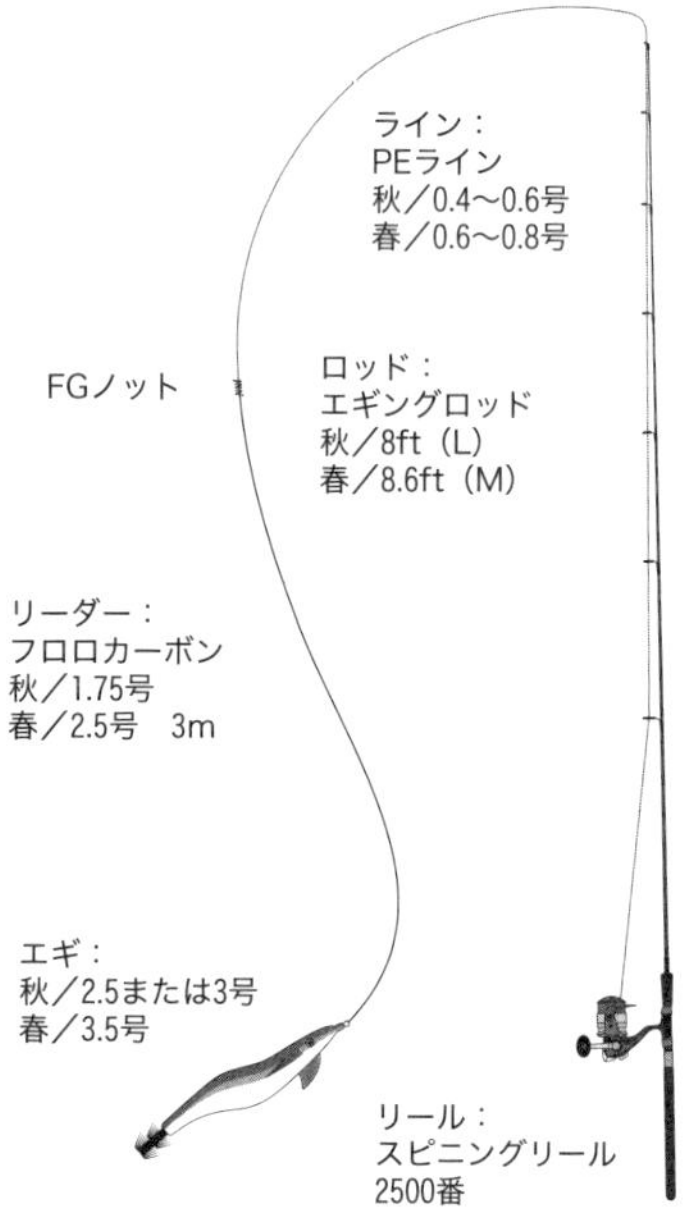

ヒットしたアオリイカはジェット噴射で激しく抵抗します。ドラグが強すぎると身切れを起こすので要注意。

エギを抱いてくるのはフォール中。違和感を与えないよう静かに待ちましょう。

釣り方

エギの存在をアピールし、イカに興味を持たせる「シャクリ」、抱かせるための間を与える「フォール」、そして着底。これらをひとつのサイクルとして、エギを足元まで引いてくるのが基本パターン。ヒットするタイミングはフォール中がほとんどです。

まずは沖に向かって投げたエギを沈めていき、着底したらすぐにシャクり始めます。エギのシャクり方は、ロッドを上方に向かって素早く起こす動作が基本で、シャクり終えたら直ちに糸フケを巻き取ります。この動作を連続的に行うことで、海中のエギを高く跳ね上げることができます

イカがエギに興味を示せば、フォール中にスーッと間合いを詰めてきて、最終的にエギを抱きます。一般的なエギは、ラインにテンションが掛かっていなければ頭部を斜め下に向けてフォールしていきますが、これこそが抱いてきやすい姿勢。ラインを張りすぎて上向きになってしまったり、フォール中に不用意に動かしてしまうと違和感を与えます。

アタリはラインを通して表れますが、違和感があったら即フッキングでＯＫ。ヒット後はカンナが外れないように、ラインにテンションを掛けたまま寄せてきましょう。

忘れてはならないのは、釣りを開始する前にドラグを設定しておくことです。ドラグが強すぎると掛けたイカを身切れでバラしやすく、弱すぎるとフッキングが決まりません。シャクったときににドラグがジッという短い音を発する程度を目安に設定するとよいでしょう。

エギのサイズや色を替えながら、その日のヒットパターンを見つけましょう。

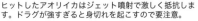

コウイカ

コウイカはスミイカとも呼ばれ、食材としての知名度は抜群。都会でも出合えるイカで、春の主役となっている地域もあります。

コウイカ

アオリイカ用のエギにヒットしたコウイカ。場所によってはアオリイカとコウイカの両方が交じることもあります。

釣れる場所と時期

アオリイカに比べると砂泥地を好む傾向があるコウイカの仲間（コウイカ、カミナリイカ、シリヤケイカ）は、比較的水質が悪いエリアでも釣果を期待でき、漁港や岸壁など外海に面していない場所でも実績が上がっています。黒々としたスミを大量に吐くので、真新しいスミ跡があれば好調なポイントと判断できるでしょう。

コウイカ、シリヤケイカ、モンゴウイカの順で好期を迎えていきますが、概ねコウイカ類のベストシーズンは産卵のために浅場に入ってくる3〜6月で、この時期は数も型もよく釣れます。また時間帯も重要で、日中よりも夕まづめから夜の方が好釣果を期待できます。

確実に釣果を上げたいならキビナゴを巻いたスッテも有効です。

釣り方

コウイカもアオリイカ用のエギを抱いてきますが、上層までシャクり上げて誘う必要はありません。アオリイカほど活発に回遊せず、海底で甲殻類や小魚を捕食しているので、エギをボトムからあまり離さないことが肝心。船道のような地形の変化や足元の際にいることが多いので、ここぞというスポットではじっくりと探ってみましょう。

アオリイカの可能性を捨てて、コウイカだけに狙いを絞るなら、素早くボトムを取ることができるリグを組むのが得策。エギのアイにナス型のシンカーをセットするアゴリグや、ダウンショットリグに2.5〜3号のエギの組み合わせで狙うとよいでしょう。

いずれのリグを使う場合も、キャストしたら確実に着底させて、ズル引きするのが基本。ストップ&ゴーでエギを抱かせるための間を作ります。コウイカはアオリイカに比べると身が硬くて足も短いので、アタリが出たらしっかりとアワセを入れてフッキングを決めましょう。

キャッチしたコウイカにスミを吐かさせないためには、すぐにシメてしまうこと。専用のイカ締めピックを用意しておくと便利です。

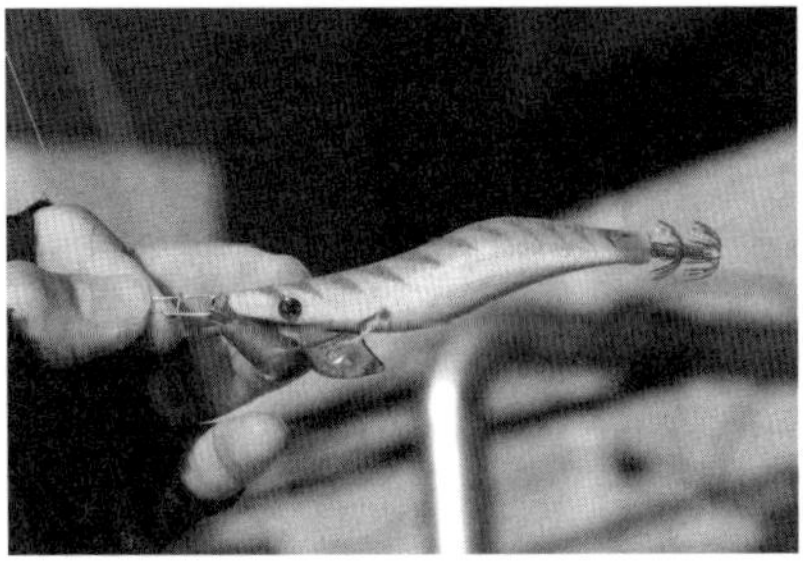

エギのアイにナス型オモリをセットした通称アゴリグ。

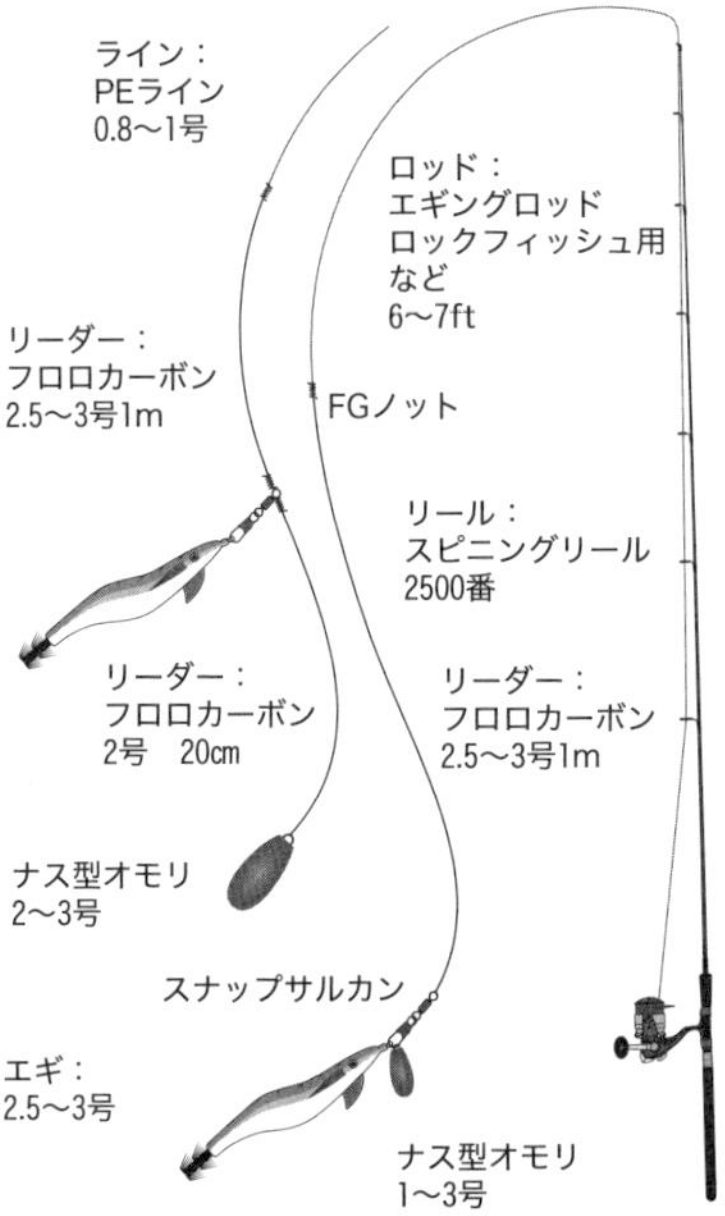

ヒイカ

ヒイカは堤防から狙って釣れるイカの中では最小。しかし好奇心の強いイカなのでゲーム性が高く、食べておいしいターゲットです。

ヒイカ

釣れる時期と場所

低水温を好むイカで、地域にもよりますが、11月から4月ごろの水温が低い時期が本番となります。

ヒイカは夜行性なので夜釣りが基本。釣れる場所は潮通しの良い外海に面した堤防より、港湾部にある波穏やかなポイントです。アジングを楽しめるような常夜灯周りに回遊してくることが多いので、そのようなポイントで狙ってみましょう。

釣り方

ヒイカは全長が15cm程度しかないので、使用するエギも小さくしなければなりません。使いやすいのは各社からリリースされているヒイカ狙い専用のエギで、サイズは1.5〜2号。ノーマルタイプのほかに、ディープタイプとシャロータイプを用意しておけば状況にマッチした釣り方を楽しめます。

誘い方はアオリイカ狙いのエギングを繊細にしたイメージで、チョンチョンと小さくシャクって、フォールで抱かせます。アオリイカ用のロッドでは小型のエギは操作しづらいので、7ftクラスのメバリングロッド、もしくはアジングロッドを流用するのがおすすめです。

群れで回遊しているヒイカを手返し良くキャッチしていくのがこの釣りのだいご味なので、まずはやる気のあるイカを期待して、表層付近から探っていきましょう。

冬の夜のお楽しみはヒイカエギング。メバリングロッドを流用して手軽にチャレンジしてみましょう。

ヒイカ狙いの専用のエギ、ヤマシタ／ナオリー レンジハンター ベーシック。

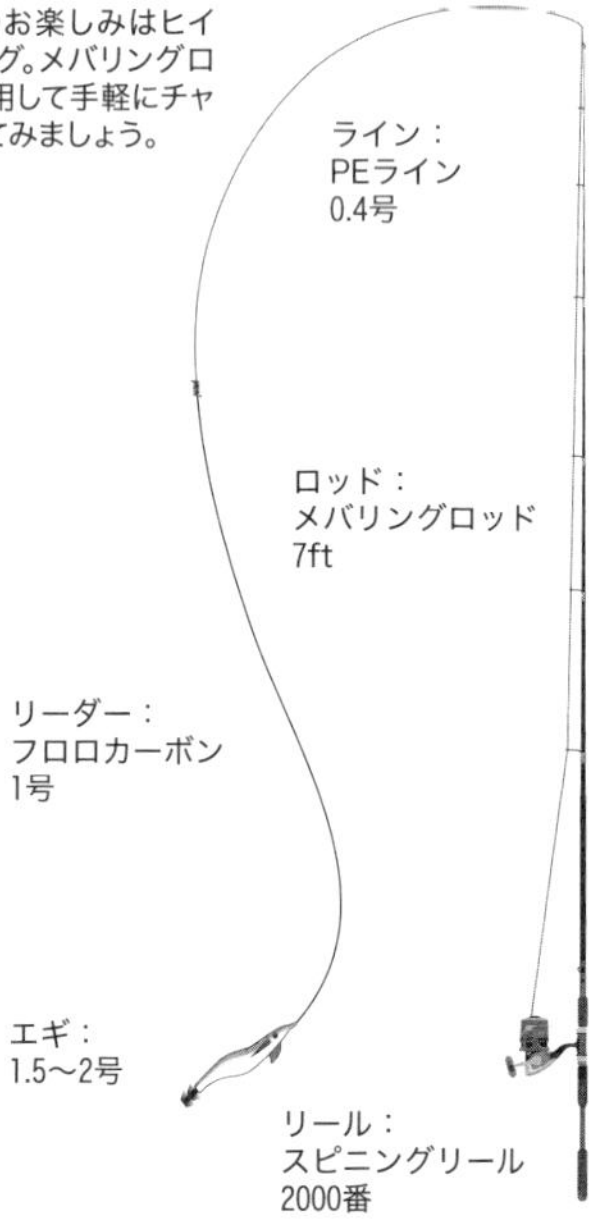

ヤリイカ

冬の夜の主役はヤリイカです。パターンにハマれば数を稼げるこの釣りで、美味しい思いをしましょう。

ヤリイカ

釣れる時期と場所

古くからエサ巻きスッテを使ったウキ釣りのターゲットとして親しまれてきたヤリイカもエギで狙うことができます。

好シーズンは産卵のために接岸してくる冬場。有望な時間帯は夕まづめから夜間にかけてで、満潮・干潮の潮止まり前後もチャンスとなります。

過去に釣れた実績があるポイントには、例年同じ時期に群れが入ってくることを期待できます。基本的に潮通しの良いことが好ポイントの条件で、それに加えて常夜灯があれば、狙いどころを絞りやすくなります。いずれにしても回遊してこなければ望み薄なので、釣果情報を入手できたらすぐに行動を開始しましょう。

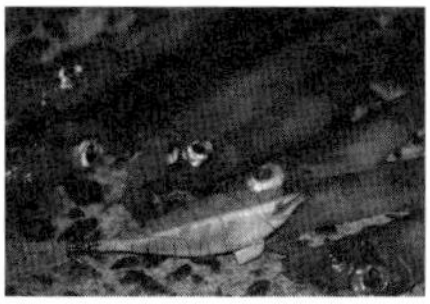

群れが回ってきていれば、数釣りも期待できます。

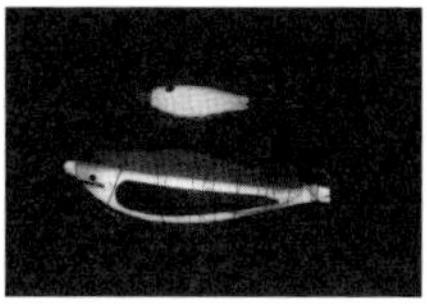

実績が高いグロー系のエギを用意しましょう。

釣り方

使用するエギは3〜3.5号で、グロー系やラトル入りなど、アピール力に特化したものがおすすめ。しっかりと抱かせることができるエサ巻きエギに、キビナゴや鶏のササミをセットするのも効果的です。

釣り方の基本はカウントダウンで沈めていき、軽く2〜3回シャクってフォールというパターン。アタリが出たレンジを重点的に狙うことで数を稼げます。アオリイカに比べると警戒心が強く、なおかつタテの動きに反応しやすいという傾向があるので、エギがダートするほど激しくシャクる必要はありません。

アオリイカのような強い引きはしませんが、抜き上げる際に外れることがあるのでタモを用意しておくとよいでしょう。

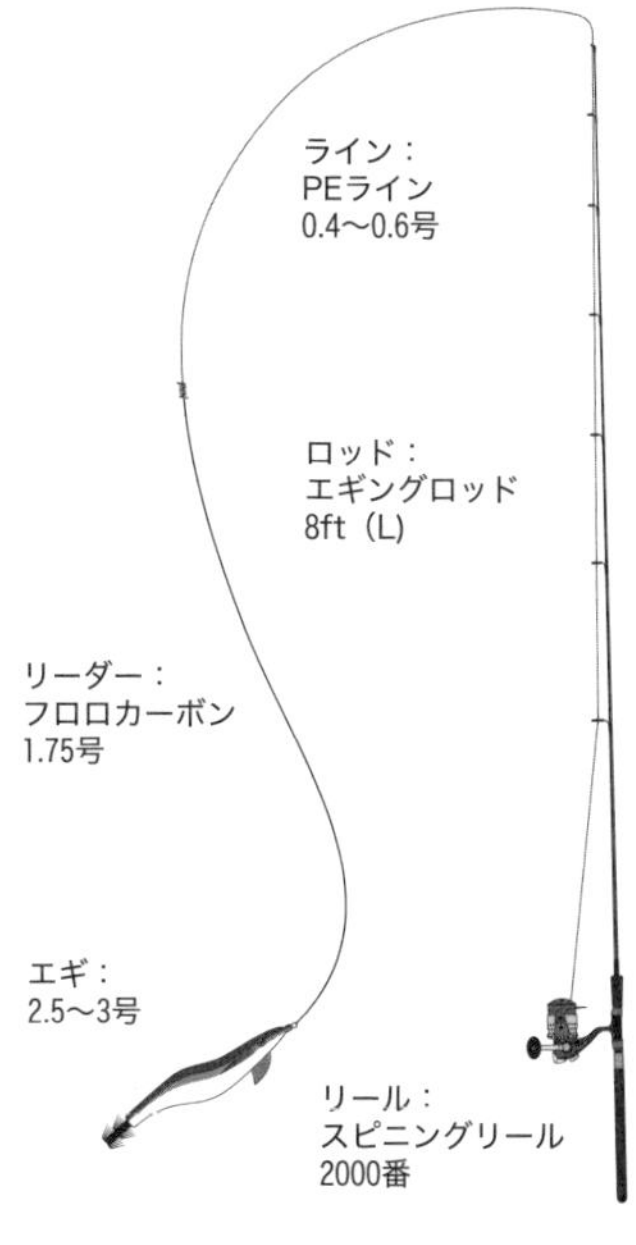

エギのメンテナンス

エギングを楽しんだ後は、イカの刺身を食べて大満足。
でも何か忘れてはいませんか？
使ったエギのメンテナンスを怠ると、大変なことになってしまいます。

メンテナンスが必要な理由

海水には塩分が含まれているので、釣りを終えた後にそのままの状態でエギを放っておくとカンナ(傘バリ)がサビてしまうことがあります。カンナの劣化を防いで、エギを長持ちさせるために、釣行後は毎回必ずメンテナンスを行うように心がけましょう。

塩抜きの手順

この作業を行う目的は塩分を抜くことです。準備段階として、ぬるま湯をタライやバケツに張り、食器用洗剤を数滴入れます。お湯全体を少し泡立てたら、使用したエギを投入してください。

まずは毛が柔らかい歯ブラシを使って、ボディとカンナを優しくブラッシング。その作業が終わったら、完全に塩分を抜くために、浸けたまま20〜30分放置します。あとは流水で洗剤の成分をよく洗い流し、風通しの良い日陰で乾かせば完了です。

ぬるま湯に浸けているエギ。ブラッシングするための毛が軟らかい歯ブラシを用意しておきましょう。

流水で洗剤の成分を完全に流し終えたら、風通しの良い場所で乾燥させます。

ちなみにPEラインもぬるま湯に浸けることで塩分を除去できますが、これをリールのスプールごとやってしまうとグリスが抜けるので要注意。面倒でも別のスプールに巻き替えてから浸けてください。

カンナのメンテナンス

釣果に直接影響を与えるのはカンナ。開いたり閉じたりしてしまったカンナではきちんとフッキングできませんので、カンナチューナーというアイテムを使って元の状態に戻しておきましょう。イカの身は軟らかいので、そこまで神経質になる必要はありませんが、ハリ先の鋭さが著しく損なわれていると感じたら、フックシャープナーを使って研ぐこともできます。

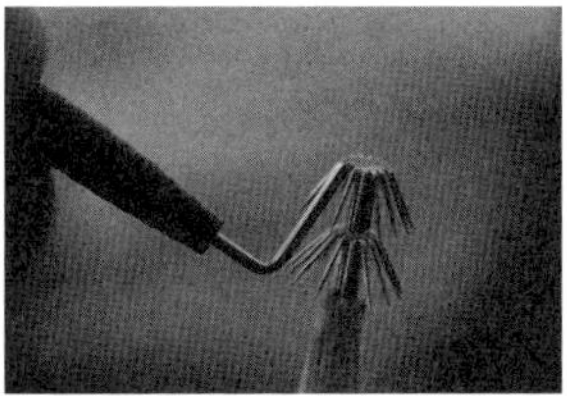

カンナチューナーを使って、内側や外側に曲がったカンナの修正をしておきましょう。

ロッドを振ってルアーを投げることをキャストと言います。堤防からのルアー釣りにはほとんどの場合キャストが伴うので、正しい投げ方を身に付けましょう。

正しいルアーの投げ方を身に付けよう

投げる準備

正しいキャストを覚える前に、まずは正しいタックルの持ち方を身に付けましょう。

タックルは利き手で持っても、逆の手で持っても問題ありません。自分の持ちやすい方でよいですが、キャストが伴う陸からの釣りでは、利き手で持つ人が多数を占めます。例えば右利きの人であれば右手で持つことになります。

本章では右利きの人が利き手でタックルを持つことを前提にして解説していきます。

注意事項

フックの付いたルアーを投げるわけですから、キャストには危険が伴います。キャストするときには、人や物などがないか必ず後方や横を確認することが重要です。

万が一、フックを人に引っ掛けた状態でキャストすると、大怪我をしてしまうので、周囲の安全をよく確認してからではないと投げてはいけないということを肝に命じておきましょう。

スピニングタックルとベイトタックル

陸からのルアー釣りではスピニングタックルを使う人が大半を占めます。それはキャストを伴うからです。ベイトタックルはキャストをするのにスピニングタックルよりも慣れが必要となり、慣れていないとライントラブルが多くなりがちです。

それぞれのタックルにはメリット・デメリットがあり、スピニングタックルのメリットはライントラブルが少ない、キャストで飛距離を伸ばしやすいなどが挙げられます。

スピニングタックルの正しい持ち方。リールのベイルは閉じており、ラインの巻き上げができる状態です。

ベイルを開いて、ラインを放出できる状態。ラインが勝手に放出されないように、人差指に掛けておきます。

一方ベイトタックルのメリットは、キャストでのコントロール性が良い、キャスト↔巻き上げの移行が簡単でスムーズ、巻き上げ力が強い、などが挙げられます。

これから釣りを始めようと考えている人は、特にこだわりがない限りはスピニングタックルをおすすめします。

スピニングタックルのキャスト

スピニングタックルは中指と人差し指の間にリールフットを挟むようにして中指、薬指、小指の3本でしっかりと握り込むように持ちます。人差し指は軽く添えるくらいにします。

そしてキャストに入る前にリールのベイルを開いて、ラインを放出できる状態にします。

ベイルを開くとラインはフリ

ーになるので、そのままではルアーの重みでラインが放出されてしまいます。ベイルを開くときはタックルを持っている手の人差し指の先にラインを掛けておきます。

キャスト時はラインを放出するタイミング（曲がったロッドが戻るタイミング）で人差し指を離します。

そしてルアーが着水して、ラインを巻き取るためにリールのハンドルを回すときにベイルを閉じます。

はじめは指を離すタイミングを掴むのが難しいかもしれません。早すぎるとルアーは上へ飛んでいきますし、遅すぎると海面にルアーを叩きつける結果になります。

最初はロッドを比較的ゆっくり振って、タイミングを掴んでいくとよいでしょう。

キャスト時はロッドを握る反対の手はロッドのグリップエンドあたりを軽く握っておきます。

ベイトタックルのキャスト

キャストのやり方の基本はスピニングタックルと同じですが、タックルの持ち方やリールの操作が異なってきます。ベイトタックルはキャストとリトリーブで持ち方を変える必要があります。

オーバーヘッドキャスト時は、ロッドのトリガーを人差し指と中指の間に挟むように持つ、1フィンガーが基本になります。

また、ロッドを振るときは手の甲が上を向くようにします。つまりリールが横向きになった状態でキャストします。

ラインを放出できるようにするためにはクラッチを切ります。クラッチレバーをカチッという音がするまで親指で押し込めば、スプールがフリーになります。このとき親指でスプールを押さえ、ラインが勝手に放出されないようにしておきます。そしてラインを放出するタイミングで親指をスプールから離します。

キャスト後、リトリーブに移行するときには薬指と小指の間にトリガーを挟む3フィンガーに持ち替えます。あとはリールのハンドルを回すだけで自動的にクラッチが繋がりラインを巻き取ることができます。

キャスト時の1フィンガーという持ち方。トリガーを人差指に掛けるように持ちます。

手の甲が上を向く＝リールが横を向く状態でキャストします。

リトリーブ時の3フィンガーという持ち方。薬指をトリガーに掛けるように持ちます。写真のリールはハンドルが右に取り付けられているので、キャスト時とリトリーブ時で持つ手が違うようになります。

オーバーヘッドキャスト

最も基本になるキャストで、コントロール性に優れていることが特徴になります。また、動作がコンパクトなため、後方にあまり広いスペースがなくても投げることができます。

ロッドの反発力を利用して投げるため、ロッドへの負担が大きく、軽めのルアーを投げるのに向いています。このキャストを身に付けておけば、一通りのルアーフィッシングを楽しむことができるので、しっかりとマスターしましょう。

まずはじめに、ロッドの先から少しラインを出してルアーを垂らした状態にします。垂らしの長さは30〜50㎝くらいからはじめて、慣れてきたら少し長くすると飛距離をアップすることができます。

コントロール重視のときは短く、飛距離重視のときは長くするとよいでしょう。

ロッドを時計の針の10時くらいに構えて、しっかりと目標を定めます。後方を確認したら、腕を上げてロッドの先が後方を向くようにテイクバックします。そして、ルアーの重みがロッドに乗ったら、そのまま腕を前方向へ振り抜きます。

投げた後は腕を伸ばし、ルアーが着水するまで竿先がしっかりと前方を向いた姿勢をキープします。

コツはロッドの反発力を最大限に利用することです。力を入れたり速く振る必要はありません。曲がったロッドが真っすぐになるのを感じながらスイングできるようになるとよいでしょう。

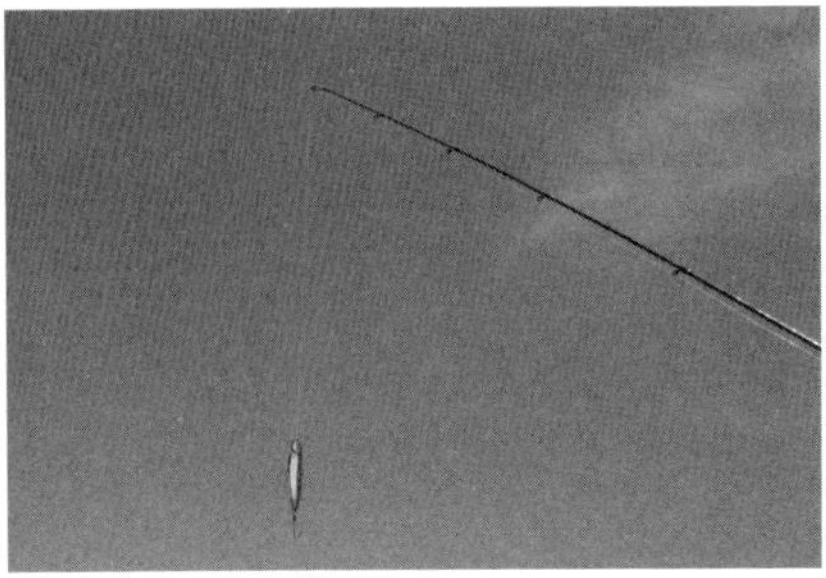

オーバーヘッドキャストでは垂らしは比較的短めにします。長くすると飛距離アップにつながりますが、せいぜい1mくらいで、それ以上長くすると投げにくくなります。

とにかく力を入れたり、速く振ろうとしないことが大切。ルアーの重みをロッドにしっかりと乗せて、ロッドの反発力を利用して投げます。

ペンデュラムキャスト

飛距離が必要なときに有効なキャストです。遠心力を利用して投げるため、ロッドへの負担が少なく、重量のあるルアーを投げるのに向いています。

しかし、遠心力を最大限に発揮できるようにするためには垂らしを長く取る必要があるので、後方にかなりのスペースを必要とします。

垂らしはルアーがリールのあたりまでくるくらいの長さが理想ですが、最初はロッドの一番下のガイドあたりから始めるとよいでしょう。

タラシが長いので構えるときはロッドを立てるように持ちます。テイクバックで後方にルアーを送りますが、最初に勢いを付けるために少し前に出した方がよいでしょう。

ロッドを立てた状態で、振り子のようにルアーを後方に送りながら、竿先を後ろへ向けていきます。右利きの人は自分の右側をルアーが通るように後方へ送っていきましょう。

しっかりと目でルアーの位置を確認しながら、最も後方に行ったときにルアーの重みを感じながら、腕を大きく回すようにロッドを前方に振り抜きます。

ロッドのグリップエンドを持った左手は自分の方に引き付けるようにするとよいでしょう。

ペンデュラムキャストではスイングスピード＝飛距離となります。力任せに振り抜く必要はありませんが、ある程度のスピードが必要になります。

できるようになるまでしっかりと練習しましょう。

遠心力を利用するペンデュラムキャストでは、垂らしは長めに取ります。ロッドを立てたとき、リール付近にルアーがくる程度でよいでしょう。

ロッドの先を支点にして振り子のようにルアーを後方に送り出してから、ロッドを振り抜きます。重量のあるメタルジグを使うショアジギングで有効な投げ方です。

サイドキャスト

堤防の釣りではあまり使いませんが、木や電線などがあり、頭上に十分なスペースがないときに有効なキャストです。堤防では横に人がいないか十分に確認する必要があります。

タラシは10～30㎝程度と短めにしておきます。

右利きの人は右側に竿先を向けてテイクバックします。

体をヒネるようにして竿先を横方向に向けますが、あまり勢いを付ける必要はありません。ゆっくりとテイクバックしてから、前方へ振り抜きます。

コツは力を入れないことです。テイクバック時に肘を曲げて、肘から先を使うようなイメージで、手首のスナップを効かせて投げるとよいでしょう。

ゆっくりとしたテイクバックからシャープに振り抜くのがコツ。

アンダーキャスト

飛距離をあまり出すことができず、堤防ではほとんど使うことはありません。後方に全くスペースがないような場所で投げるときに有効なキャストです。

タラシは10～30㎝程度と短めにしておきます。

竿先を下げて、岸壁ギリギリに近付けるようにテイクバックします。勢いを付ける必要は全くありません。ロッドを下げてほとんど止まっているような状態から、手首を内側に返すようにして、すくい上げるように上方向へロッドを振り抜きます。

ルアーの重みをしっかりと乗せて、ロッドを持ち上げるようにして曲げてからロッド自身の反発力を利用して投げることがコツになります。

岸壁ギリギリからロッドを持ち上げるようにして投げます。

釣りには適した結び方があります。結び方には向き不向きがあるので、同じ目的でも複数の結び方があります。自分の結びやすい方法を選びましょう。

ラインの結び方

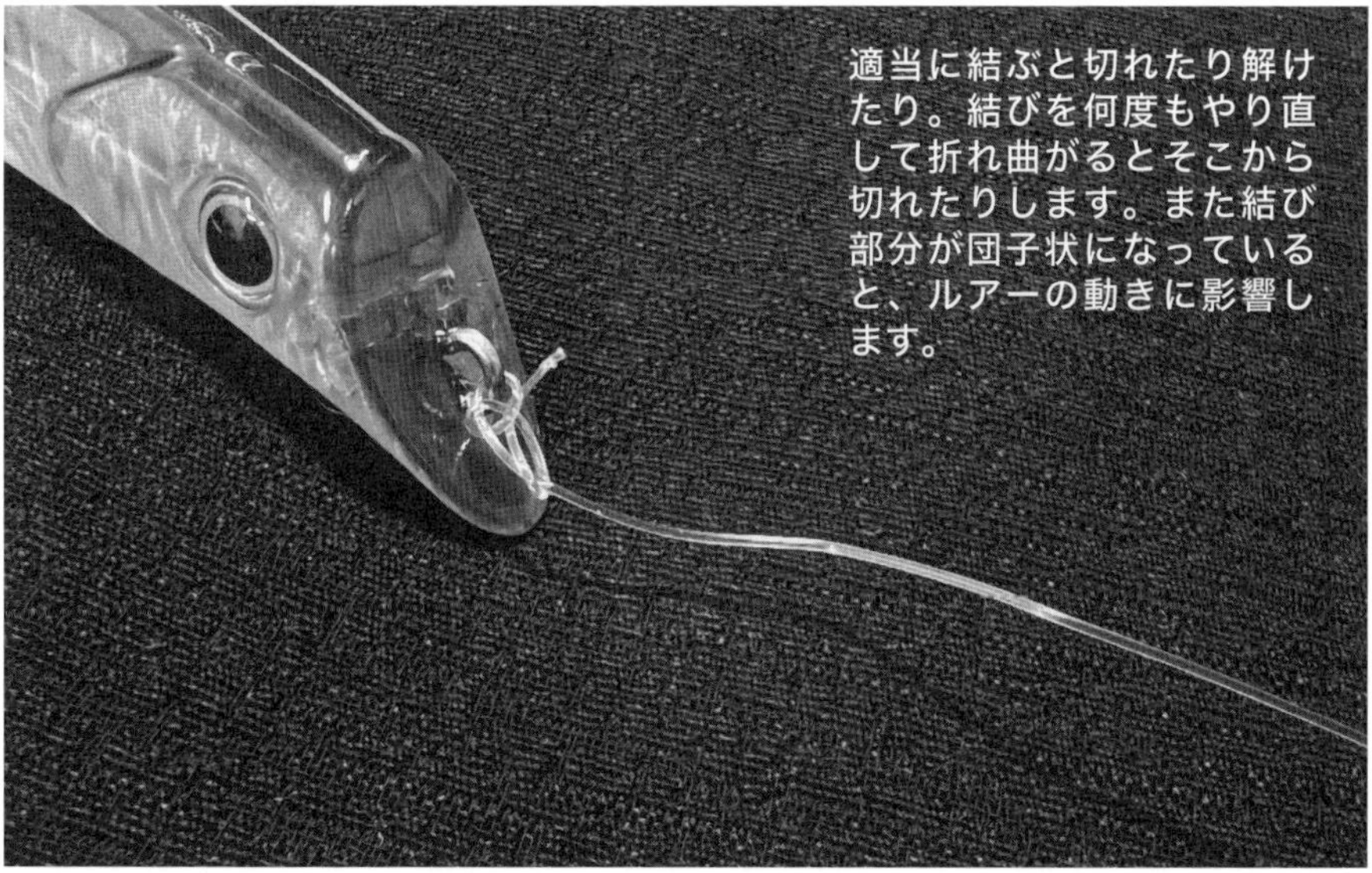

適当に結ぶと切れたり解けたり。結びを何度もやり直して折れ曲がるとそこから切れたりします。また結び部分が団子状になっていると、ルアーの動きに影響します。

ユニノット

結びの基本。スイベルを結んだり、リールスプールに道糸を最初に固定するのに使います。

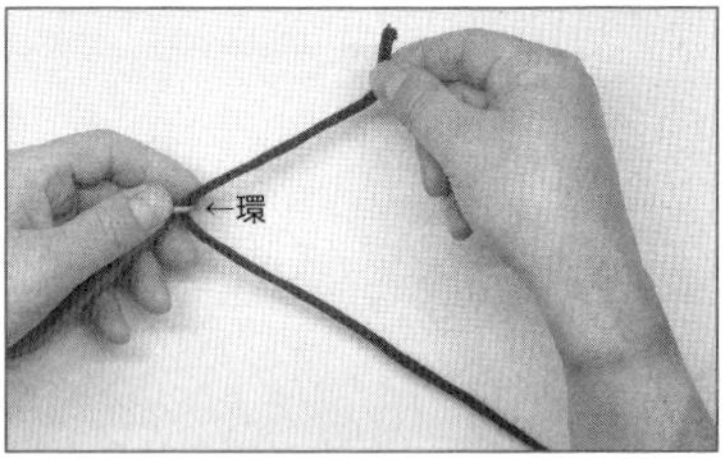

①環にラインを通して引き出します。

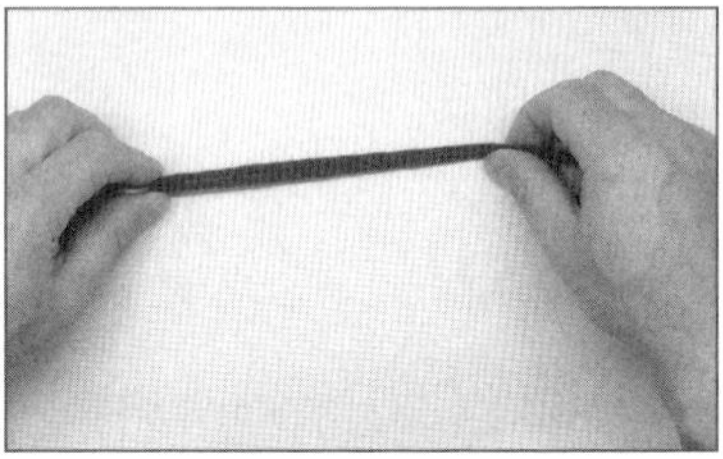

②引き出したラインと本線を重ねます。

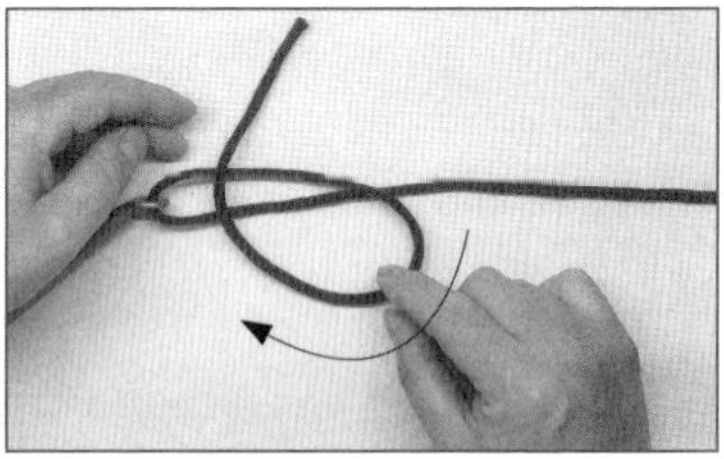

③ラインの端で、下側に輪を作ります。

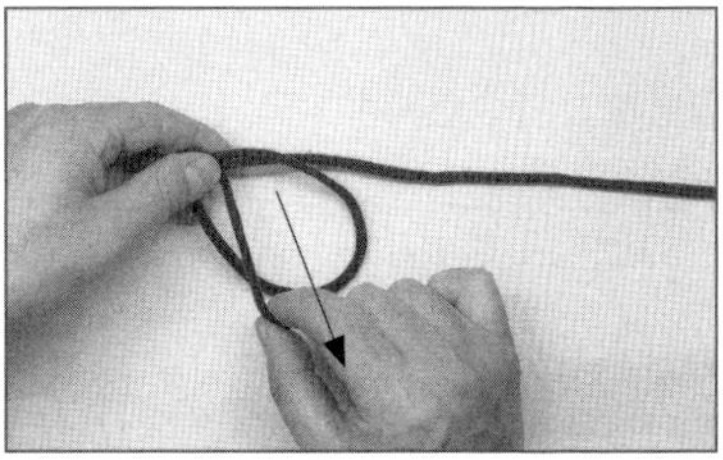

④ラインの端を上から向こう側へ、下にできた輪の中に通します。

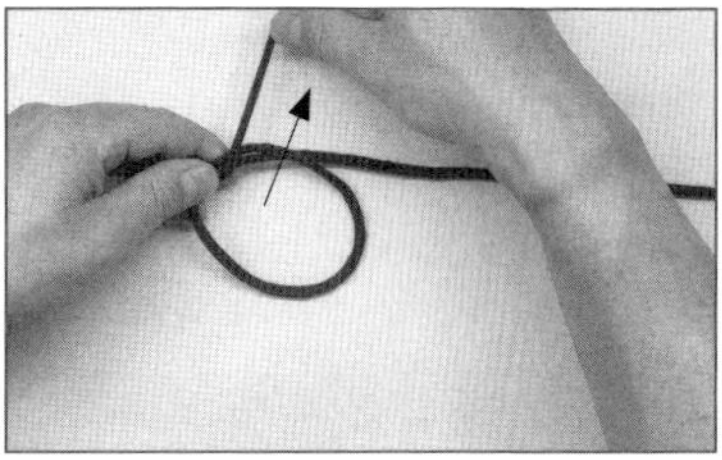

⑤ラインの端を下から上に持っていきます。

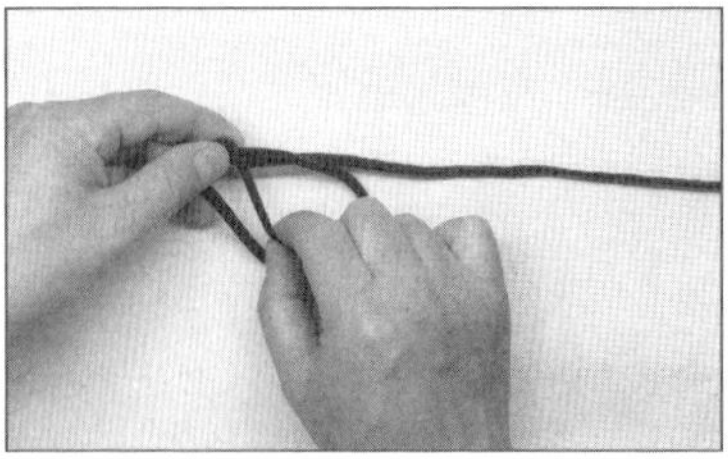

⑥再び奥から手前へとラインの端を、合計4回巻きつけます。

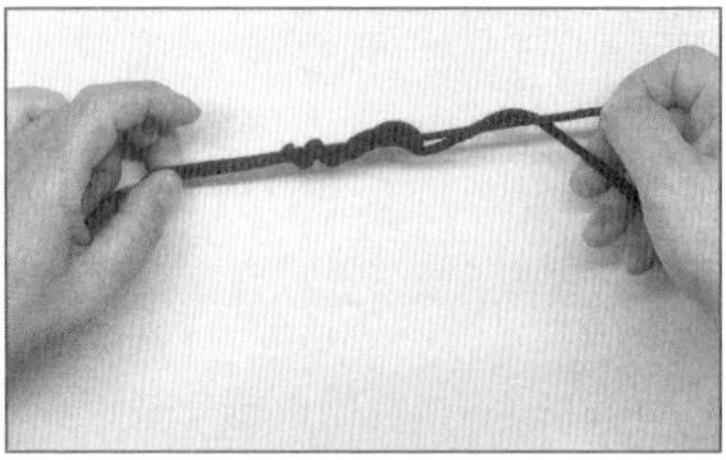

⑦ラインの端を持って徐々に締めます。

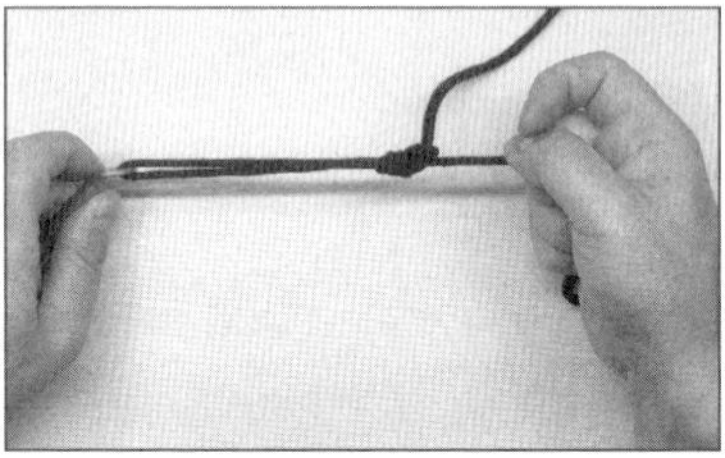

⑧本線を持って結び目を徐々に締めます。

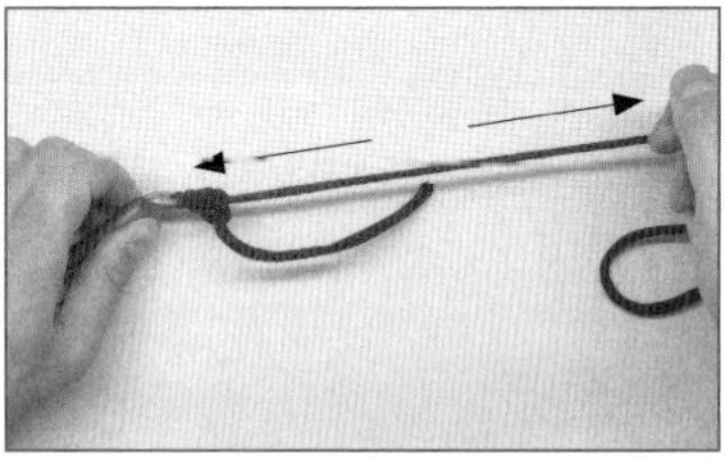

⑨環の部分まで結び目を移動させます。

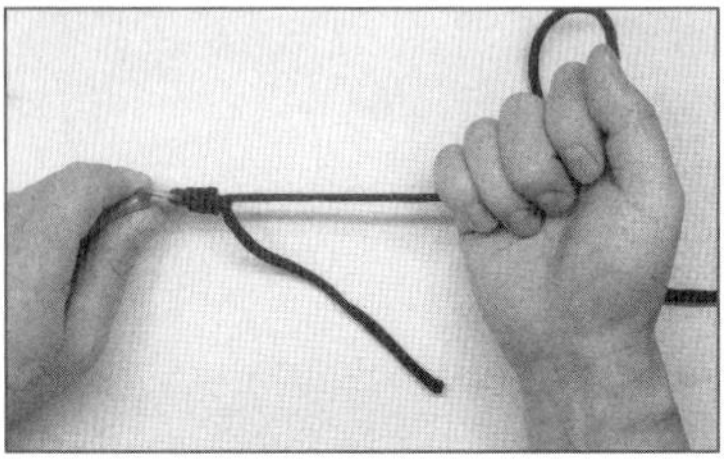

⑩しっかりと結び目を締め込みます。

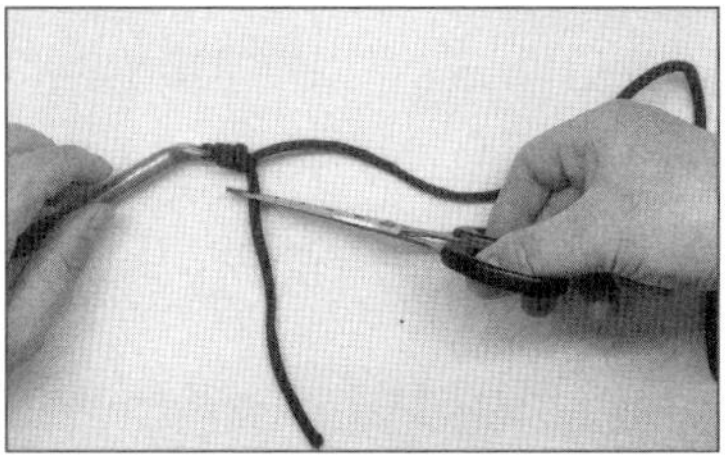

⑪端線を2㎜ほど残してカットして完成です。

クリンチノット

金属とナイロン・フロロカーボンを結ぶ方法。素早く結びたいときに使います。

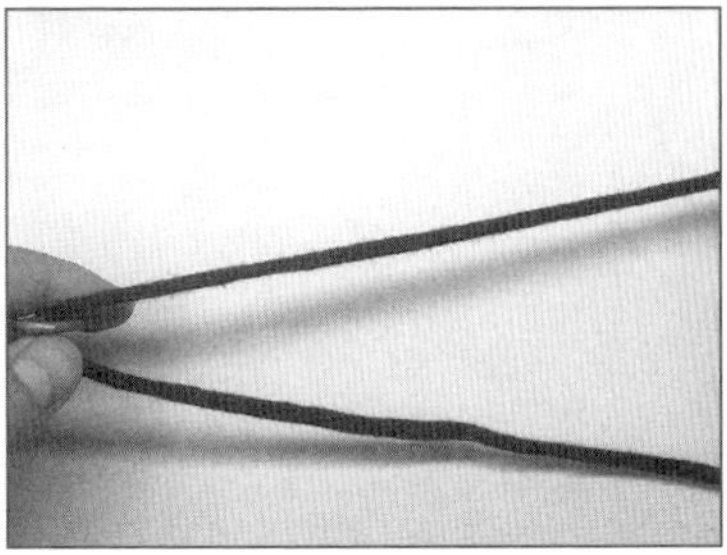

①環にラインを通し、10㎝ほど引き出します。

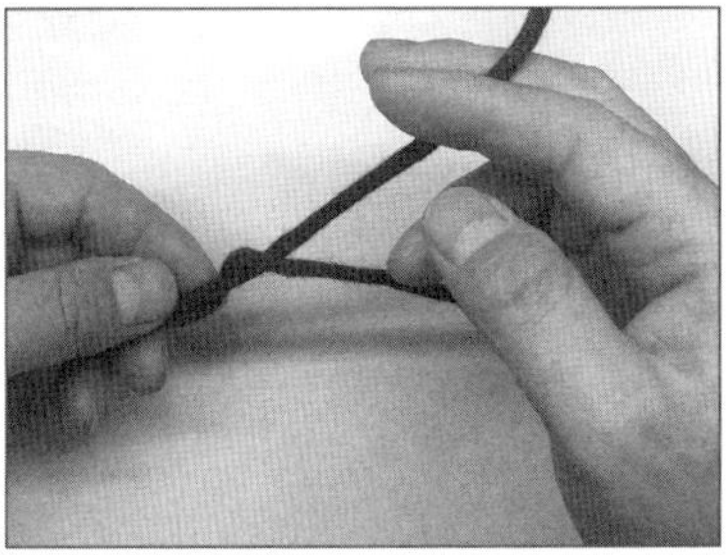

②ラインの端を本線に巻きつけます。

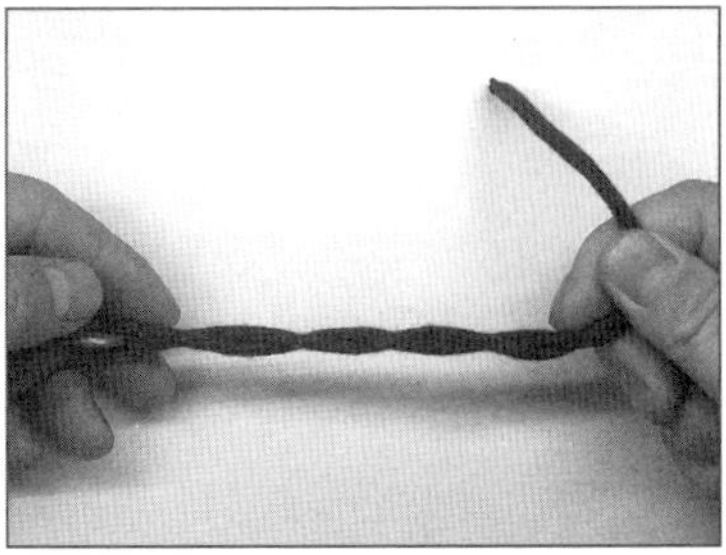

③4～6回巻きつけます。

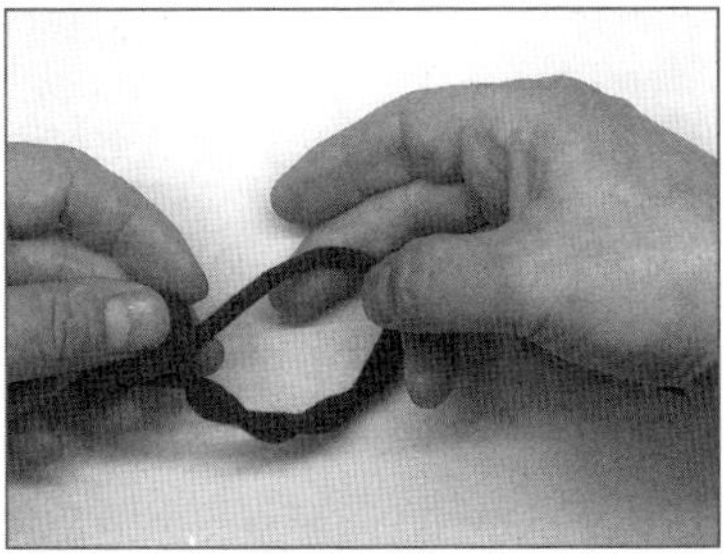

④ラインの端を最初にできた輪の中に通します。

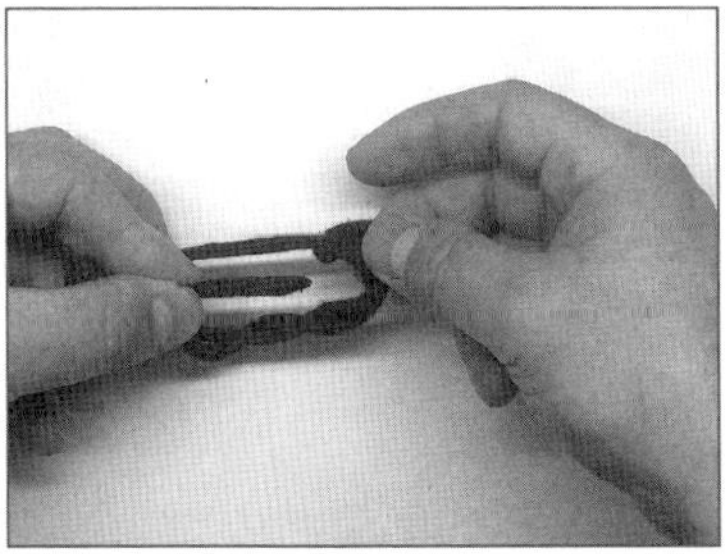

⑤上にできた輪の中にラインの端を通します。

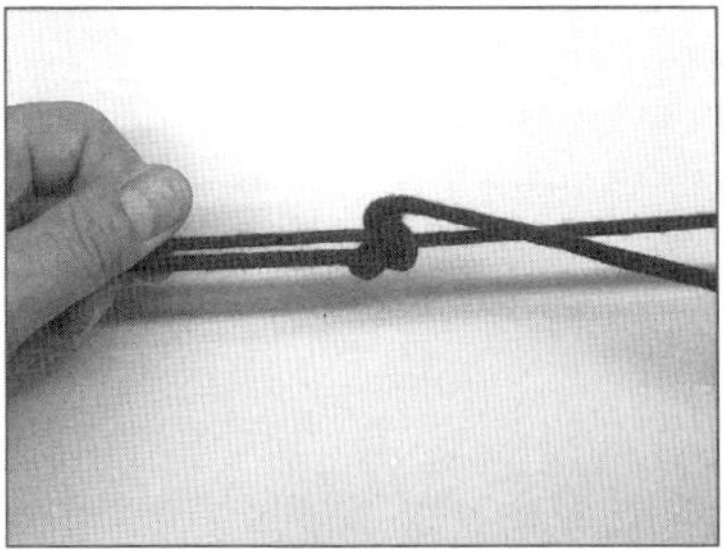

⑥ラインの端線を持って結び目を締めます。

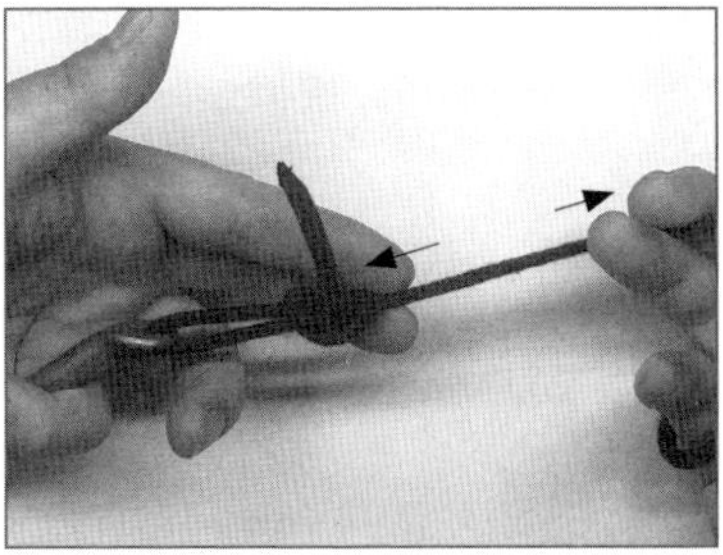

⑦ラインの本線を持って結び目を環に近づけます。

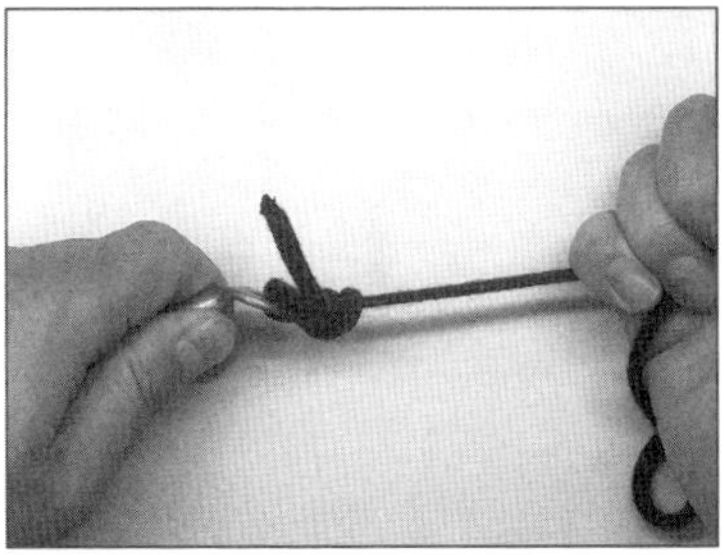

⑧本線を持ってしっかりと締め込みます。

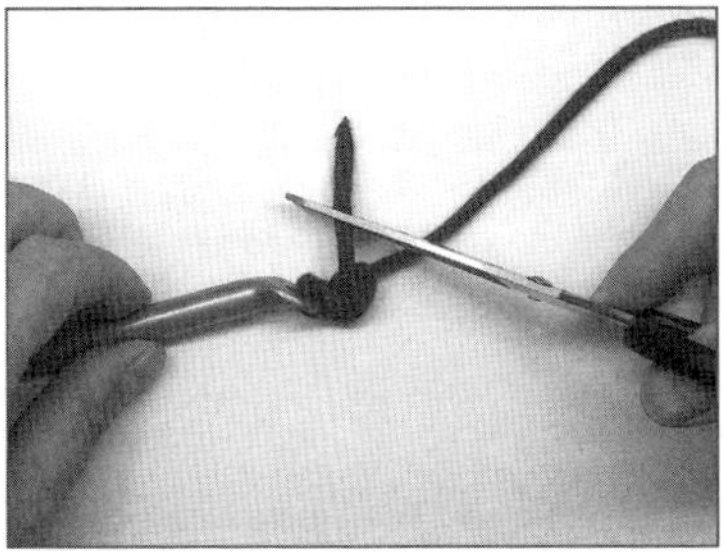

⑨端線を2㎜ほど残してカットして完成です。

ブラッドノット

早く結ぶことができます。太いラインには不向きで、モノフィラメントラインの３号くらいまで。PEラインの接続には向きません。

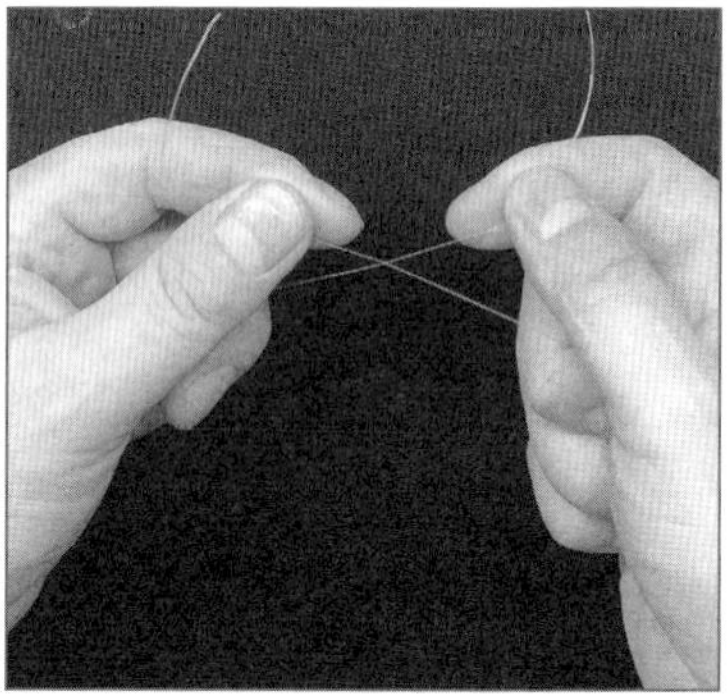

①ラインの先端をクロスさせます。

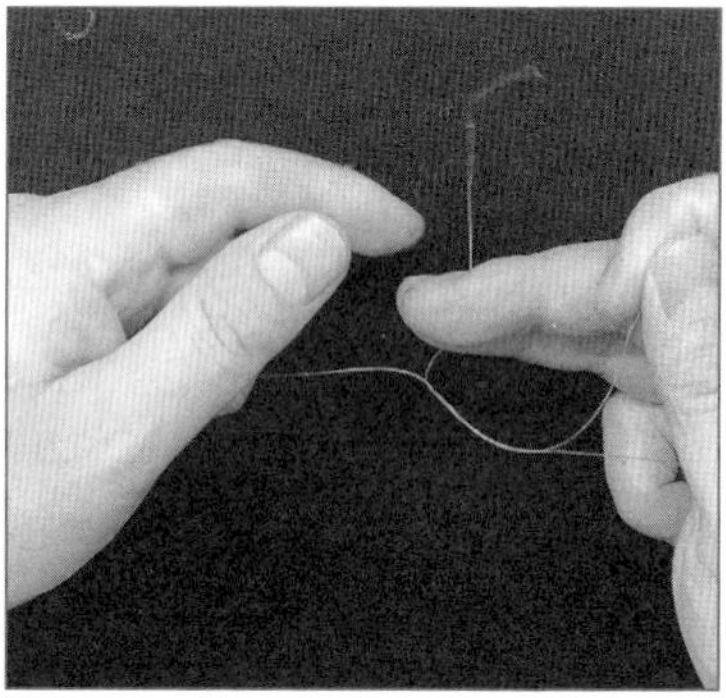

②片方のラインを、もう片方のラインに4回巻きつけます。

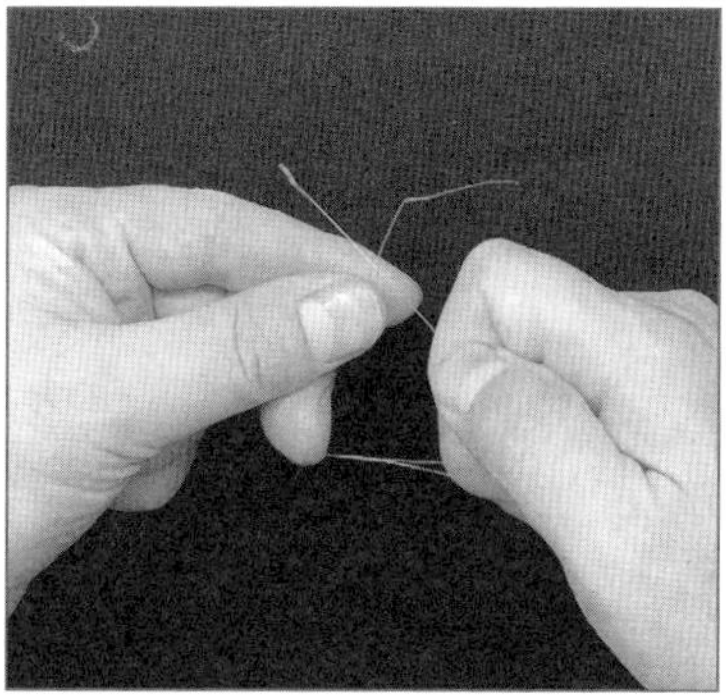

③上部で再度クロスさせ、同様にラインを4回巻きつけます。

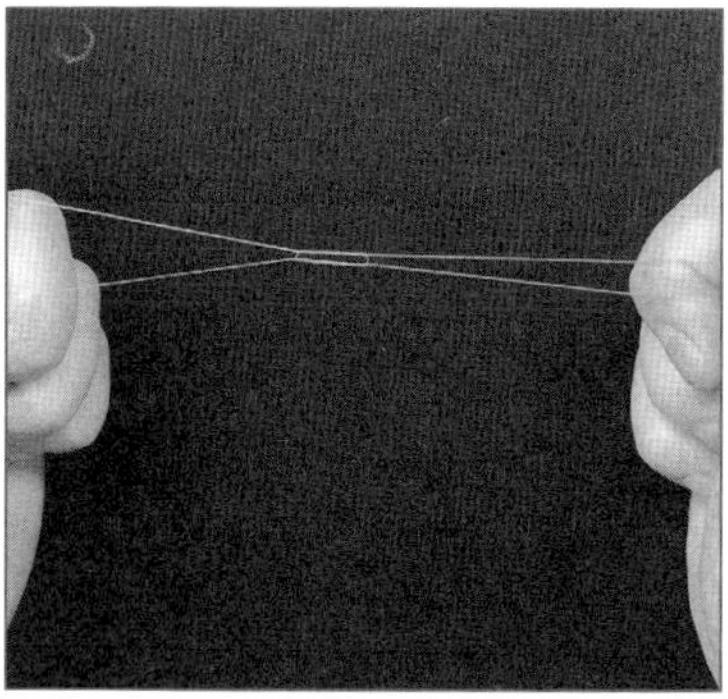

④ラインの本線と端を持って、ゆっくりと輪を縮めるように締めます。

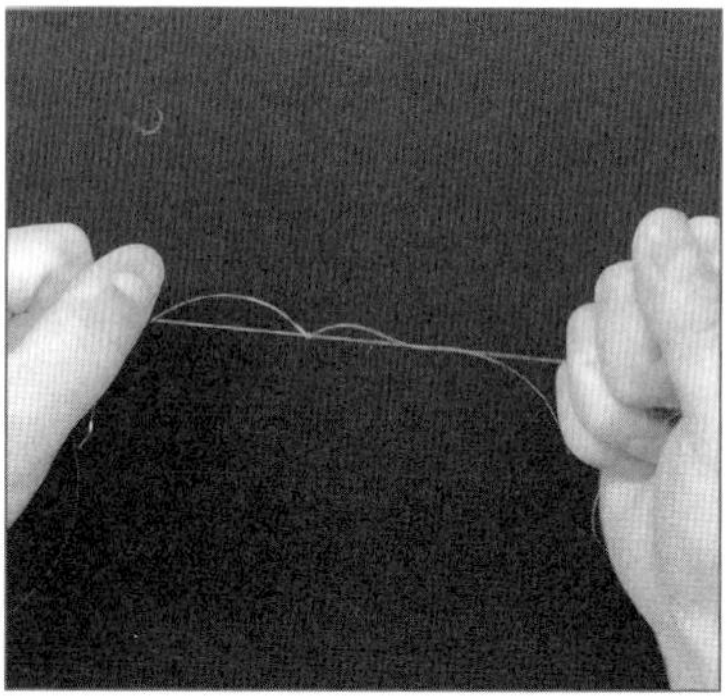

⑤本線同士を持って引き、輪を完全に締めます。

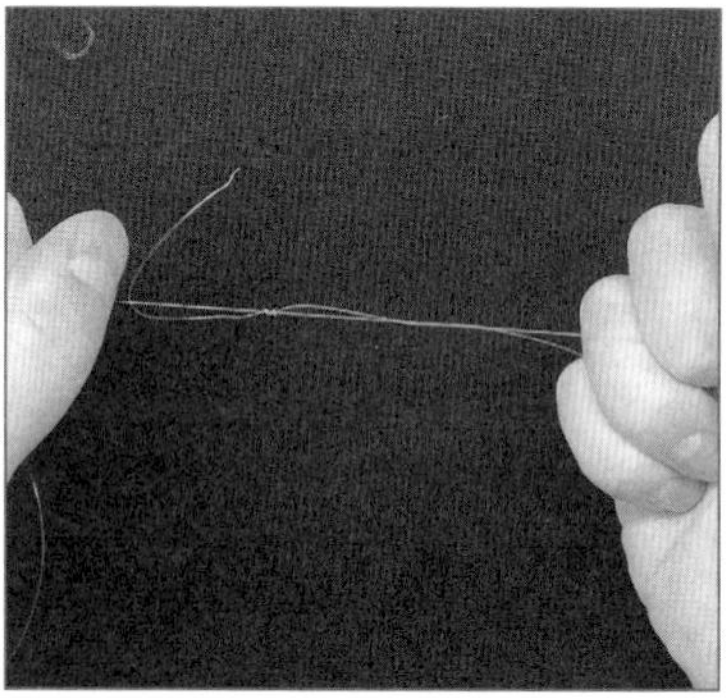

⑥抜けたり切れたりしないか、きつく締めてチェックしましょう。

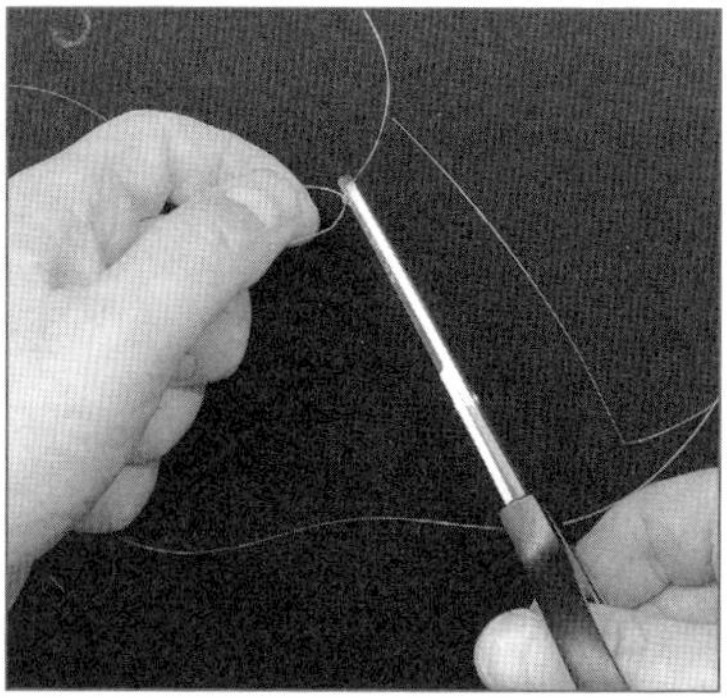

⑦端線を1㎜ほど残してカットすれば完成です。

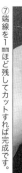

電車結び

ナイロンやフロロカーボン、エステル素材のラインを結ぶ方法。細いPEラインにも対応。

①結びたいライン同士を重ね、真ん中をつまみます。交差したラインは20㎝くらいあると結びやすくなります。

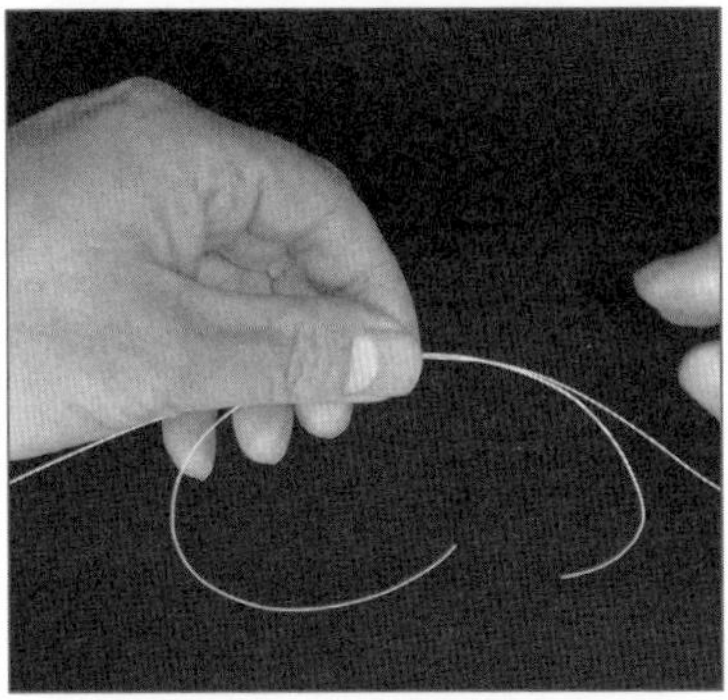

②上側の端線で下側に輪を作ります。

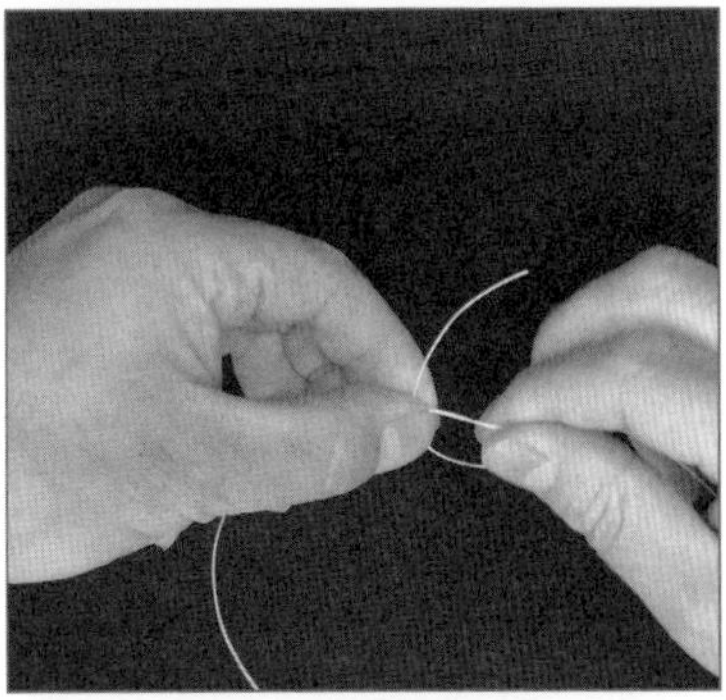

③ラインの端線を上から向こう側へ送り、輪の中を奥から手前へラインを通します。

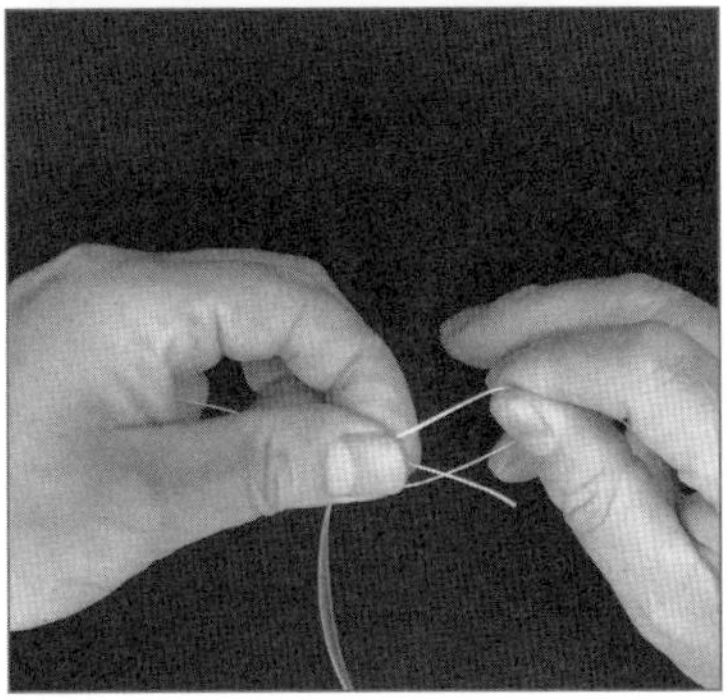

④このラインを巻きつける動作を4回行います。

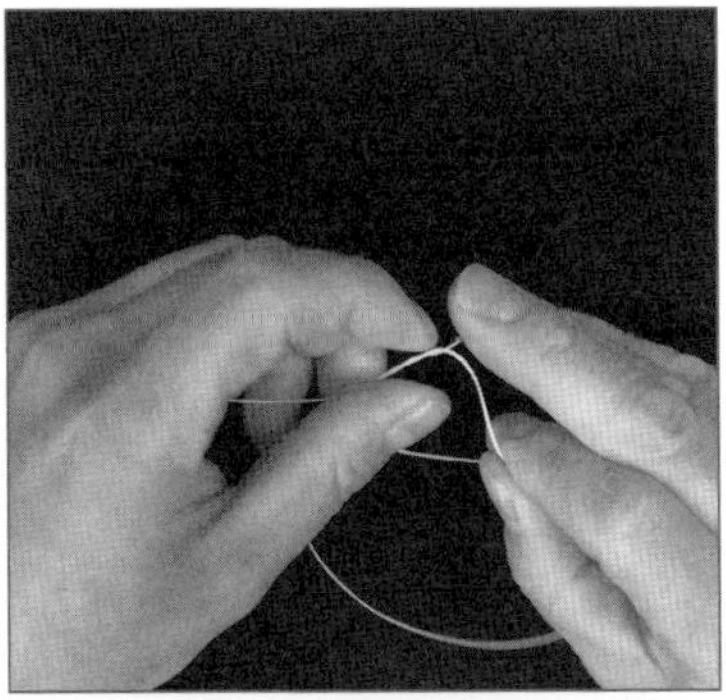

⑤巻きつけたラインの端と、もう一方のラインを持って結び目を小さくします。完全には締めないでください。

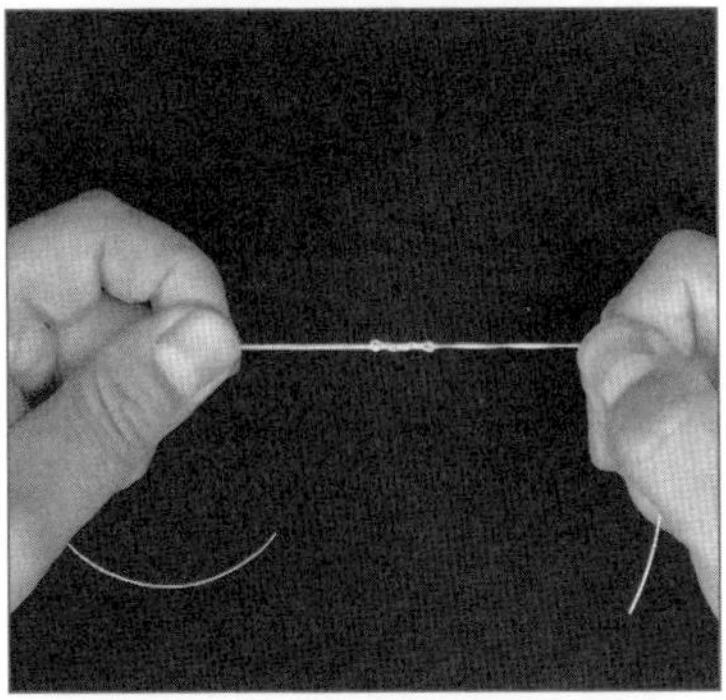

⑥もう一方のラインの端も同じように輪を作り結びます。

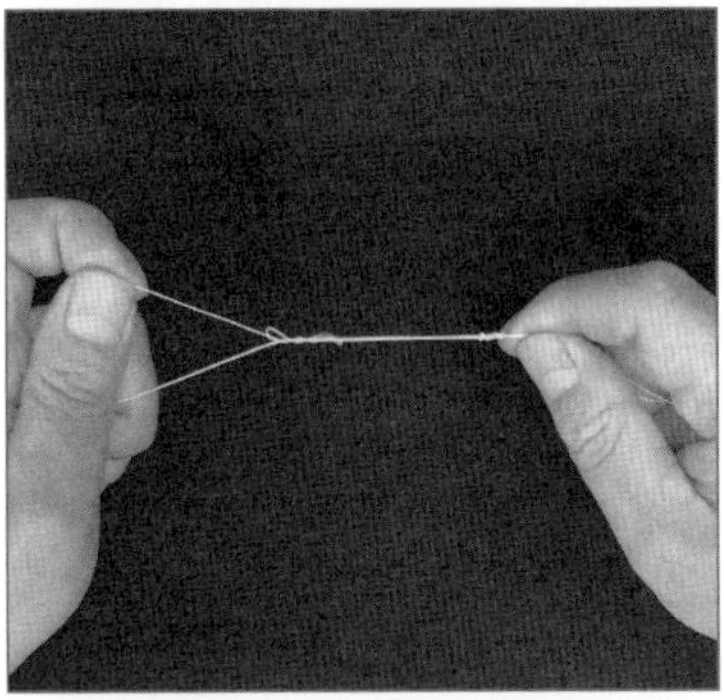

⑦両方のラインの本線のみを持ち、結び目同士がくっつくまで締め込み、端線を2㎜くらい残してカットしたら完成です。

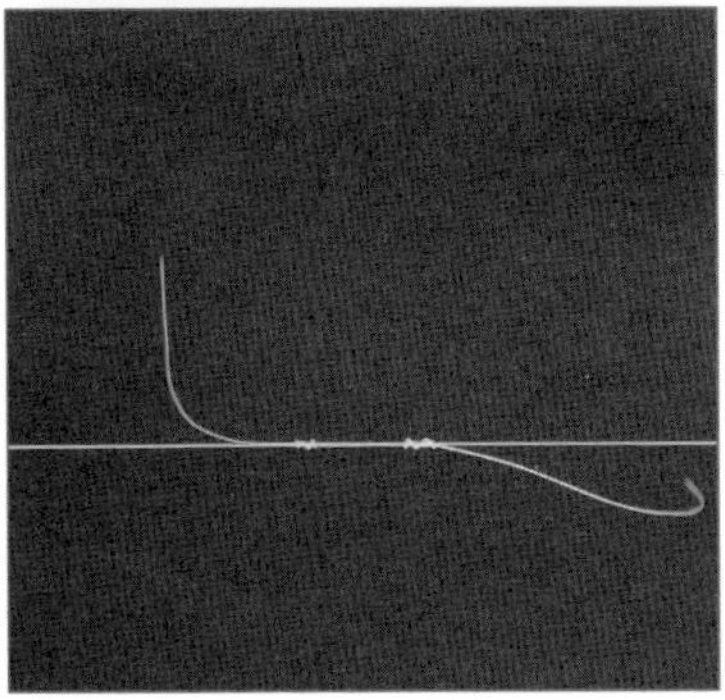

アシストフック（ライト系）

ライトゲームのアシストフックはPEラインでも作れます。太いラインだとスッポ抜けやすくなるので向きません。

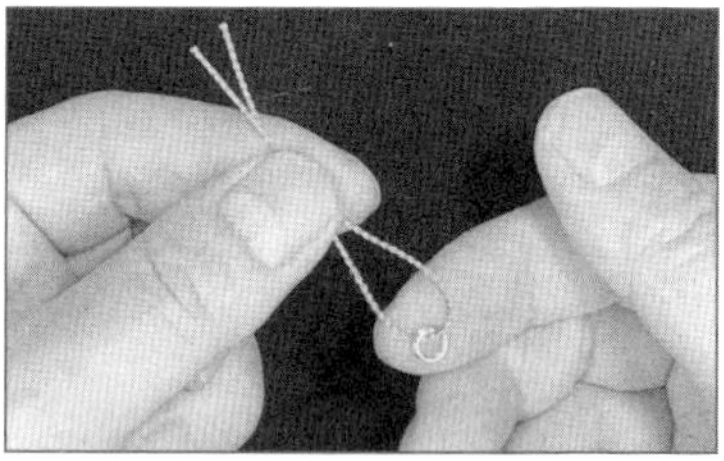

①PEラインを15㎝ほど切り、リングを通して二つ折りにします。

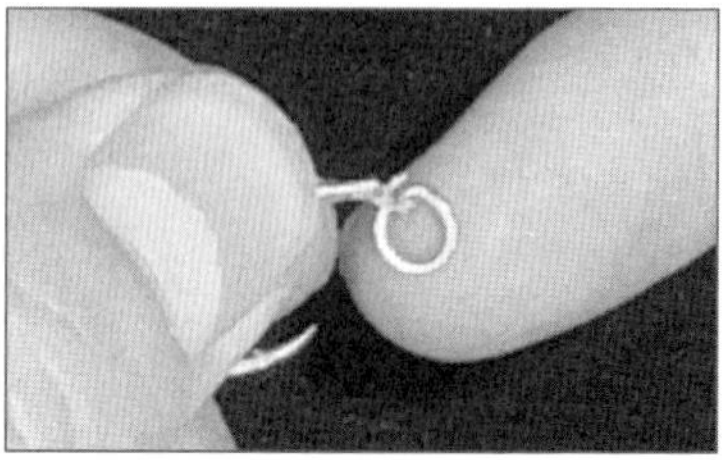

②ラインをフックに添わせます。リングの端ギリギリに揃えます。

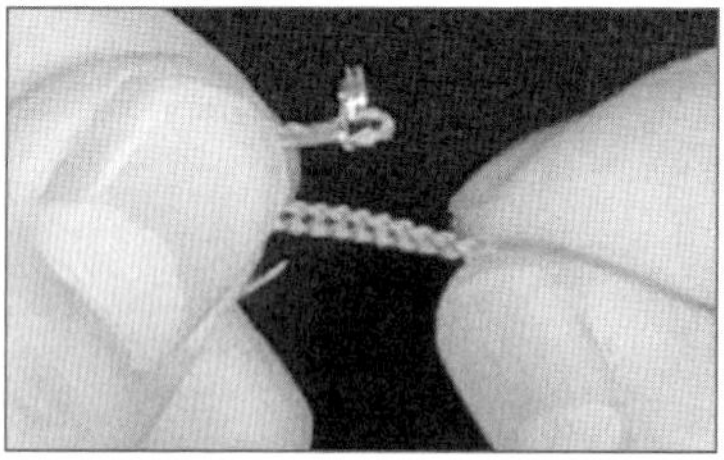

③外掛け結びで結びます。

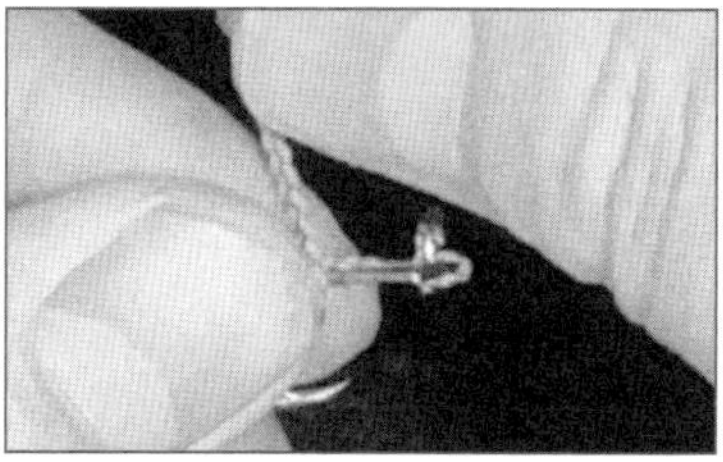

④ラインの端を上にもってき……

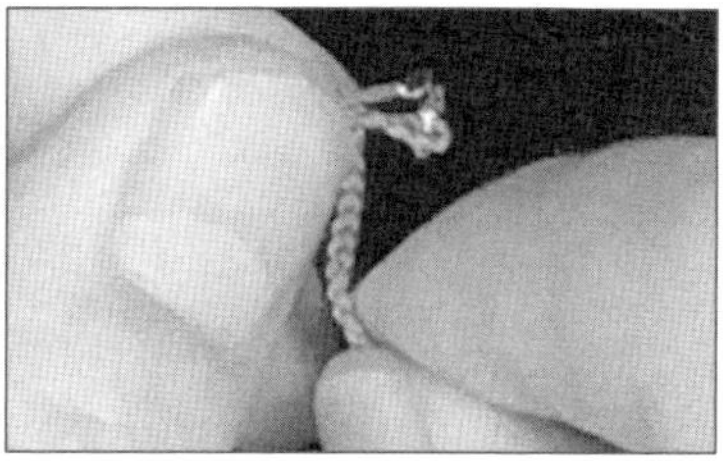

⑤向こう側から下に持ってきます。これを2回繰り返します。

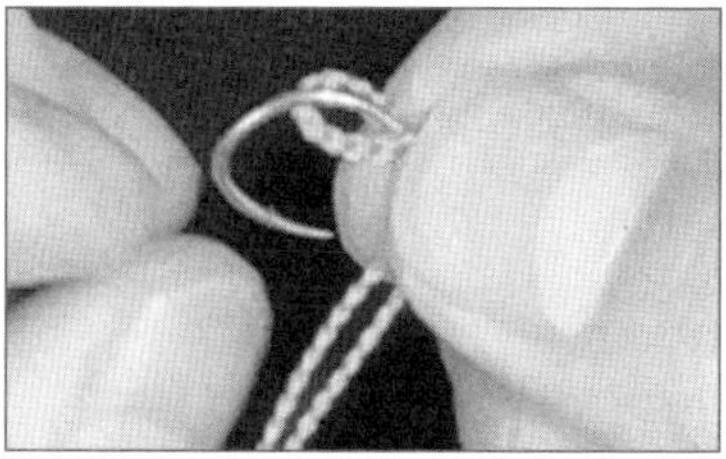

⑥2回巻いたら、巻いた部分を指でつまみます。

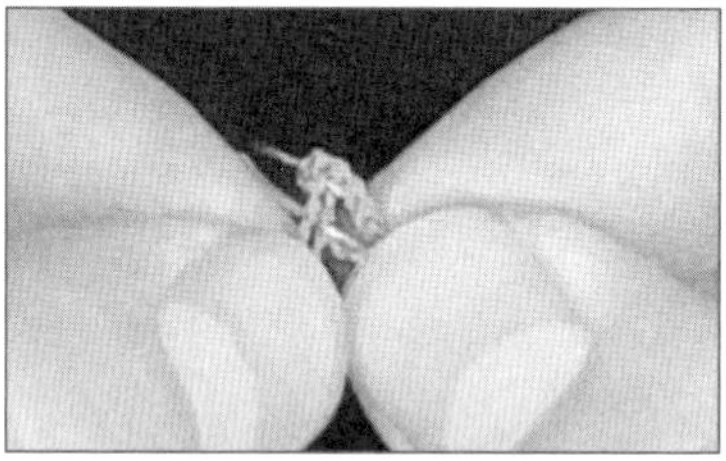

⑦最初にできた輪の中にラインの端を通します。

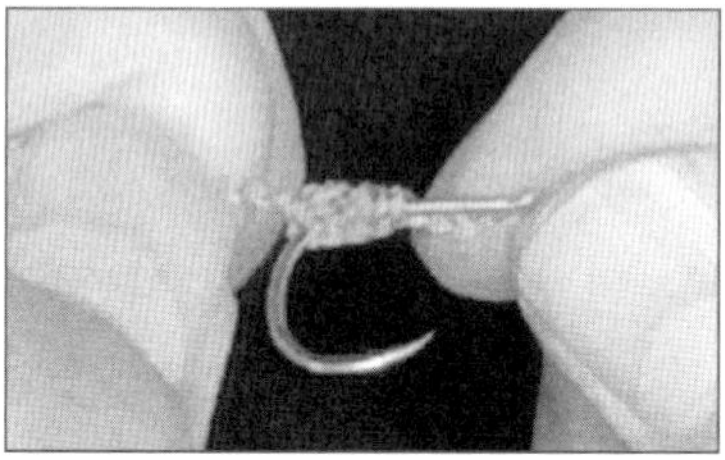

⑧ゆっくりと引いて締めます。

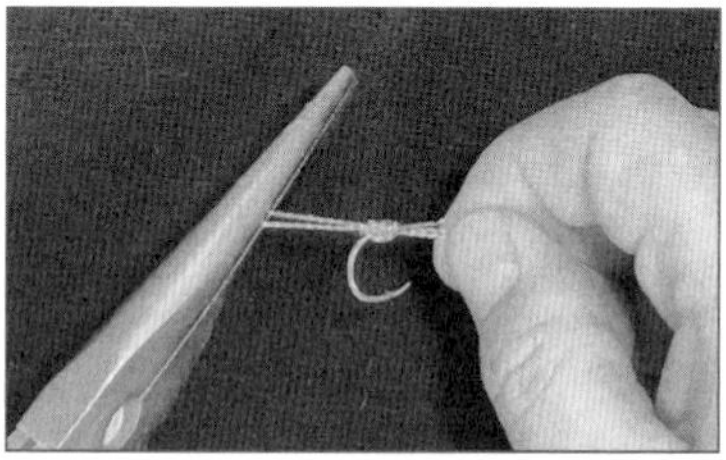

⑨プライヤーなどでつまみ、怪我に注意しながら強く締め込みます。

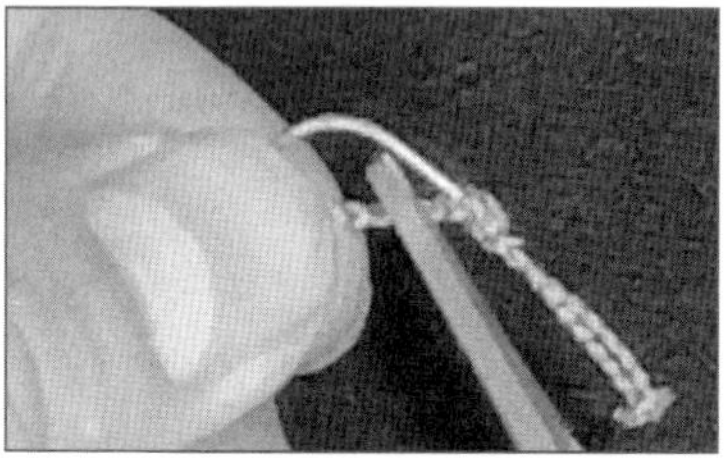

⑩2㎜ほど残して余分なラインをカットします。

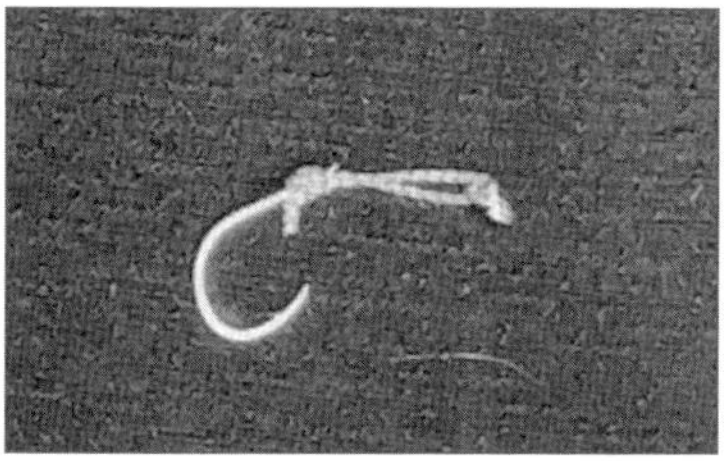

⑪リングの代わりにスナップを取り付けると着け外しが簡単になります。

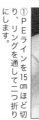

10秒ノット

細めのPEライン（～1号）とナイロン・フロロカーボン（～2号）を結ぶ方法。慣れれば10秒で結ぶことができるというネーミングで、簡単に早く結べる方法です。

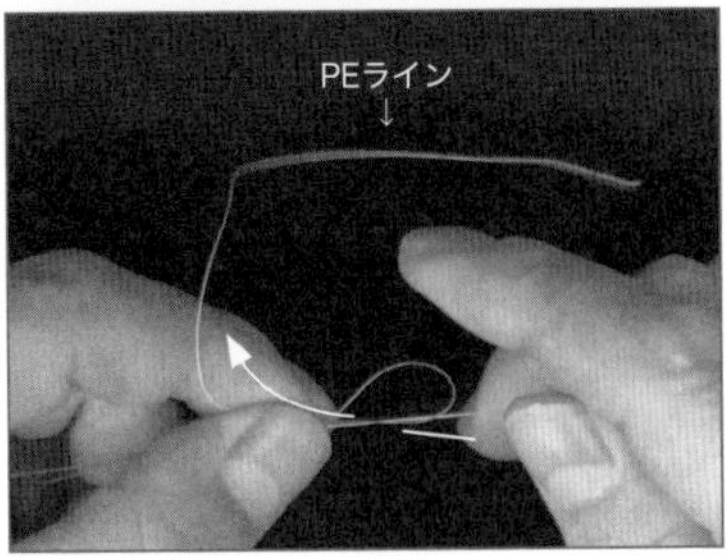

①リーダーを5㎝ほど折り返して輪を作り、下からPEラインを通して10㎝ほど引き出します。

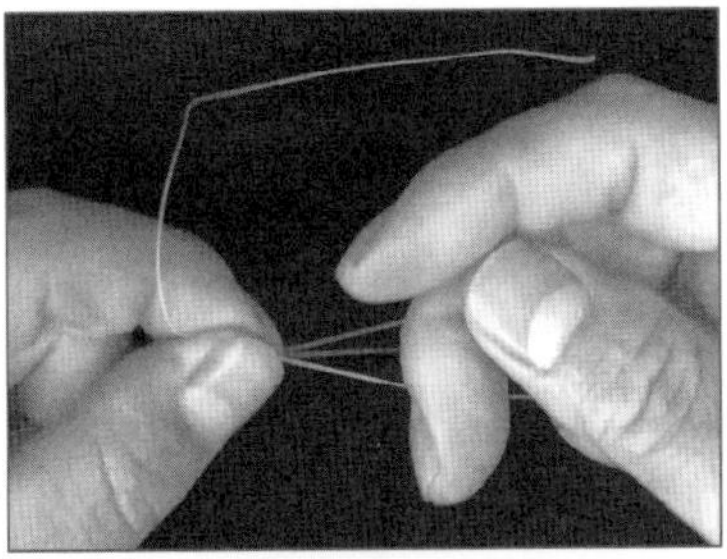

②交差部分をつまんで輪の中に中指を入れ、PEライン本線がズレないように小指で挟みます。

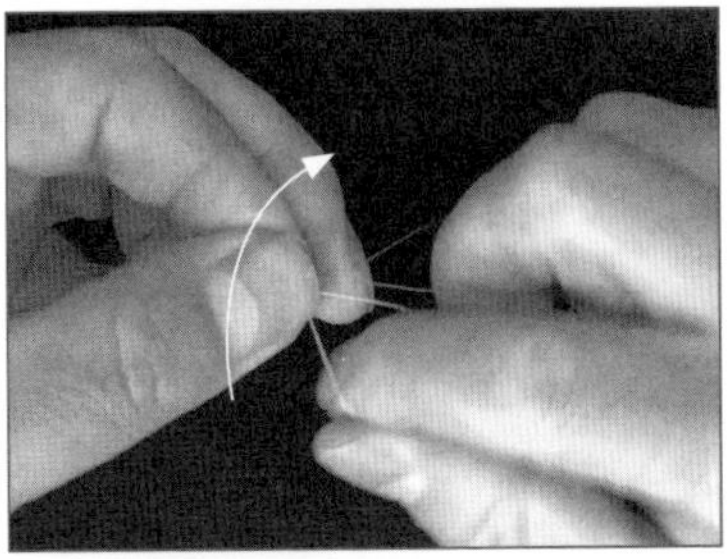

③PEラインの端線を10回巻きつけます。

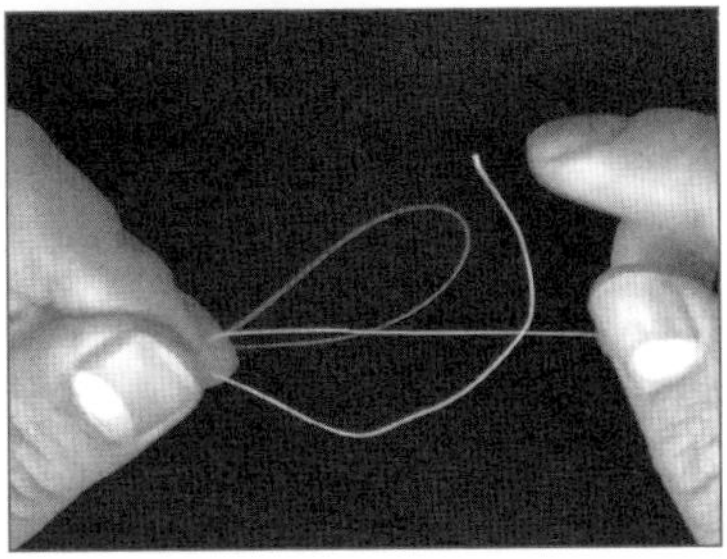

④巻き終えたら、巻きつけ部分を軽く締め込みます。

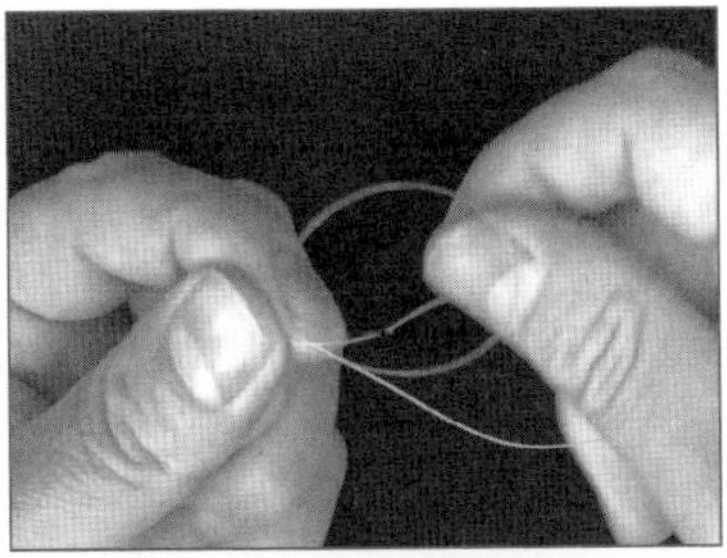

⑤PEラインの端をリーダーの輪の中に上から下へと2回通します。

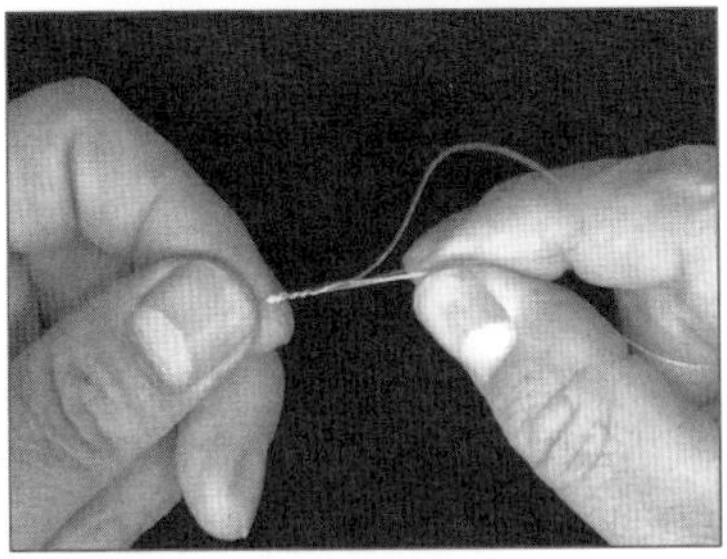

⑥リーダーの端線と本線を一緒につまみ、ゆっくりと締め込んでいきます。

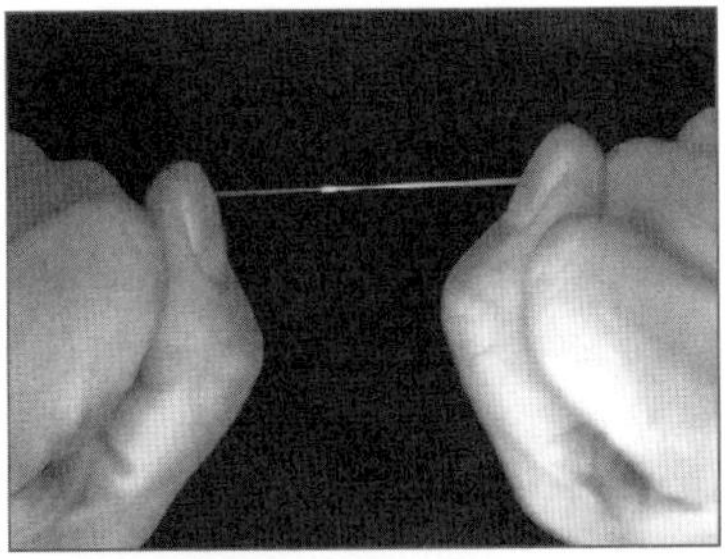

⑦ラインの色が変わるくらい、強く締め込みます。ここを怠るとスッポ抜けやすくなります。

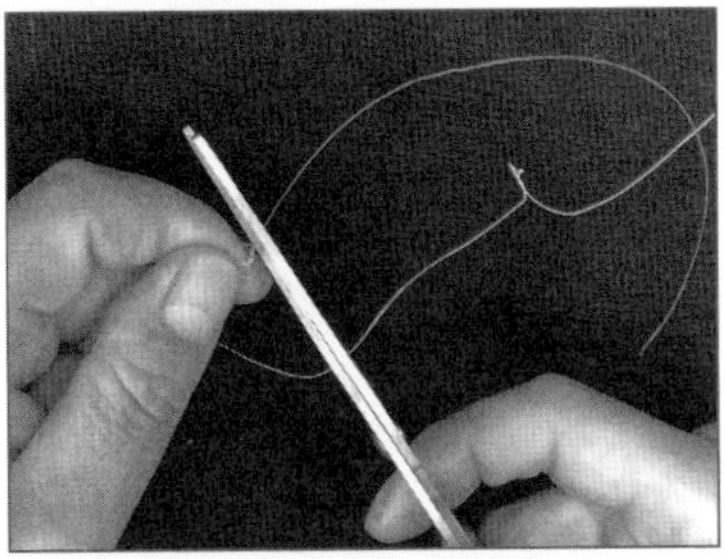

⑧リーダーラインの端をギリギリでカット。焼きコブで処理してもよいです。

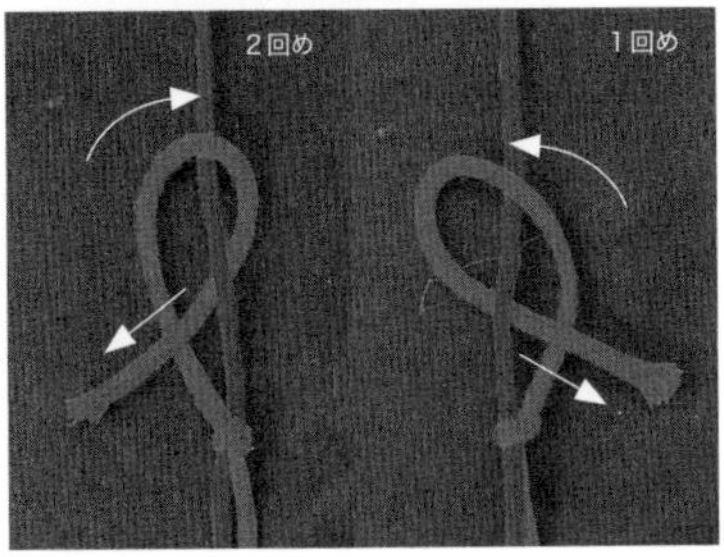

⑨スッポ抜ける場合は、PEラインをハーフヒッチしておくと抜けにくくなります。

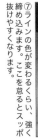

FGノット

PEラインとリーダーを結ぶノット法。PEライン0.8～2号くらいまでカバーできます。それ以上の太号数はPRノットがおすすめです。

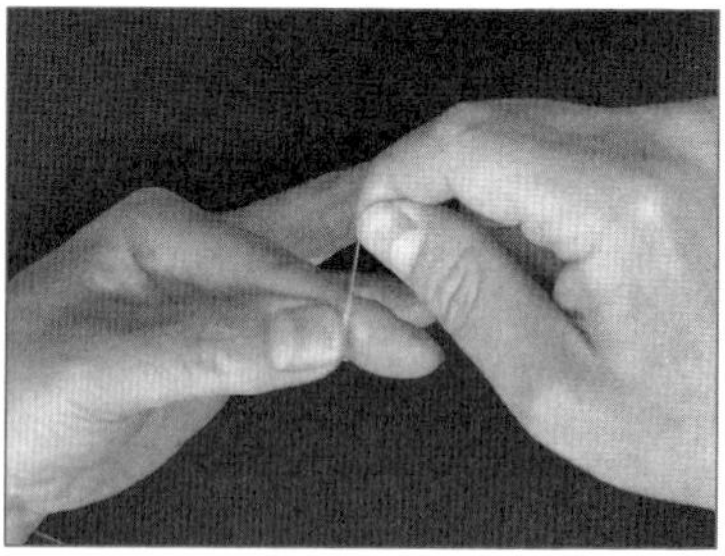
①PEラインの端を人差し指に5～10回巻きつけます。

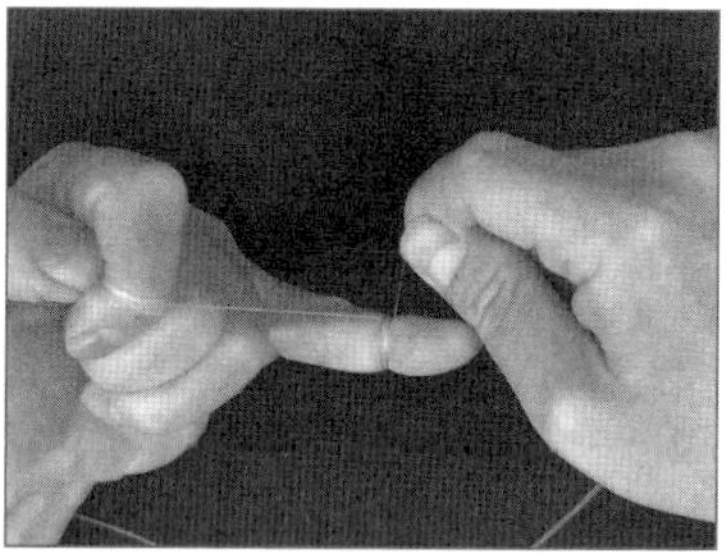
②小指にも同様に巻きつけます。

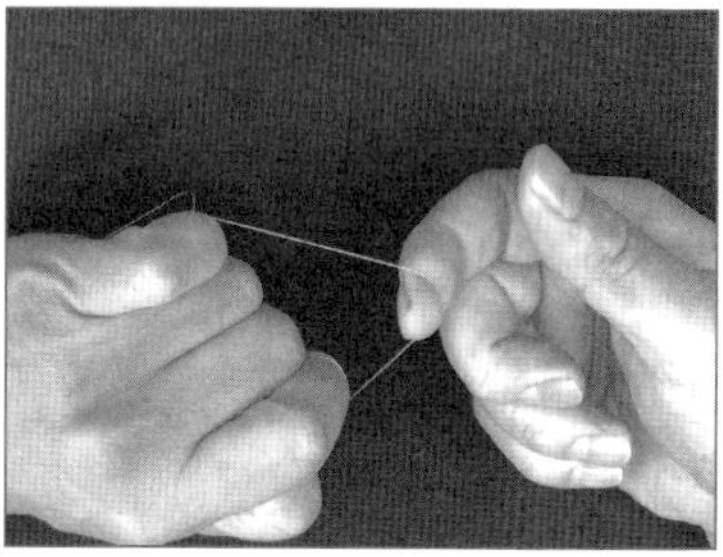
③たるみはこれくらいあった方が巻きやすくなります。

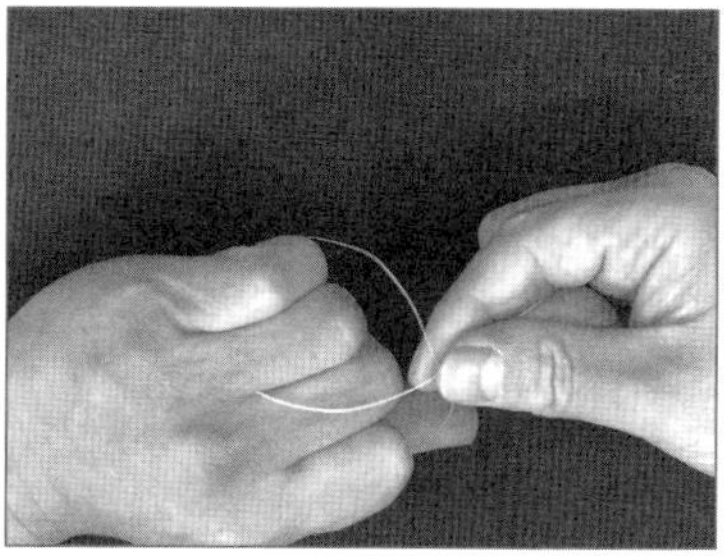
④リーダーの端を下から上へとPEラインにくぐらせます。

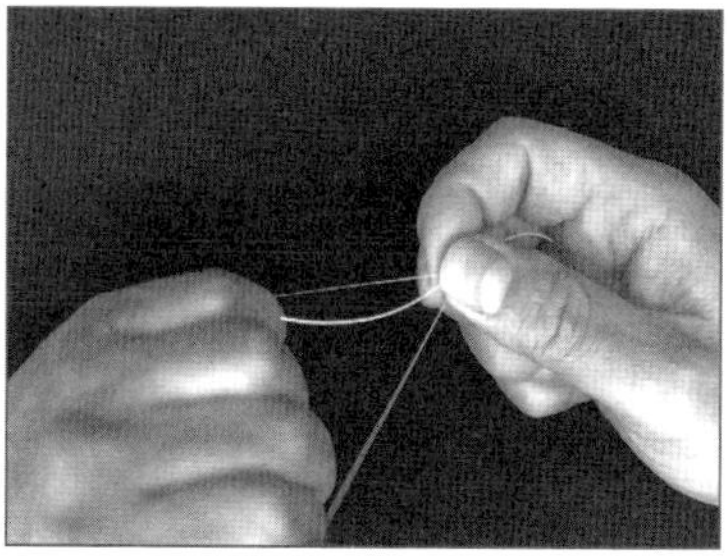
⑤リーダーとPEラインをしっかりと指でつまみます。

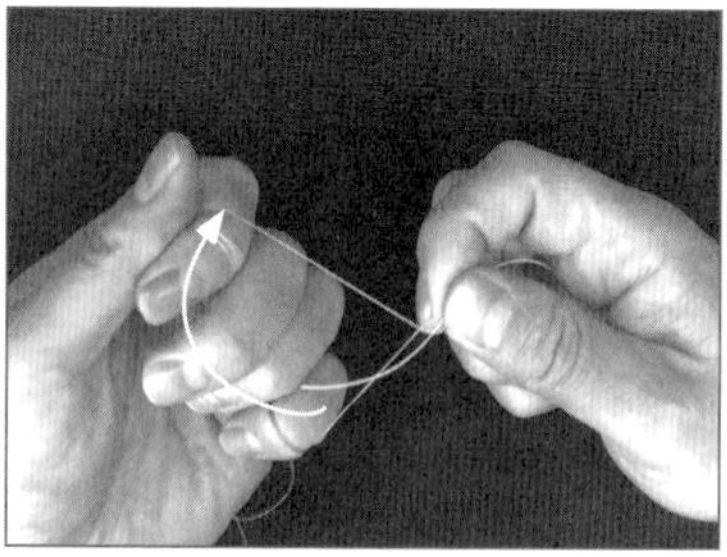
⑥左手を上側にひっくり返して、ラインを交差させます。

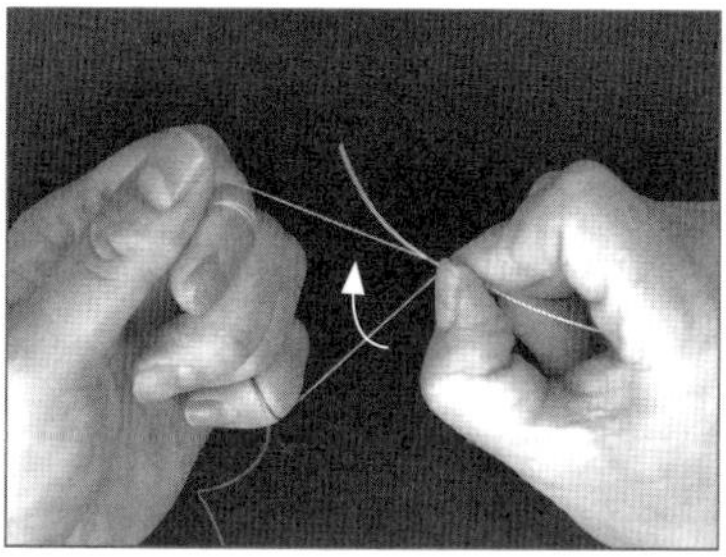
⑦リーダーを輪の中に下側へとくぐらせます。

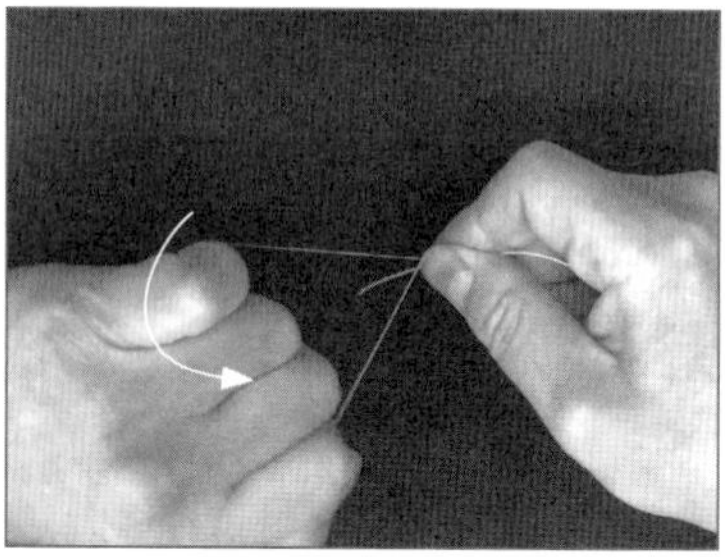
⑧左手を下側へとひっくり返してラインを交差させます。

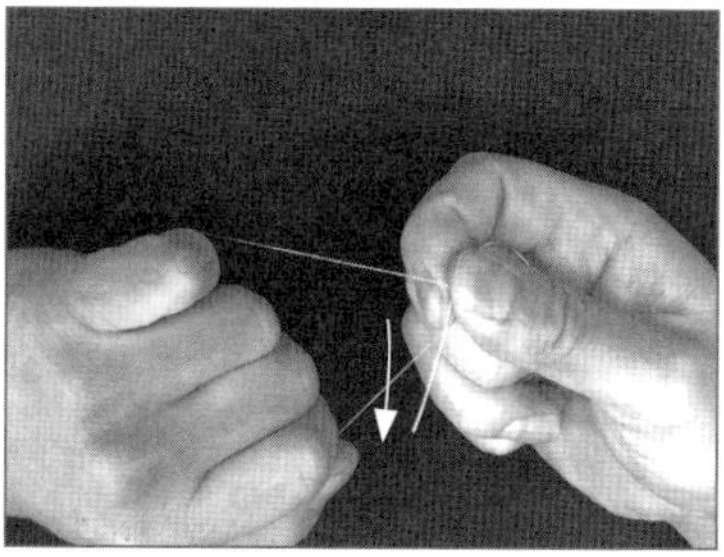
⑨リーダーを上向きにして、PEラインをくぐらせます。

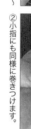

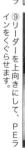

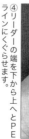

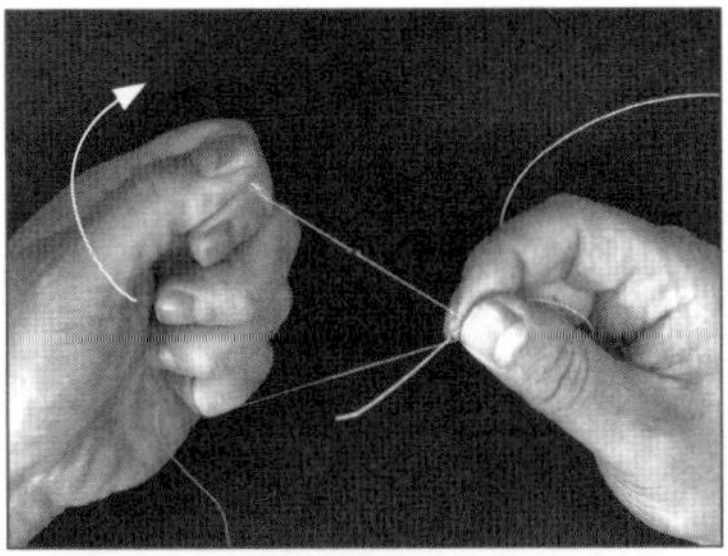

⑩左手を返してラインを交差。これらを15回繰り返します。

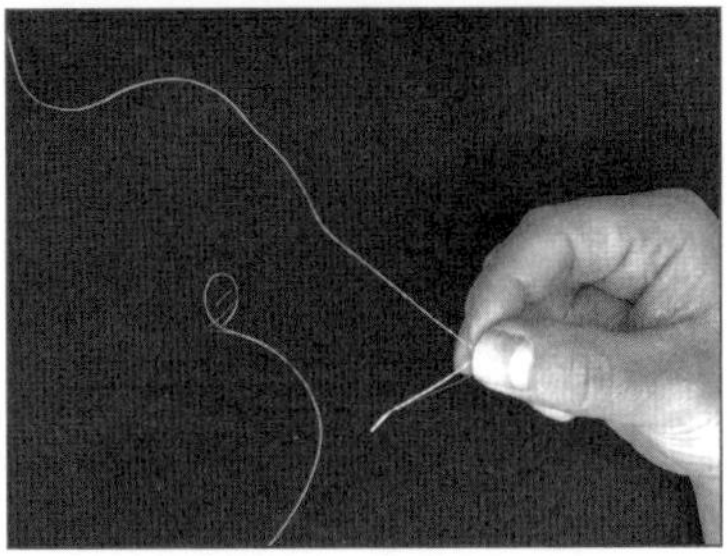

⑪左手のＰＥラインを解きます。

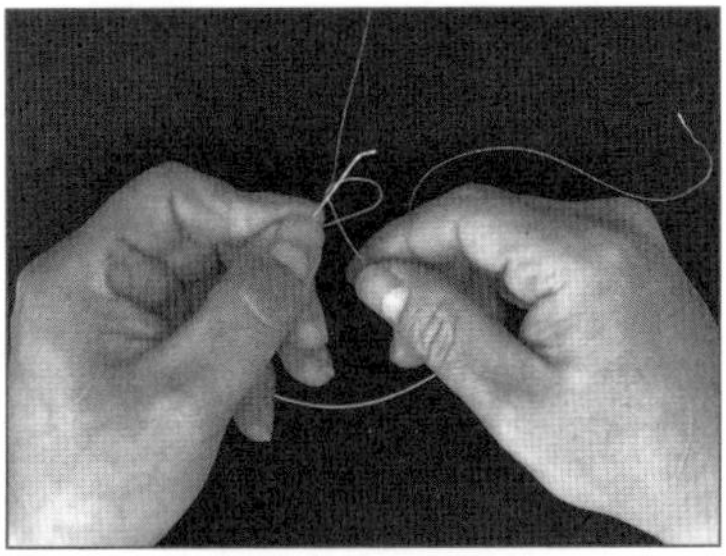

⑫ＰＥラインの端線でハーフヒッチを行います。

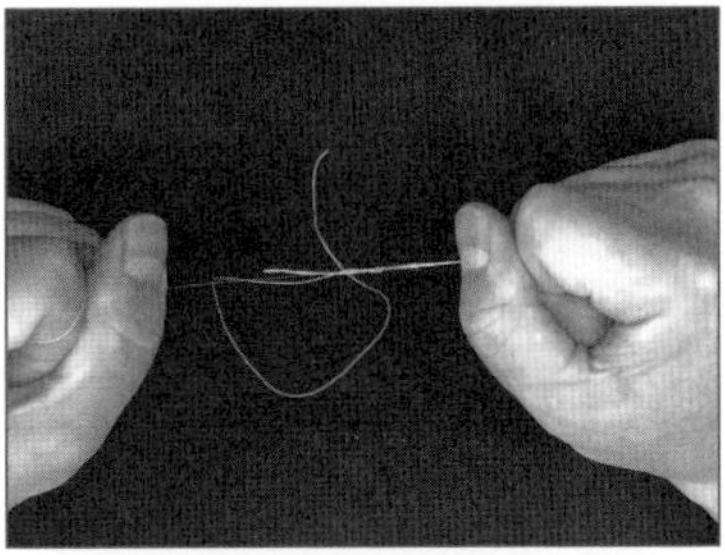

⑬ＰＥラインの本線とリーダーの本線を持って締めます。

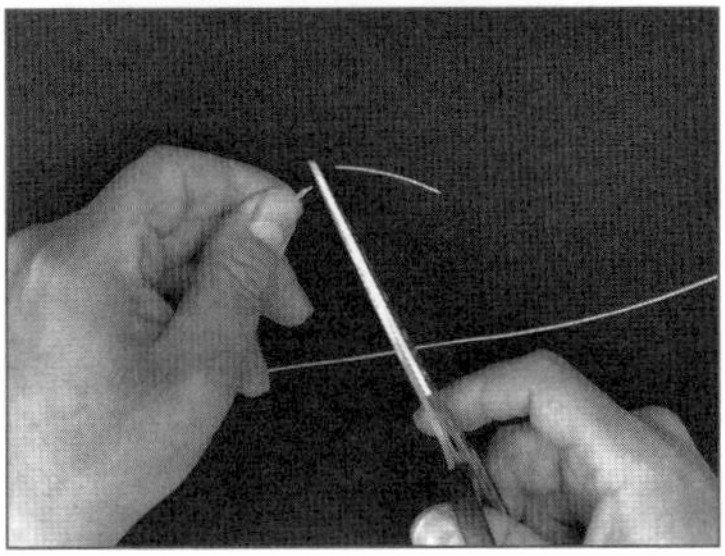

⑭リーダーの端を2㎜ほど残してカットします。

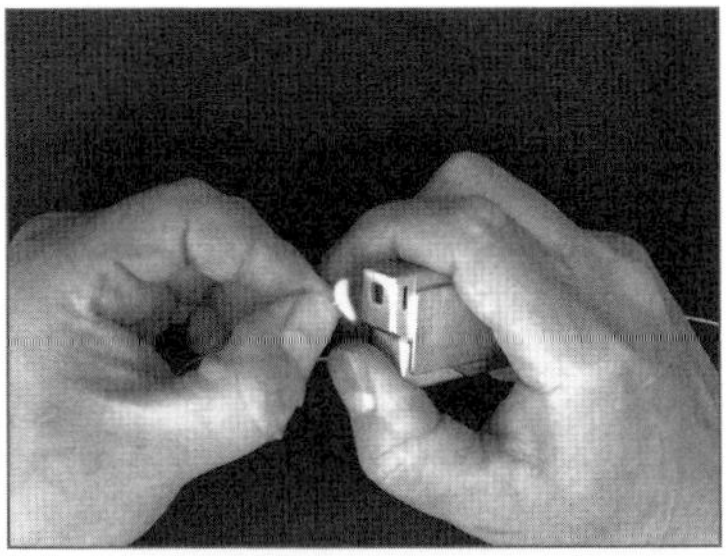

⑮スッポ抜け防止のためリーダーの端をライターで炙ります。

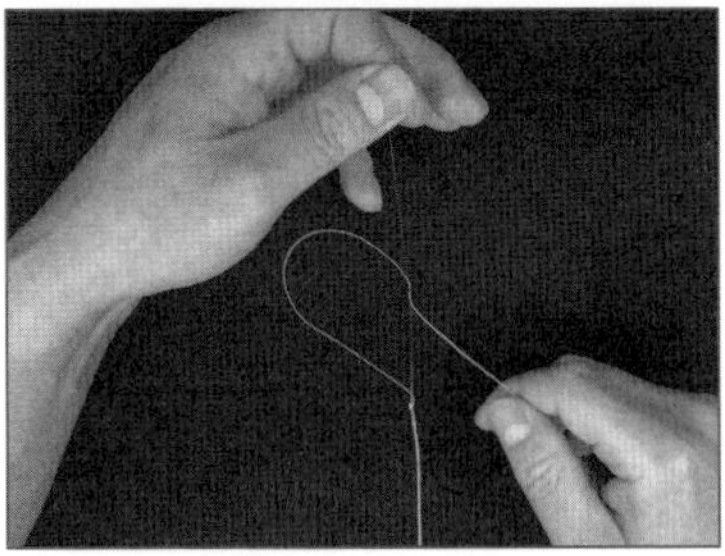

⑯ＰＥインの端線を5回以上ハーフヒッチします。

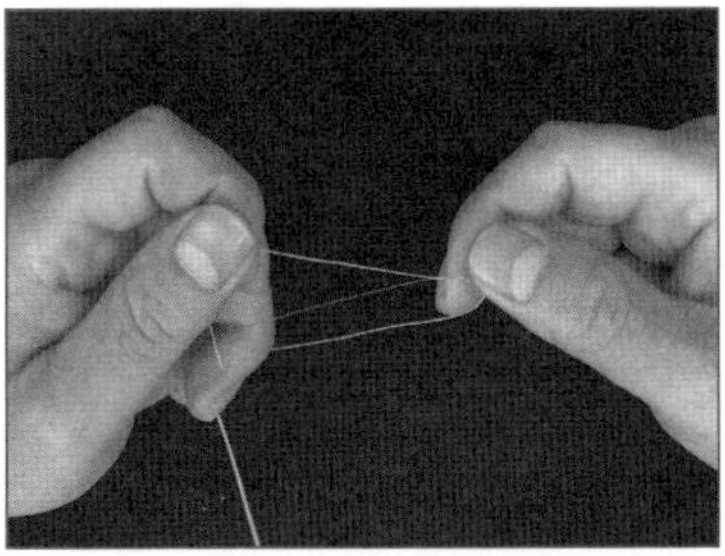

⑰最後のハーフヒッチは、2回通しのエンドノットを行います。

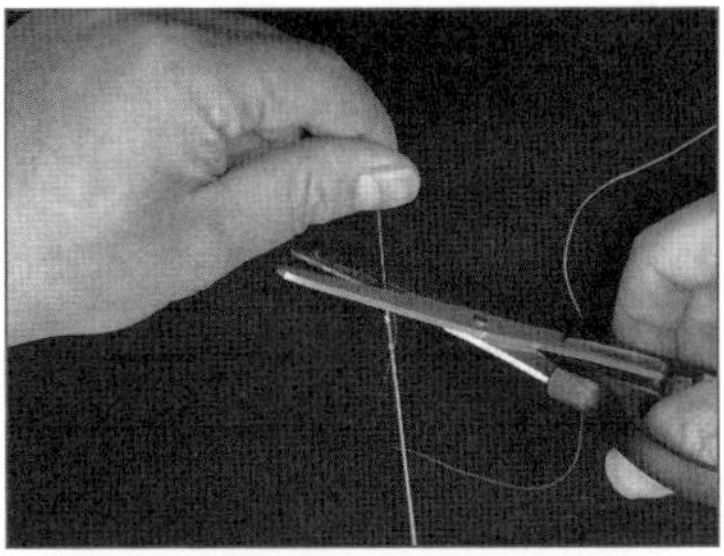

⑱ＰＥラインの端をギリギリでカットして完成です。

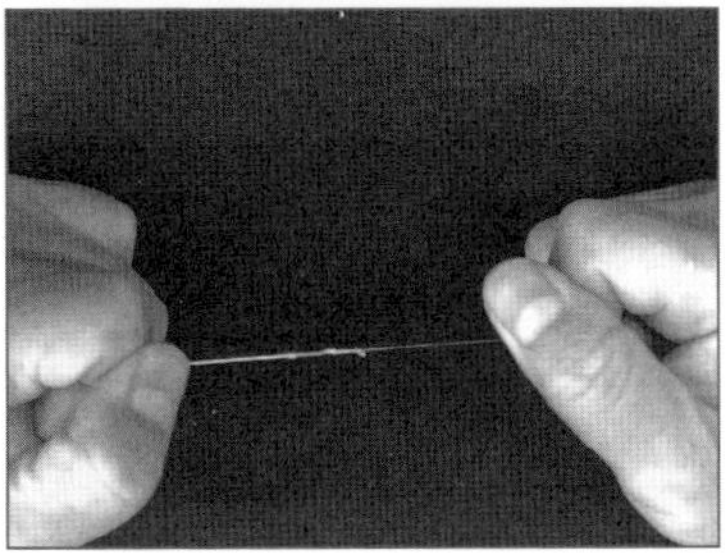

⑲最後にもう一度しっかりと引いて締め込んで確認してください。

3.5ノット

エステルラインとリーダーラインを結ぶ方法。エステルラインは硬いので、複雑なノットは向かないため、簡単な結び方がおすすめです。

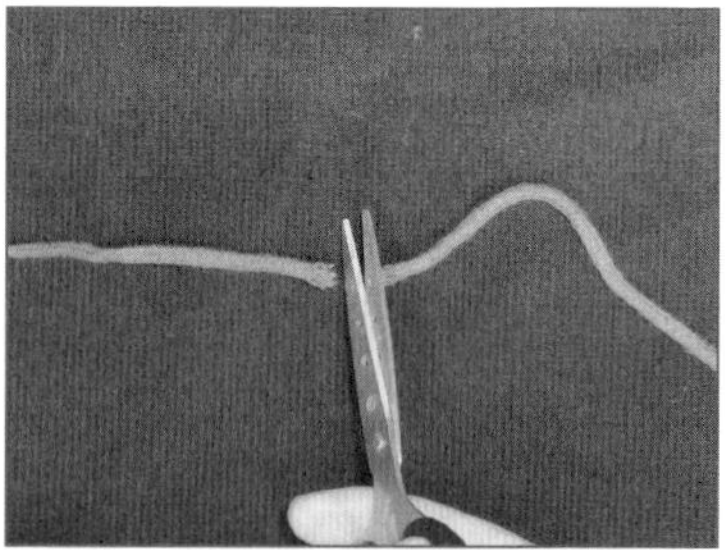

①リーダーラインを必要な長さにカットします。

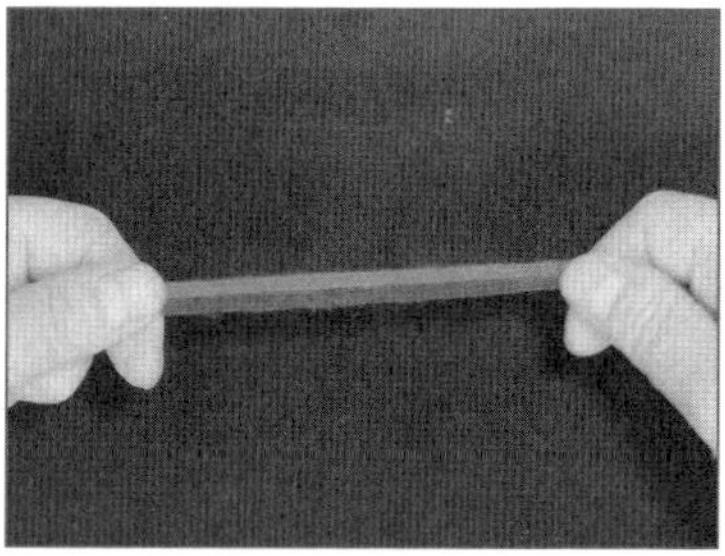

②リーダーラインとPEラインを20㎝ほど重ね合わせます。

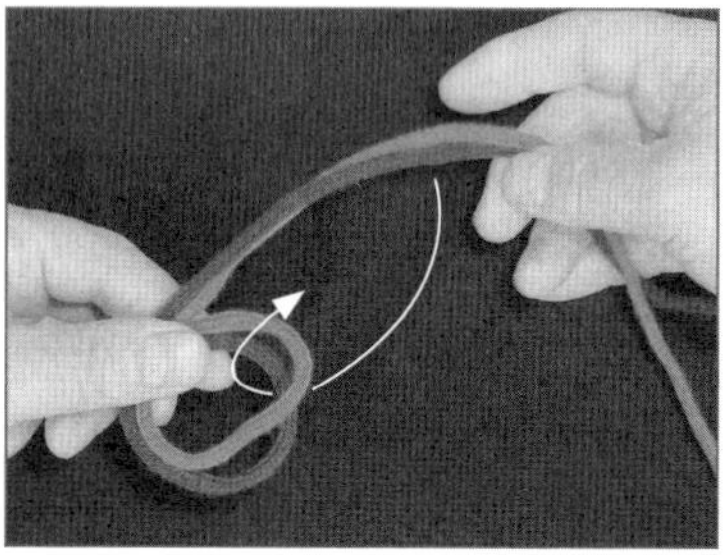

③二つのラインを持って下側に輪を作ります。ラインは上に乗せるようにします。

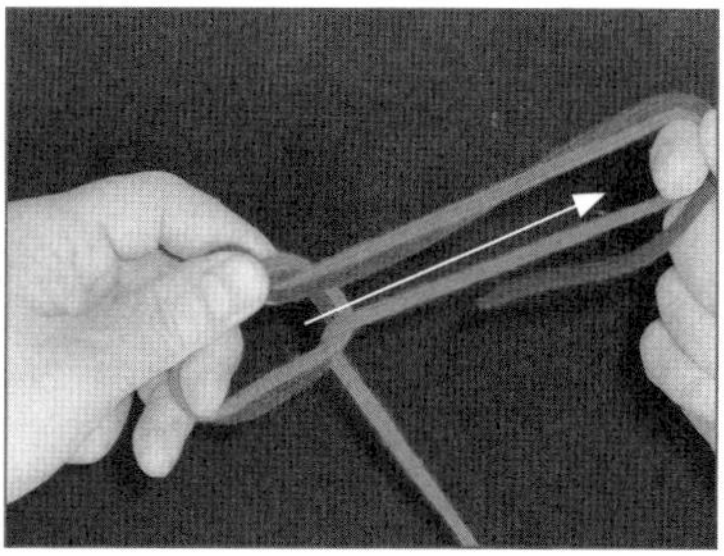

④出来た輪の中に、下からラインの端を2本とも通します。

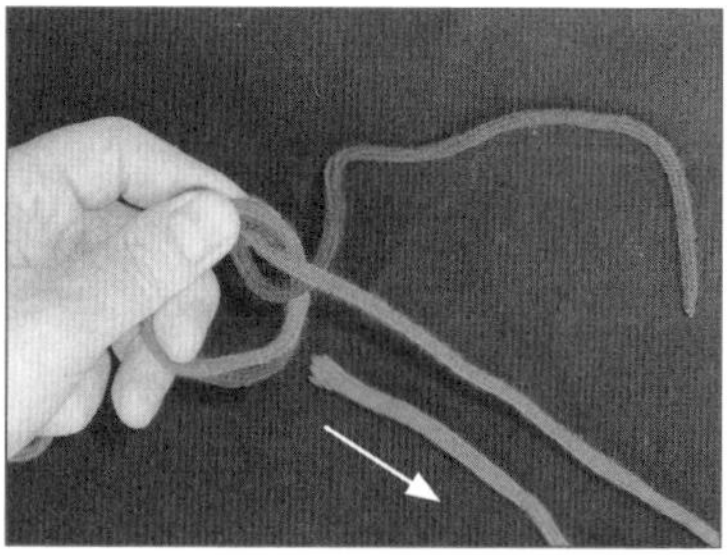

⑤リーダーラインも全て引き抜きます。これを3回繰り返します。

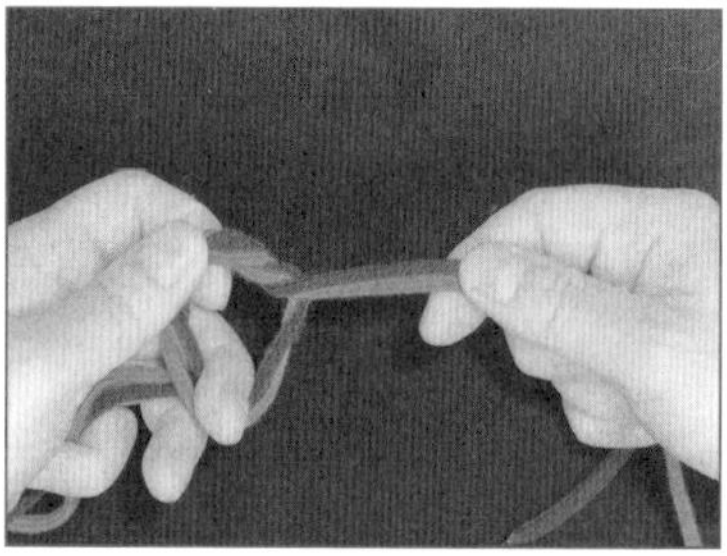

⑥3回巻き終えたところ。

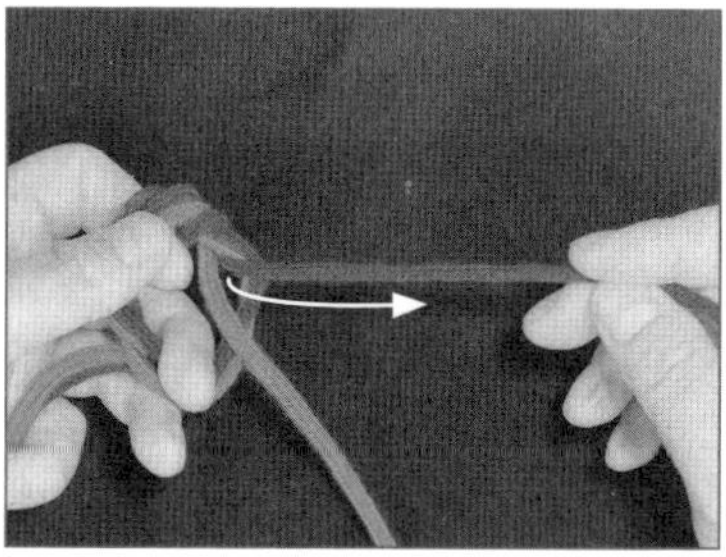

⑦リーダーのみ、輪の中に1回通します。

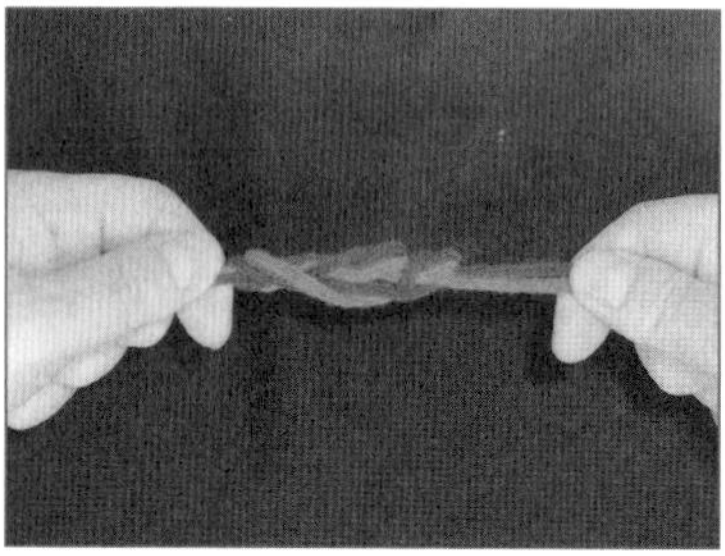

⑧両端を持って均等に引いて結び目を締め込みます。

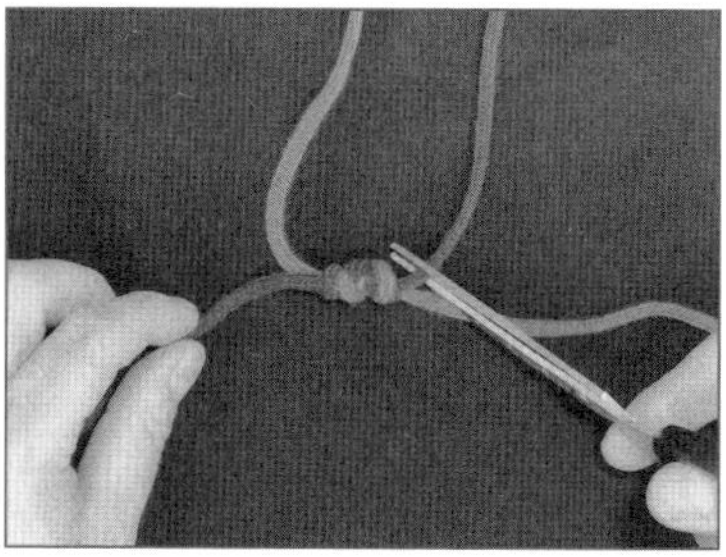

⑨余分なラインをギリギリでカットして完成です。

度量衡換算表

単位早見表

■PEラインの号数をポンド表示

（0.1号＝約4lb）

号	ポンド	号	ポンド
0.1号	4lb	1.5号	30lb
0.15号	4.5lb	1.7号	34lb
0.2号	5lb	2号	40lb
0.3号	6lb	2.5号	50lb
0.4号	8lb	3号	55lb
0.5号	10lb	4号	60b
0.6号	12lb	5号	80lb
0.8号	16lb	6号	90lb
1号	20lb	8号	100lb
1.2号	24lb	10号	130lb

■長さ早見（インチ＝センチ）

インチ	センチ
1in	2.54cm
2in	5.08cm
3in	7.62cm
3.5in	8.89cm
4in	10.16cm
5in	12.7cm

■オンスをグラムに変換

（1 oz＝約28.34 g）

オンス	グラム
1/96oz	0.30 g
1/64oz	0.44 g
1/32oz	0.89 g
3/64oz	1.33 g
1/20oz	1.42 g
1/16oz	1.77 g
1/13oz	2.18 g
1/11oz	2.58 g
3/32oz	2.66 g
1/8oz	3.54 g
3/16oz	5.31 g
1/4oz	7.09 g
5/16oz	8.86 g
3/8oz	10.63 g
7/16oz	12.40 g
1/2oz	14.17 g
5/8oz	17.71 g
3/4oz	21.26 g
1oz	28.34 g
1.5oz	42.51 g
2oz	56.68 g

■オモリの号数をグラムに換算

（1 号＝3.75 g）

号	グラム	号	グラム
0.3	1.125g	21	78.75g
0.5	1.875g	22	82.5g
0.8	3g	23	86.25g
1	3.75g	24	90g
1.5	5.625g	25	93.75g
2	7.5g	26	97.5g
3	11.25g	27	101.25g
4	15g	28	105g
5	18.75g	29	108.75g
6	22.5g	30	112.5g
7	26.25g	35	131.25g
8	30g	40	150g
9	33.75g	45	168.75g
10	37.5g	50	187.5g
11	41.25g	60	225g
12	45g	70	262.5g
13	48.75g	80	300g
14	52.5g	90	337.5g
15	56.25g	100	375g
16	60g	120	450g
17	63.75g	150	562.5g

堤防 ルアー釣りガイド

▶発行者◀
株式会社 ケイエス企画
〒802-0074 福岡県北九州市小倉北区白銀一丁目8-26
電話 093(953)9477 ファックス093(953)9466
kskikaku.co.jp

▶発行所◀
株式会社 主婦の友社
〒141-0021 東京都品川区上大崎3丁目1番1号 目黒セントラルスクエア
(販売)☎049-259-1236

▶印刷所◀
瞬報社写真印刷 株式会社

▶企画・制作◀
株式会社 ケイエス企画

ISBN 978-4-07-455440-9

■乱丁本、落丁本はおとりかえします。
お買い求めの書店か、主婦の友社(電話 049-259-1236)にご連絡ください。
■記事内容に関する場合は、ケイエス企画(電話 093-953-9477)まで。
■主婦の友社発売の書籍・ムックのご注文はお近くの書店か、主婦の友社コールセンター(電話 0120-916-892)まで。
＊お問い合わせ受付時間　月〜金(祝日を除く)10:00〜16:00
主婦の友社ホームページ　https://shufunotomo.co.jp/